U0053271

政府改造與考選創新

Government Reform and Innovation of Examination

林嘉誠 著

新版序

本書於2007年12月初版，目前已售銷一空，迄今將近四年。本書初版係整理作者在行政院研究發展考核委員會（以下簡稱研考會）主任委員（2000年5月到2004年5月）及考選部部長（2004年5月到2007年10月）任內，在國內外期刊及研討會所發表論文，全部計=二十一篇，其中九篇以英文分別在美國、西班牙、印度等八國舉行的國際研討會發表。

本書初版計分六大篇：政府改造、政府績效評估、電子化政府、知識型政府、政府的考選制度與菁英流動型態。政府改造包括五篇文章，政府績效評估三篇，電子化政府五篇，知識型政府三篇，政府的考選制度三篇，菁英流動型態兩篇。政府改造與電子化政府明顯是本書的兩大主要重點。

本書新版，初版二十一篇文章，十九篇保留之外基準法制定與政府改造與電子化政府與轉型中的公共服務典範刪除，另加兩篇新文章：〈政府改造的發展與執行（2008-2011）〉及〈電子化政府典範轉型的省思（2008-2011）〉。政府績效評估制度建立之後，通常行之數年，較少大幅改變，近三年來亦是，因此未加新文。以研發創新與知識管理為核心的知識型政府，學理建構與具體方案，近三年未有突破，未加新文。

作者已於2008年5月離任考選部長，未再涉獵考選制度，因此再版未有相關新文，菁英流動型態的研究領域廣泛，近三年沒有相關研究，也未有新文列入。

政府改造自2008年之後，由於行政與立法由同一政黨主政，因此有不少執行方案與相關立法。本書新加〈政府改造的發展與執行（2008-2011）〉，探討業經完成立法及付諸實施的政府改造。電子化政府的推動有其連續性，技術、人力、資金、策略、組織等缺一不可。近三年資訊通訊技術突飛猛進，例如智慧型手機、平版電

腦、快速的文件傳送、雲端技術、搜尋科技等,對電子化政府的推
展,必有衝擊,也可能構成典範的轉型,因此加上〈電子化政府的
典範轉型之省思〉(2008-2011)一文,全書共計二十一篇。

　　本書由秀威資訊科技公司出版與發行,特此申謝。

林嘉誠　謹序

2011 年 10 月

原序

　　本書計分六大部分：政府改造、政府績效評估、電子化政府、知識型政府、政府的考選制度以及菁英流動型態。係整理作者在行政院研究發展考核委員會（以下簡稱研考會）主任委員（2000.05－2004.05）及考選部部長（2004.05－迄今）任內，在國內期刊及國際研討會所發表論文，全部計二十一篇，其中九篇曾以英文分別在美國、南韓、泰國、南非、匈牙利、印度、西班牙、沙烏地阿拉伯等國舉行的國際研討會發表。

　　2000年5月，台灣首次政黨輪替執政，作者奉令出任行政院研考會主任委員，由於作者曾於1994年至1998年擔任台北市政府政務副市長兼研考會主任委員，對於研考會業務尚稱熟稔，研考會主要負責政策規劃及督導各機關貫徹政策執行，核心職能包括研究發展、政府組織改造、政府績效評估及電子化政府。研考會主委四年任內，完成各機關四年中程計畫、精省作業、行政院組織法修正案送立法院審議，推動行政機關資訊化及引進知識管理制度，建立績效評估指標。2002年美國布朗大學評比一百九十八個國家電子化政府成果，台灣首次獲得第一名。

　　廣義政府改造包括政府組織調整、政府績效評估、電子化政府等，以美國為例，雷根總統時期著重政府組織改造，柯林頓總統著重政府績效評估，布希總統強調電子化政府。政府改造議題，自1980年代，即成為各先進國家重要政策，學術界也日益重視，展開研究工作。新公共管理學派的企業型政府概念，顧客導向的服務型政府，政府內部流程創新，促進學習型組織，彈性用人制度，提昇人力資源，提高政府服務效能等，均成為學術界及實務界關注的焦點。作者學者從政，負責研考會業務，做中學之外，若干心得也撰文發表。

　　2004年5月，作者轉任考選部部長，負責公務人員及專技人員考試，由往昔負責政策規劃及評估，轉為負責人力及菁英的引進與篩選，三年多期間，除了檢討改進現有國家考選制度，並以轉型正義角度，分析威權體制時代的若干考選措施。同時以人力資源觀點，延續在研考會任職期間所推動知識管理，分析公部門的知識管理，並以菁英流動概念，探討政務首長、常任文官以及專技人員。

　　利用公餘，先後在台灣大學國家發展研究所、東吳大學政治研究所開授「組織變革與政府改造」，在台北大學企業管理研究所、東吳大學企業管理研究所開授「企業與政府專題」，在東吳大學社會研究所開授「網路社會與電子化政府」，經由教學相長，督促作者不忘本業。

　　本書可以出版，考選部陳君嫺祕書、李震洲參事及國家菁英季刊同仁，協助整理、編排及校對，行政院研考會何全德處長、張文蘭副處長幫忙收集文稿，秀威資訊科技公司代理經銷，特表申謝。

林嘉誠　謹序
2007年10月

目　錄

第四篇　知識型政府

第五篇　政府的考選制度

第六篇　菁英流動型態

第一篇　政府改造

政府改造的檢討與展望

壹、前言

　　為強化國家競爭力，以因應21世紀挑戰，世界各先進國家莫不積極從事「政府再造」工程，並已蔚為一股世界性的再造潮流。我國在歷經多年努力得以於2002年正式加入世界貿易組織（WTO），正面臨一個全新的政經局勢與國際競爭模式，為因應經濟自由化與國際化以擴展國際活動空間，及提昇我國在全球產業分工體系的優勢地位與競爭力外，如何提昇國家競爭力，立足於激盪的新世紀，即為政府首要的施政目標。因此，如何透過「政府再造」工程，重新對政府角色、功能及組織結構調整等，開展新的視野、思維和做法，實為當前首要課題。

　　面對瞬息萬變的國際環境，政府組織必須具備高度的創造力，才能爭取更大的生存空間。除強調管理技術、重視可量化的服務輸出與績效評估、靈活運用民間力量與建立政府機關的企業精神，同時重新思考如何讓政府組織跳脫僵化的窠臼，轉為彈性、不斷創新、有適應力的有機體外，在全球化風潮下，全球治理理念所彰顯的非營利組織功能，亦為此波政府改造所應重視的構面。因此，政府組織及員額的彈性重整，以及非政府及非營利組織加入政府服務提供的行列，乃成為推動政府組織改造之基礎。

貳、主要國家政府改造之歷史回顧

　　近年來，世界各國為確保國家競爭優勢，因應愈趨激烈的國際競爭情勢，加速提昇國家整體競爭力，皆將推動「政府再造」作為追求國家高度發展的重要策略，經濟學人雜誌（The Economist）

（1996:9）更聲稱：公部門改革是項全球趨勢（civil service reform is global business）。所謂的政府再造（re-inventing government或re-engineering）意即在政府組織加入動力、重新發動的意思。在二次大戰後，西方先進國家每三至五年就推動一次政府再造運動，藉由調整固化的組織結構，適應新的社會需求，重新為政府注入能量。最近各國政府在建構「小而美」、「小而省」、「小而能」的努力情形，概述如下。

一、各國政府再造之背景因素

1999年9月，由二十七個經濟合作發展組織（OECD）會員國次長級人士，所參加該組織公共管理委員會（PUMA）在巴黎所舉行的研討會中，共同就未來十年政府所要面對的挑戰，提綱挈領列舉要項：民眾對政府信心的滑落、教育良好並具有良好知識公民的增加、社會的分殊與多元化、就業模式與生活型態的改變及國際組織與次級組織權力的提高。另外有關政府體系的大趨勢臚列如下：

（一）全球化與分權化趨勢的形成

伴隨世界經濟體系形成與資訊科技提供的資料傳遞、儲存便利性，無形間弭平地理區隔並增加國與國間的互動，同時，突破既有民族國家概念與藩籬，經濟力量的整合促使政治權力加速分權，基於規模經濟考量，逐漸凸顯區域化與地方化趨勢。

（二）人口與社會結構的改變

隨著高齡化社會來臨，未來醫療照護需求相對提高，將造成政府財政基本支出增加，同時，民間社會力展現影響公共領域，新社會運動具體呈現，改變既有經濟結構、秩序與價值，如自然生態的永續發展、少數族群的尊重與體諒及婦女權益的倡議與保障等。

（三）政策問題複雜性的提高

各項政策問題不若以往可明確界定，經常牽涉到多個機關權責，因此，跨部門合作與多元政策工具使用為必然趨勢，同時，政策目標間的衝突造成政策決策弔詭（paradox）現象層出不窮。

（四）公共服務需求量的增加，公民、團體、民意代表主動參與度提高

隨著「草根民主」與社區意識提高，現代公民要求參與政策制訂過程，並提出更多的服務需求，甚至要求自行執行政策，因此，如何建立參與機制、拓展參與管道成為改進代議民主制度的新課題。

（五）中央委託地方執行業務與中央管制彈性化

地方政府常為中央政策實際執行者，基此，中央基於因地制宜、服務就近性及實現顧客導向精神等因素，委託地方辦理各項具有地方及區域特質業務，同時，為賦予政策執行上的便利，各項管制措施亦大幅鬆綁。

（六）政策與制度的多元與分殊

過去政策執行係採縱向分工方式推行，執行機制往往是單一具有壟斷特質，惟為因應社會多元化現象，政策的形成、規劃、執行及評估過程中，將改採多元政府中心的橫向合作方式執行，過去上下命令執行模式將轉變為水平多元的協調執行模式。

二、各主要國家政府改造做法

　　自1980年代以來，多數的已開發國家所從事的公部門改革的手段包含了政治機制任務、結構、目標之變革，行政革新之再造等等，提出民營化、精簡化、企業化、電腦化、委外經營等對策。例如美國的「國家績效評估報告」（Report of National Performance Review，簡稱NPR），英國的「續階計畫」（The Next Steps）、公民憲章（Citizen Charter）、解除管制（Deregulation Initiation），紐西蘭的政府改革，日本的行政改革，加拿大推動學校網際網路（Schoolnet）計畫，乃至中國大陸的改革等等，皆構築了未來國家的願景，留下了改革的軌跡，以期人民與政府攜手並進，共同達到國家的進步與競爭力的提昇[1]。

（一）美國

　　美國從1905年至1993年，至少經歷十一次的政府改造計畫（Moe，1992），當中涵蓋了1930年代末期總統辦公室、1937年的布朗婁委員會（Brownlow Committee）、1939年的組織重組法案（Reorganization act）……等（Rosenbloom and Ross，1994：147）。邇來，更在Osborne與Gaebler（1992）著作的「新政府運動」推波助瀾下，柯林頓政府就積極進行廣泛性的行政改革，當中最具代表性的是1993年由副總統高爾所推動完成的「國家績效評估報告」。其主要目標就是「使政府做得更好，花得更少」（Making the government work better , but cost less.）；五項基本原則就是：1.削減不必要的政府支出；2.為顧客服務；3.授權予公務員；4.幫助社區解決他們自己的問題；5.追求卓越。美國的新政府運動的推行做法，可以說跨越了公私部門、州與地方政府、國界，進行著降低成本、提高效率的大工程。透過政策革新，於1993年通過政府績效與結果法案

---

[1]　江岷欽、劉坤億，民85：123；吳堯峰，民86：35-37。

（Government Performance and Results Act），進行政府部門之「全面品質管理」，即績效管理與評估[2]。同時，推動政府部門民營化及解除公共服務領域之管制，鼓勵民間參與公共服務，擴大業務委外等。

（二）英國

1979年柴契爾夫人（Mrs. Thatcher）當選首相後所執政的十一年半期間，英國進行了近代最重要的行政改革，繼而梅傑（John Major）首相上任後，檢討過去政府再造優缺點，持續改進並推動。其政府改造運動的特性是針對問題提出改革，主要執行策略包括：五年內將文官人數減少50%；建立財政管理改革系統（The Financial Management Initiative，FMI）促進責任式管理；1988年更進行大規模的政府再造方案——續階計畫（The Next Steps），將政府功能分為政策功能與服務傳送功能，使政府更有效率及責任，政策功能由部長掌管，服務傳遞則置於獨立的執行機構（Free-standing Agencies），以商業化標準來引導（范祥偉，民86:52）。具體目標則是希望將75%的公務員都轉移到執行機構中，使政府四分之一的人力在中央負責政策規劃，而四分之三的人力負責政策執行（Osborne & Plastrik，1997:26）；同時大量進行公營事業民營化，包括目前仍進行中之運輸與教育部門，以及大量鬆綁法令管制、解除提供公共服務之獨占。1991年梅傑繼任首相後宣佈公民憲章（The Citizen's Charter），要求公務人員改進服務以及對人民承擔更多責任，公開服務標準以接受全民監督，將人民納入顧問機制，建立獨立的申訴制度等，促使英國政府更有效率，更具現代化。

---

[2] 行政院人事行政局，91年度中高層主管人員赴美專題研究報告，35-37。

（三）紐西蘭

　　紐西蘭政府自1984年改革以來也透過權力下授，國營事業公司化、民營化，以及在預算與人事制度上積極引入企業經營理念等，推動大量的公共服務領域項目委外辦理。包括能源、石油、紐西蘭航空、郵局、電訊、森林等國營事業民營化，採煤礦、港口、航空經營公司化，釋放大部分的政府專賣獨占權，擴大私部門參與管道，解除鐵道、船運、外匯管制等。改革以來，中央部會的公務員由八萬八千人縮減為三萬四千五百人，其中主管運輸、鐵道、航空、港灣的交通部，由原先近七十個部門，約四千五百個職員，經過業務移轉民營、專業性獨立委員會及特殊公法人後，編制縮減，目前僅剩下六十人。歷經八年進行全方位大刀闊斧的改革後，紐西蘭在1994至1997年期間IMD所公布的世界競爭力報告，「政府效率」評比項目已連續四年高居全球第三名，已成為舉世矚目的成功典範。

（四）日本

　　1996年日本橋本內閣於十月取得自由民主黨、社會民主黨及新黨的共識，組成以橋本龍太郎首相為召集人的行政改革會議，進行行政改革，確認二十一世紀國家應有之機能，重組中央省廳，加強首相官邸機能之策略等課題。其具體目標有三，一為謀求內閣及首相官邸機能之擴充及強化，經由中央省廳大規模重整，以確保行政之綜合性、策略性及機動性；二為謀求行政資訊之公開、對國民之說明責任的貫徹、政策評鑑機能之提昇及行政透明化之實現；三為貫徹行政事務之官民分擔，就公營事業進行澈底的評估檢討及創設獨立行政法人，以謀求達成行政的精簡與效率化的目標。1997年小淵繼任首相後，內閣仍繼續前開行政改革之基本方向，並於1998年

制定「中央省廳等改革基本法」，將中央政府由原二十一個省廳大幅縮減為一府十二廳，並創設推動獨立行政法人。

（五）加拿大

最近加拿大政府積極推動學校網際網路（Schoolnet）計畫，最初構想是讓各省與地方政府成為夥伴，聯結加拿大各學校與圖書館到網際網路上，進行社區教育之合作。1999年，建立全球第一個聯結全國公立學校及公共圖書館之資訊高速網路，進而更拓展到每個教室。目前在加拿大學校已連結超過150萬台以上電腦，而加拿大政府幫助建立超過一萬個公共網站，以連結其他地區或全球之遠處鄉村與城市社區。

（六）中國大陸

對岸的中國大陸，雖然仍處於以黨領政、中央集權的體制下，與民主國家政府的運作方式大不相同，1998年也展開一連串的改革措施，改革的原則在建立一個符合現代管理要求，具有中國特色的功能齊全、結構合理、運轉協調、靈活高效的行政管理體系；改革目標包括：科學化、民主化、法制化，及標準化四項；改革的範圍與層次則包括黨政關係、政府機構、人事制度，及行政管理體制等方面，幾乎可以說是「全面性」的作法。改革的的發動係來自最高領導人，是不折不扣的由上而下的強勢推動方式，並由國務院執行推動。改革的結果係將中央級的四十個部會大舉裁併為二十九個，機關幹部編制也預計從八百萬縮編為四百萬人，顯示出大陸當局也深刻體認出，政府體制的改革對於提昇國家競爭力的重要性[3]。

---

[3] 陳德昇，政治大學國際關係研究中心第四所研究員，遠景季刊第三卷第一期，2002 年 1 月。

參、我國政府改造推動情形

　　回顧我國近年來的各項建設發展，雖有其績效與成就，但相較於民眾對政府殷切的期盼，以及國際間日益激烈的競爭，顯然仍存有相當的落差。特別是解嚴後社會力充分釋放的我國，面對國內、外各種政經勢力、制度重新調整及重組的挑戰，政府勢必在國家角色、功能及其組織結構上，展開新的視野、思維及做法，始能回應社會各界對政府施政的期許。事實上，我國對於行政業務的改革工作從未曾間斷，在推動政府改造之前，政府也曾經進行多次的行政革新，推動組織精簡及員額控制。以下謹就我國推動政府改造的情形，分二階段加以介紹。

一、第一波行政改革（1949-1987）[4]

　　環顧過去五十多年來，我國政府一直持續不斷地進行政府再造，政府之革新與其當時相關的政治、經濟、社會結構特質和發展狀況，有密切的關聯。政府遷台後，民國四十五年行政院組成「行政院及其所屬機關組織權責研討委員會」即通稱的「黃季陸委員會」，開始全面檢討、釐清國家行政所面臨的諸多問題，提出經濟發展、司法改革及文官制度建立等四十七個建議案，可惜只有規劃，並未付諸執行。

　　民國四十七年總統府成立「臨時行政改革委員會」，聘請王雲五先生擔任主任委員，集合各類科學者專家多人，研提行政改革方案，頗具績效。民國五十五年十二月八日行政院第九九六次會議決議由全體政務委員、部、會、處、局首長及台灣省政府主席共同組成「行政改革研究會」積極從事行政制度的改革工作。經由多次研究，提出「行政院對行政機關檢討改進措施總報告」，經奉核定後

---

[4]　江明修、蔡金火、梅高文，〈再造公共性政府〉，跨世紀政府政府再造研討會，民87年5月。

實施。此報告中建議為統籌推動研究發展，加強各項施政考核，在行政院設置研究發展考核委員會。

民國五十八年三月行政院研究發展考核委員會正式成立，同年五月二十三日行政院秘書處通知：「行政院事務管理規劃小組、研究發展小組、行政機關考成委員會、國營事業綜合研究考核小組、國營事業資料檔、圖表室、敵情研究室等七單位裁併為行政院研究發展考核委員會……。上項應予裁併之七業務單位……，自同年六月一日移交行政院研究發展考核委員會接辦……。」至此，行政院研考會成為推動政府再造的常設機構。

民國六十一年逐次展開各項政府再造工作，如頒行十項行政革新指示，以期澄清政治風氣；推動八項社會革新，刷新社會風氣；屬行公文革新，提高公文時效，加強為民服務。民國六十八年行政院孫運璿院長更以提高行政效率和加強便民措施，為政府再造兩大目標，並期以現代科學管理觀念及研究發展精神，灌注於行政工作中。

二、第二波政府再造（1987-1998）[5]

民國七十六年政府宣佈解除戒嚴，臺灣社會正式自威權體制轉型為民主政體，在政治力的解壓下，逐步走向多元化。在行政上，政府層級過多、權責不明，以及不合時宜法令綁手綁腳，以致不能適應社會實際需求。雖然政府內部改革工作未曾間斷，民眾仍未能感受政府效能的提昇。民國八十二年，在行政院連戰院長於行政院會議提出推動行政革新方案之構想，並指示以研修行政院組織法與建立廉能政治。行政院並成立跨部會的「行政革新會報」落實推動，以廉潔、效能、便民建立廉能政府為根本目標，整體規劃由行政院研考會負責，行政院人事局則成立「行政革新推動小組」負責宣導、推動及執行等事宜。整體行政革新工作經過三年的推動，期間歷經兩次的檢討與修正。

5　江明修、蔡金火、梅高文，〈再造公共性政府〉，跨世紀政府政府再造研討會，民 87 年 5 月。

　　政府再造完整架構的提出則是於八十七年一月十四日在行政院蕭萬長院長指示下，頒布「政府再造綱領」，正式啟動政府再造推動計畫，明示政府再造的總目標為：引進企業管理精神，建立一個創新、彈性、有應變能力的政府，以提昇國家競爭力；擬訂的行動方針為「組織要精簡、靈活，建立小而能的政府」、「人力要精實，培養熱誠幹練的公務員」、「業務要簡化、興利，建立現代化、高效率的法令制度」。同時，由政府機關首長、中層、基層公務員各三分之一共同組成「政府再造推動委員會」擬訂策略、審查計畫、評估績效與協調，並聘請民間企業人士與學者專家成立了「政府再造諮詢委員會」負責建言與諮詢；選定「組織再造」、「人力及服務再造」及「法制再造」為推動改革工作的三項重點，分別由行政院研考會、人事行政局及經建會擬訂具體推動計畫，以宏觀途徑進行革新。

　　有別於以往的是，這次的政府再造明顯具有一套鮮明的理念基礎與參照英美這一波政府再造潮流所蘊涵的「企業型政府」理念，且其範圍涵蓋中央各機關，參與的成員包括各行政層級，執行的成員則橫跨公、私部門，並從治本的途徑，研修不合時宜的法規，增訂符合時代潮流，人民需求的規章，厚植成熟的民主法治基礎，並以民眾的需要與滿意度，作為政府再造成效評估的考量，期望以前瞻、創新的觀點，進行政府體制結構性的調整。

　　在組織再造方面，推動「臺灣省政府功能業務與組織調整暫行條例」、「地方制度法」及「財政收支劃分法」修正草案完成立法，順利完成臺灣省政府及所屬機關改隸至中央調整作業，並研擬「中央政府機關組織基準法」及「中央政府機關總員額法」二草案送立法院。在人力及服務再造方面，進行人事制度再造，檢討修正、簡併、鬆綁人事法規，推動「戶役政資訊系統全國連線作業」、「謄本申請單一窗口作業」、「工業區內工廠設立登記單一窗口作業」等多項單一窗口便民服務工作。在法制再造方面，推動法規鬆綁與流程簡化，減少管制法規，加速民營化腳步，政府業務

盡可能委託民間經營，完成行政程序法制訂，檢討修正圖利罪，全面檢討環境影響評估審查制度，建立金融監理一元化制度。

肆、現階段政府改造具體作法

從一九五〇年代至一九九〇年代的四十年間，臺灣的經濟與社會經過政府全力以赴推動各項建設，以及民眾配合國家政策胼手胝足勤奮工作，順利完成政治民主化，維持經濟穩定成長。特別是經歷了民主化及全球化的洗禮，不但社會大幅轉型，來自國際社會的競爭壓力亦日益強大，行政院雖曾因應社會變革及民眾期待，幾度調整組織，卻未從思考政府核心職能的角度出發，對組織做過全面且系統性的檢討。

另一方面，社會大眾對政府機關仍究普遍存在組織龐大、冗員太多、服務態度不佳、操守不良、辦事方式僵化、不知變通、行政層級太多、決策流程曠費時日、權責不明推諉塞責等等質疑，導致對政府的施政效果和效率時有怨言。因此，如何進行第三波的改造使政府機關精簡化、效率化，遂成為新政府必須面對的課題。

一、總統親自主持政府改造

新政府團隊上任後，首先在九十年八月二十四日「經濟發展諮詢委員會議」全體委員會議達成「為了配合經濟發展，提昇國家競爭力，必須全力推動政府的改造工程，重新釐清政府角色與經濟職能，精簡政府組織，並改變預算運用方式及人事制度。」的重要共識，並建議總統邀集各界人士組成「推動政府改造委員會」，加速政府改造工程。總統也迅速回應於同年十月二十五日宣示成立「政府改造委員會」，親自主持推動政府改造事宜，廣邀來自政府、學術及企業各界菁英代表擔任委員，針對國家發展願景與國際競爭情勢，進行政府改造之根本性與全面性之探討，規劃組織總體檢及新時代國家樣貌，將行政院組織依據二十一世紀的精神合理化，期能

更妥善且有效率地運用稅收、教育、衛生等資源，為全民打造一個
具有競爭力的環境。

　　政府改造委員會確立了政府改造的理念為：「顧客導向、彈性
創新夥伴關係、責任政治、廉能政府」，政府改造的願景為「建立
具全球競爭力的活力政府」，並設定政府改造目標為「興利創新的
服務機制、彈性精簡的行政組織、專業績效的人事制度、分權合作
的政府架構、順應民意的國會改造」，期能實現當前國家發展的願
景藍圖，建立具有「高效能」、「負責任」與「應變力」的政府。
其內容涵蓋精簡行政組織、改進人事制度、強化服務機制與調整政
府架構等多元目標，各項工程均已分階段推動，並就行政院組織調
整、中央民意代表選舉制度、總額暨各類代表名額、立法委員任
期，以及修憲配合時程等改革建議方案達成重大的共識。

二、行政院成立組織改造推動委員會

　　行政院配合經發會共識及總統府政府改造委員會的決議，特別
在九十一年五月二十九日成立了「行政院組織改造推動委員會」，
下設政府民間夥伴小組、中央地方夥伴小組、中央行政機關功能調
整小組三個功能調整及經費、人事、法制三個配套機制小組，以職
能檢討為重點，持續進行政府與民間角色及定位、中央與地方業務
權責分工之檢討，審慎界定調整後各部會組織功能及業務內涵，以
避免重疊或模糊不清之情形。其推動組織改造的思考方向，主要是
參採各國行政改革經驗，揚棄傳統大有為政府的概念，而朝向小而
美、小而能的政府方向改造，簡單地說，民間可以做的原則上政府
不做，地方政府可以做的原則上中央政府不做。因此，在檢討策略
上，按照「去任務化」、「地方化」、「法人化」及「委外」四大
方向，依序檢討業務及組織瘦身的可能性。如果業務經過檢討，還
是有由行政機關實施的必要時，並進一步就業務及組織進行整併、
塑身。

三、政府改造初步成果

（一）組織改造部分

1. 九十一年度完成「中央政府機關組織基準法草案」、「中央政府機關總員額法草案」、「行政院組織法修正草案」及「行政院功能業務與組織調整暫行條例草案」組織改造四法送請立法院審議，期建立具公平性、應變力的政府組織彈性調整機制，總量控管組織員額，大幅縮減行政院部會數三分之一；並將一百二十一項精省組織法案送立法院，推動行政院所屬各機關地區辦公室及改隸機關五十日項法案完成立法，以保障原臺灣省政府員工權益，並將縮減八十個機關。

2. 篩選出組織改造第一波十一項優先推動個案，包括去任務化三案（加工出口區儲運服務業務，民航局國際機場旅館，退輔會塑膠工廠、龍崎工廠及榮民製藥廠），地方化一案（管理維護淡水紅毛城古蹟保存區），行政法人化四案（教育研究院、國立臺灣交響樂團、國立臺灣文學館、國家運動選手訓練中心），委外化三案（宜蘭教養院、國立臺灣科學教育館、武陵農場第二賓館）。

3. 完成行政法人建制原則，並研擬行政法人法草案送立法院審議。未來有關行政法人之建制，無特殊需求者，將直接依據該基準法之規定建制；因性質特殊而有必要為特別規定者，或政策方向已臻明確須先行推動者，則可擬議、制定特別法作為建制的法源依據。

4. 擬具完成獨立機關建制原則，公平交易委員會、中央選舉委員會、中央銀行及未來的金融監督管理委員會及國家通訊傳播委員等皆可能朝獨立機關方向規劃。

（二）電子化政府部分

　　近些年來，政府網路服務效能之提昇，已成為先進國家推動政府改造，躍升國家競爭力的主要策略，也是國際間衡量國家競爭力的重要指標。行政院於九十年四月策訂「電子化政府推動方案」（九十至九十三年度），透過健全的網路基礎環境，致力推動政府與政府間（G2G）、政府與企業間（G2B）及政府與民眾間（G2C）的網路服務。復於九十一年五月通過「挑戰2008：國家發展重點計畫」，進一步以e化政府計畫作為核心，結合其他重點投資計畫，擬訂於2008年建設台灣成為亞洲最e化國家，實現高科技服務島的願景。

　　為推動政府機關各種連線作業，發展各項便民及行政應用服務，提供社會大眾二十四小時自動化便利服務等，在基礎環境建置方面，目前已完成全國三千一百個行政機關上網，行政機關網站設置普及率達百分之八十二，並建立政府憑證管理制度，應用於網路報稅、電子採購等業務；在政府資訊流通整合應用方面，全國各級機關、學校、事業機構均已實施公文電子交換；在政府服務上網應用方面，推動網路報稅，完成電子化政府整合型入口網站，已達一千五百項以上表單上網及五百項以上線上申辦服務；在縮減數位落差方面，已制定「無障礙網頁開發規範」，並建置「無障礙網路空間服務網站」，完成「縮減數位落差入口網站」，並推動「偏遠地區政府服務普及計畫」，以落實照顧偏遠及身心障礙弱勢族群。

　　特別值得一提的是，我國現階段在電子化政府之推動，不但在基礎環境及政府服務等方面具有成效，同時也獲得國際間的重視。依據美國布朗大學於九十一年十月針對全球政府網站服務評比報告，我國名列第一；另世界經濟論壇於九十二年二月發表的資訊化社會評比報告，我國政府整備程度（Government Readiness）及政府資訊應用（Government Usage）指標分居全球第二及第四。

（三）國會改革部分

　　政府改造委員會在國會選舉制度上有重大改革方向，包括：立法委員的選舉方式改採「單一選區兩票並立制」、立法委員總額縮減為一百五十人（其中區域代表九十人，不分區代表六十人）、立法委員的任期延長為四年，以及修憲配合時程改革建議方案等，期落實順應民意的國會改造目標。此外，推動中央民意代表選舉制度改革部分，執政黨民進黨黨團國會改革憲政推動小組研議採並立式單一選區二票制，業於六月四日正式提修憲案，經立法院院會通過交付委員會審查。

（四）興利創新部分

　　政府改造委員會「興利創新的服務機制小組」歷經十七場分組會議之研商，規劃完成「興利創新服務機制方案」，主要內容包含「建置典範性單一窗口，優質服務型政府」、「強化電子化政府，改造政府的營運效能」、「建立法規衝擊分析制度，提昇政府興利作為」、「推動績效導向的預算及審計制度，提昇財務行政效能」、「擴大公共服務委託外包，強化政府與民間夥伴關係」、「規劃國營事業民營化管理機制，提高國家資產運用效能」等六大議題，初步確定推動之具體方案、解決策略及作業時程。

伍、政府改造未來的展望

　　政府是全國最大的服務業，效率與品質並重的廉能政府，才能澈底扭轉「行政效率可能拖垮台灣競爭力」的說法。多年來政府卯足全力持續推動政府改造工作，大致確立了政府改造的藍圖，並已進入立法與行動的階段，並非政府做得不好，而是民眾滿足需求不

斷的提昇，激烈的全球化、數位化風潮，以及永續發展的環境變遷等，使得每一個階段的政府再造工作扮演著不同的角色。

在面對全球經濟景氣的持續低迷、中國大陸的磁吸效應，以及國際秩序的重新建構之下，政府持續集中全力調整經濟發展的結構、策略與步驟，致力提昇國人的生活品質與國家的整體競爭力，這是當前政府積極努力的改造重點。然而，根據環球透視機構預測，九十二、九十三年全球景氣可望逐漸復甦，貿易量亦將激增，亞洲國家經濟成長活力亦將隨之加溫。歷經多方的努力，我國各項經濟指標已紛紛呈現由谷底回升的趨勢，同時瑞士世界經濟論壇發布的2002年全球競爭力報告，我國排名顯著進步，在八十個經濟體中，我國「成長競爭力」由2001年的第七名晉升為第三名，「當前競爭力」亦由二十一名提昇為十六名，顯見台灣在改善經濟環境所做的努力和成果，已獲國際肯定。然而，面對未來政府改造工程仍有待朝以下方向努力。

一、在地化的考量

政府效能是否能藉由此次改造大幅提昇，進而強化台灣在全球的競爭力，乃是影響台灣未來長遠發展的重要因素。然而，政府組織改造的背後，涉及台灣在全球與區域的自我定位，政府職能的重新界定，以及各種現實政治的考量，若僅從某一機關在組織版圖上的變化來論斷政府改造，將使政府改造整體的理想與願景，在實際運作的過程中逐漸流失。站在台灣的立場來思考政府改造，除了必須思考全球化脈絡外，如何與台灣既有的發展脈絡（包含法律、政治、經濟、社會與文化）相扣合，除了要強化政府改造理念的傳遞外，如何使政府改造真正因應台灣在地的需求與特色，就顯得更加重要。因此，政府改造的具體議題，不論是政府組織的調整、業務的檢討或行政程序的革新，在台灣，都有許多與其他國家在從事政府改造運動不同而必須加以特殊考量的地方。因此政府效能是否能藉由此次改造大幅提昇，進而強化台灣在全球的競爭力，乃是影響台灣未來長遠發展的重要因素。

二、挑戰2008國家發展願景

　　為使景氣復甦儘速反映在民眾生活上，政府將積極落實　總統「綠色矽島」建設願景，推展「拚經濟」、「大改革」兩大施政重點，政府將用心體會人民的感受，妥善規劃各項中長程具體施政計畫與措施，全力以赴；拚經濟是興利，大改革是要除弊，終極目標就是讓人民過得更好。基於這樣的理念，擬訂「深耕台灣、布局全球」的經濟發展戰略，落實推動「挑戰二○○八：國家發展重點計畫」，從除弊興利與投資未來雙管齊下，全力推動政治、金融及財政改革，以強化國家體質，並經由人才培育、研發創新、全球運籌通路與生活環境等四項主軸的大力投資，積極完成十大重點計畫，以厚植國力建設，引領我國邁向現代桃花源。

　　同時，為了在變動的國際大環境中取得優勢，加速國家整體競爭力的進步，讓台灣社會永續發展，政府應持續擺脫以往的歷史包袱，積極落實推動各項改革工程，以回應全民的殷切期盼。因此，應該積極推動金融改革，全面提昇我國金融競爭力，並嚴懲金融犯罪，實現社會公平正義；力行財政改革，改善國家資產運用與國營事業經營績效，健全政府財政；傾聽各界意見，深入檢討教育改革以尋求共識，使教育百年大業邁入常軌；落實政治改革，推動陽光法案，強化行政與立法效能，健全民主政治的發展。同時，為打造一個具全球競爭力的政府，戮力推動組織改造四法完成立法，期能於下一任總統就職時，確立新的行政院組織架構，開啟政府組織的新紀元。此外，仍應延續推動檢討調整中央政府組織職能，進行政府與民間角色的重新定位，營造中央與地方夥伴關係，在全面檢討的基礎上，選定優先個案，以落實推動「去任務化」、「地方化」、「法人化」及「委外」四大改造方向，以及推動獨立機關，整合機關資源，以強化政府功能並有效利用資源，實現「年輕台灣、活力政府」的理想藍圖。

　　政府改造是跨世紀的大工程，也是提昇國家競爭力的唯一法寶，政府必須持之以恆努力貫徹，才能回應人民對政府的期待。然

而，更重要的是，未來的政府再造需要行政、立法及考試部門共同合作，中央與基層全面啟動，以「新思維」、「真行動」讓「好人做好事」；同時，所有公務人員都要學習企業精神，進行逆向思考改變舊習，把民眾當作顧客，並有賴全民的共同參與，特別是在政府各階層的領導人，不但需要對政府再造工作加以瞭解重視，更需要各盡其力做政府再造工程的推力，才能確保我們的經濟能在下一世紀永續發展。

三、落實七大改革

　　行政院長游院長錫堃於立法院第五屆第四會期施政報告，提出政治改革、媒體改革、財政改革、金融改革、組織改革、經濟改革、教育改革等七大改革訴求，並推動非核家園的建立、再生能源的發展，及完備福利措施作為達成拼經濟、大改革信念的重點工作，期待為台灣打造百年永續發展的基礎。七大改革重點如下：

(一) 政治改革：建立公開、民主、透明的施政模式及公平競爭的政黨活動，將推動「政黨法」、「政治獻金管理條例」、「政府資訊公開法」、「遊說法及政黨不當取得財產處理條例」五大陽光法案。

(二) 媒體改革：讓黨政軍退出媒體的經營，維護第四權的公平表達環境，提出「廣播電視法、有限廣播電視法及衛星廣播電視法合併修正草案」。

(三) 財政改革：健全財政體系，落實地方財政自主，將修正「財政收支劃分法」、「公共債務法」等八項改革法案。

(四) 金融改革：建立強化金融體質、打擊金融犯罪，重建農業金融體系，提出包括「金融重建基金設置及管理條例」、「農會法」以及打擊金融犯罪等十四項法案。

(五) 組織改革：建立具有全球競爭力的活力政府，提出包括「行政院組織法修正案」、「中央政府機關總員額法」、「中央政府機關組織基準法」以及「交通部鐵路管理局組織條例」等二十五項法案。

(六) 經濟改革：實現經發會共識及推動挑戰二〇〇八國家發展計畫之施政重點，提出「台灣地區與大陸地區人民關係例修正案」、「科技保護法」、「勞工退休金條例」以及勞動三法等法案。

(七) 教育改革：提昇大學的競爭力並確保教師之權益，提出「教師待遇條例」、「大學法修正案」。

四、組織改造調整策略

(一) 公務機關法人化

　　創設之行政法人建議優先完備法制基礎，且其亦涉及政府經費之捐助或補助，行政法人績效評估及存廢，對於政府財政之負擔，均必須事前有非常嚴格且周全的配套規劃。社會福利機構、社（文）教機構、醫療機構、安養機構、實（試）驗機構、檢驗機構、研究機構等類型，皆可考慮改制為法人。而為求服務效能的極大化，法人仍宜定位為「機關委外」之過渡組織，除少數民間無力辦理，或基於大眾利益考量不宜由民間提供之服務外，最終目標皆宜委外。

(二) 中央職權地方化

　　在地方化處理過程，下列影響其成效之因素應予以重視：
1. 完整檢討中央各機關可由地方政府執行之職權。
2. 兼顧地方政府承接意願與執行能力。
3. 防範經費、業務及人員移撥地方之時間落差問題。
4. 解決「地方行政機關組織準則」對地方政府總員額之限制。
5. 未來檢討中央各機關業務職權時，宜配合地方制度法修正作業，適時引入地方政府及企業界觀點，以去除「中央本位」之思考模式。

6. 為健全制度，現階段宜考量就地方制度法進行修正，以避免短期間內將中央各機關經費移予地方政府，限於相關法令並無修改，而導致中央各機關之業務與人員無法移予地方政府之窘境。另基於地方政府財政收入應視其支出規模而定之原則，唯有及早確立地方政府自治事項內涵，方能達到健全地方政府財政之目標。

（三）獨立機關超然化

為發揮獨立機關功能，其建置仍有一些須予特別考慮之處：

1. 獨立機關專業性與民主社會中之政黨及民眾關係：在立法過程中，應避免政黨比例限制等窄化思考模式，並納入非立法部門之觀點；同時，獨立機關既強調高度專業性及社會多元價值，在某些意義上必然排除民眾之參與，且與政府部門同樣擔負照顧社會弱勢及呈現社會多元面貌之責任，因此應注意避免因強調專業性而導致之行政專制性。

2. 獨立機關成員與利益團體之關係：獨立機關往往是處理社會上多元利益或特定產業內事務，為維護其專業與獨立性，宜詳加規劃各利益團體之遊說處理原則；又其委員及機關成員往往來自特定產業或團體，如何迴避相關產業或特殊利益公正行事，及成員於任期結束或離職後是否應有一定年限之利益迴避條款等，均有賴人事法規之進一步規劃。

3. 獨立機關的自我利益與自律性之關係：獨立機關在預算編列方面具有相當程度之獨立性，行政院機關僅有建議權，如何在外部進行妥適監督，應予以進一步規劃；其在員額進用上有一定的彈性，惟其遴用人員應考量採客觀之能力標準，並應循公開及公平方式甄補之；部分獨立機關僅負執行政策功能而不負政策規劃責任，應考量其規避行政怠惰之實，亦屬重要課題；同時，獨立機關具有準立法及司法性質，其成員於執行相關管制政策或促成不公事件發生而損及公共利益時，其懲處之規定與程序為何，亦應進一步考量。

4. 創設其他獨立機關之可能性：目前已初具獨立機關運作雛形者為中央銀行、中央選舉委員會、行政院公平交易委員會及行政院金融監督管理委員會等，未來上開機關若成為獨立機關時，首先在名稱上須先去除「行政院」之機關隸屬名稱，又依目前行政院組織改造之調整情形，有關其他業務如飛航安全，是否有成立獨立機關之必要，亦須進一步考量。

（四）業務委外辦理

機關業務委外為世界各國提昇業務執行效率之普遍做法，「機關委外」之本質與機關裁撤相當，因此所牽涉之人員與法規問題應予妥善處理。

1. 為順利將機關整體委託民間經營，於整體機關（構）委託民間經營或管理時，宜將現有機關人員移撥至其他機關或運用優惠退離方式，將機關人員一次騰空。
2. 鑑於具專業性及特殊性業務實非接受短期專長轉換訓練即可勝任，故在業務與員額調整時應先針對須專長轉換訓練之人員需求，予詳細調查，再調撥配置。
3. 委外業務如涉及公權力行使，應及時增修訂法規，以使攸關人民權利、義務事項有法規依據，並突破機關本位主義。

五、強化溝通及決心貫徹

台灣的政府改造，並不是如歐美等先進國家般，可以化約為技術性的方案，在相當大的層面上，政府改造與台灣的民主與社會轉型，是必須放在同一個擘劃的理念與方案上，做完整的規劃與思考，這一方面加深了在台灣從事政府改造的難度，另方面也是政府改造工程在台灣要能真正發揮力量，所無法迴避的議題。急切推動固然難已有成，改革意念若不能延續，終將逐漸喪失改造的契機。重點在於對全球化的趨勢與台灣特有結構與形貌的雙重體會，才能在方向的掌握與推動的策略上均能逐步看到成績。

　　因此，政府改造推動做法及理念，應該加強與各界溝通，否則改造作業的後續階段將會產生許多問題。民間企業的改造較政府機關來的容易，主要是民間企業因為有生存的危機，所以進行改造時，較容易獲得組織及人員的認同，手段也較激烈。但政府性質與民間企業不同，公務人員為依法任用保障，且目前沒有評估組織功能與人力配置的制度，因此本次行政院組織改造應在保障公務人員權益之前提下，以鼓勵退休、專長轉換教育等方式分階段漸進逐步精簡公務人力，才能達成改造之目標。

　　最後，雖然推動政府再造的國家很多，但除了少數有具體成就之外，多數國家都是高喊口號研究一陣之後就無下文。因此，最高領導人實踐政府改造的決心與魄力是所有改造成敗之重要關鍵。各層級政府，不應只是行政院團隊的成員，包括其他四院及總統府都應摒棄本位立場，體認到推動政府改造是我們責無旁貸的工作且虛心接受改造的檢討。

陸、結語

　　跨世紀的政府應有前瞻的視野，擘劃國家未來發展的藍圖，面對二十一世紀的來臨，為全面提昇國家競爭力，建構「小而能」的政府，政府應該繼續推動政府改造工程，進一步調整政府體制及組織職能，發展中央與地方的夥伴關係，推動政府資訊公開及服務全面上網，提昇行政效率和服務品質，透過政府組織體制的調整與改造，建立「高效能」、「負責任」與「應變力強」的工作團隊。但政府的改造不能再以過去的成果為滿足，必須體認全球化趨勢下全球治理的潮流，改變以往以政府機關及其捐助之團體為政策執行主體之傳統觀念，積極重視非政府組織與非營利組織所能發揮之功能，全面檢討各機關業務，研究在去任務化與去機關化之前提下，由其提供高效能政府服務之可能性，方能澈底解決市場失靈及政府財政困窘之難局。

【文章發表】

· 本文原載於《政府改造》，行政院研考會，2003 年 12 月。

· 英文稿曾發表於 International Seminar of Open Government，2003，Seoul，Korea。

行政院之組織改造

壹、前言

　　1980年代以來，政府的革新與改造，已蔚為世界潮流，儘管各國推動的重點不同，但是有一件事卻是放諸四海皆準的，那便是每個推動政府改造的國家，都應該衡量自己國家的文化、政治、社會及經濟背景，以及所有主客觀的條件，選擇最能對症下藥的改造策略，以提供民眾更快、更好、更符合需求的服務。長期以來，我國社會各界對政府組織的批評，包括：行政組織相對僵化而缺乏彈性、機關層級過多而權責不清、決策過程複雜而費時、對外在環境的改變反應遲鈍並缺乏效率，在在顯示出民眾對政府組織改造的殷切期盼。尤其，臺灣在面對全球化經濟的競爭壓力下，政府體制必須進行功能性與結構性的雙重調整，始能回應民眾與國際社會對政府施政的期許與挑戰。因此我們必須積極展開政府組織的重整與塑身工作，不只是要大幅的減少行政機關與公務人員數，更要形塑一個能迎接新世紀挑戰的政府組織，並同步推動在政府機關總員額限制下的組織彈性化。

　　政府改造係分階段進行，其中行政院最優先推動的就是「行政院組織法修正草案」，期能將本院及所屬各機關改造成精簡、彈性、不斷創新且具快速應變能力的組織。

貳、行政院組織法研修歷程

　　行政院組織調整作業就是政府改造重要之一環，應戮力達成簡併行政院及所屬機關總數及內部單位數，合理管制中央政府總員額數，減少政府支出及擴大民間參與公共事務等目標，並把企業經營

的精神灌注到政府組織中，透過法人化、公辦民營或民營化來提高政府效能，但無論如何調整，員工權益必定獲得百分之百的保障。

　　行政院組織之研修作業，依研修背景與改革理念基礎，大致可以推動「政府再造」運動為基準，分為八十五年以前、八十七年及目前研修情形三階段，其作業情形分述如下：

一、八十五年以前研修情形

　　行政院組織法於三十六年三月三十一日由國民政府制定公布，當時設有十四部三會，至三十八年三月二十一日第四次修正時，改為「八部二會」之組織型態，嗣後雖經四十一年及六十九年兩次修正，但對「八部二會」之基本架構迄未變更，沿用至今。

　　行政院為健全組織，曾於七十六年八月，成立「行政院組織法研究修正專案小組」，研修完成「行政院組織法修正草案」，於七十七年送立法院審議，至七十九年一月間完成二讀程序；嗣因客觀環境變遷，為配合憲法增修結果，行政院乃於七十九年六月，函請立法院撤回，俾重加檢討，合理調整。

　　八十一年四月，重行組成「行政院組織法研究修正專案小組」，至同年十月止，計召開十六次委員會議，嗣因立法委員選舉及內閣改組而暫緩辦理，至八十二年三月下旬賡續研修工作，就其中民意代表及輿論反映等較受爭議之問題，進一步討論，至十二月上旬，計召開十次委員會議。

　　前述二十六次委員會議研修結論前經行政院裁示原則同意，惟時機上應俟同年四月至七月憲政改革第二階段修改，以及國安會、國安局、人事行政局三機關之組織法（條例）定案後再送立法院。

　　由於社會各界對於行政院組織法之研修、機關之調整增減，各有主張，本階段專案小組秉持「宏觀新政全方位，前瞻周妥利於行」之精神，確立下列研修原則：

（一）適應當前需要、兼顧未來發展：我國即將邁入已開發國家之林，國人對於實施全民健保及完善之社會福利制度，期望殷切，宜成立厚生部，將醫療衛生及社會福利制度結合；經濟發

展難免使生活環境品質受到負面影響，目前散於各部會之環保業務，如公害防治、自然生態保育、核能安全維護及自然環境開發規劃等，由於業務範圍甚廣，若將其全面整合將造成組織過於龐大，無法有效管理，因此宜維持現制，設置環境部以強化功能。

(二) 配合社會脈動、貫徹憲政制度：我國憲法基本國策對國民經濟、社會安全與教育文化有專節規定，而農業之發展、農糧之產銷、漁牧之統籌規劃、農民生活之改善等皆應有專責機關主管，以收宏效，因此農業部之設置乃時勢所需。

(三) 健全機關組織、提高行政效能：健全之行政機關組織，除其職權屬於審議、協調、研究、諮詢等性質，可採合議制之委員制外，具有決策、執行及指揮監督等權限之機關，應採首長制。衡酌行政院農業委員會及行政院勞工委員會之職權，皆近於部的權限及性質，故應將之改名為農業部及勞動部。

(四) 維持政治安定、避免政治紛擾：考量政經環境改變，蒙藏委員會所發揮之歷史功能實屬有限，有人主張將之改設為民族事務委員會或少數民族委員會，統籌兼顧海內外少數族群，然為使政治安定祥和，爭取蒙藏胞對祖國之向心力，並尊重少數民族，蒙藏委員會及僑務委員會仍維持現制。

(五) 勵行法治、健全法制：行政院法規委員會係屬內部單位，既無獨立之編制及預算，實難以延攬專才，至法制業務功能不彰，宜升格為行政院法制局，以發揮功能。

　　本階段專案小組自八十一年四月起至八十五年十二月共計召開三十二次委員會議，初步完成行政院組織調整架構，並配合辦理「行政院暨所屬各機關組織及員額精簡計畫」，惟因國民大會第三屆第二次會議通過憲法增修條文涉及臺灣省政府組織調整事項，將影響行政院組織結構，且亦涉及國家機關之職權、設立程序及總員額，得以法律為準則性之規定事項，因此行政院組織法研修成果暫緩處理。

二、八十七年研修情形

專案小組自八十七年六月重組，成立以來三個月之間召開五次委員會議，就行政院組織調整架構進行討論，並依據已送請立法院審議之中央政府機關組織基準法及總員額法二草案相關規範，進行行政院組織法之研修。

本階段行政院組織調整作業，除針對二十一世紀國際社會發展趨勢與民眾的服務需求外，並以政策規劃與政府執行功能採分離之設計；評估政府與民間角色的關係；評估中央與地方政府關係；組織水平及垂直整合；職能類同、整體配合及規模適中；事權集中；配合組織基準法改名稱等七項研修原則，就未來職能及規模提出各種可能之替選方案。同時參考先進國家組織改造經驗以及輿論各界的反應，調整部會組織以建構完整的行政體系，期建立小而能之政府，以提昇國家競爭力。

經專案小組審慎分析後初步確定未來行政院組織架構計十五部（內政部等）、二總署（主計暨統計總署與人事行政總署）、六委員會（大陸委員會等），共二十三個機關，其中社會福利業務究應與行政院衛生署或行政院勞工委員會整併、行政院國家科學委員會是否改為科技部、行政院經濟建設委員會與行政院研究發展考核委員會兩機關是否整併、是否新設行政院資訊通訊暨傳播委員會、僑務委員會是否歸併外交部、國土與水資源業務是否整合、金融監理業務是否從財政部劃出另設公法人，涉及行政院主計處是否併入財政部等七項問題列為待決事項，事關現行七個機關及增設新部會等問題，因未獲共識或因涉及設置部會數多寡問題，留待行政院做政策性決定。

三、現階段研修情形

九十年八月二十四日至二十六日「經濟發展諮詢委員會議」投資組共同意見，建議由總統邀集各界人士組成「政府改造委員會」，推動政府改造事宜。同年十月二十五日該委員會正式成立，

置委員二十九人，由總統兼主任委員，行政院院長、考試院院長及張資政俊雄兼副主任委員，其餘委員由主任委員自政府、學術界及企業界遴聘，共同推動政府改造事宜。

為順利完成合理調控行政院組織架構的階段性任務，必須先確定一套明確具體的改造目標與運作原則俾供依循，藉以凝聚改革的動能，在綜合政府改造委員會委員、專家學者及行政部門的意見後，九十一年三月三十日政府改造委員會第三次委員會議討論通過「行政院組織改造的目標與原則」，包含規模精簡化、建制合理化、強化政策的領導與統合、落實業務與組織的合理劃分及組織彈性化等五大目標，並分別對應二十項配套原則。依此目標與原則，經政府改造委員會研議、討論，決定將目前行政院所屬一級機關調整為內政部等二十三個機關，另國立故宮博物院改隸總統府。

行政院爰依政府改造委員會委員會議結論及參酌行政院組織法研究修正專案小組三十七次委員會議結果，以既有的研議成果為基礎，依據當前社會變遷與經濟情勢，考量國家未來發展與提昇國家競爭力之需求，在打造一個具全球競爭力的活力政府之改造願景下，循顧客導向、彈性創新、夥伴關係、責任政治、廉能政府的理念，擬具「行政院組織法」修正草案，於九十一年四月二十六日送請立法院審議，計修正條文十四條，增訂九條，刪除一條，其修正要點如次：

一、所屬機關之調整規劃：依前述組織改造目標與原則，將行政院現有三十二個機關（不包括業務性質特殊的公平交易委員會、中央選舉委員會、中央銀行）調整為二十三個機關以及於行政院本部設幕僚單位，另國立故宮博物院改隸總統府，並將行政院所屬一級機關名稱明定於本法。調整後設置機關如下：內政部、外交部、國防部、財政部、教育部、法務部、經濟貿易部、通訊運輸部、退伍軍人事務部、衛生及社會安全部、農業部、文化體育部、勞動及人力資源部、環境資源部、海洋事務部、僑務委員會、行政院原住民族委員會、行政院客家委員會、行政院國家發展委員會、行政院科技委員會、行政院大陸委員會、行政院人事總署、行政院主計總署。

二、內部單位之調整規劃：將內部單位法制化，明定分七廳辦事，明確規定其法律地位與職掌，強化幕僚單位之功能，並設新聞處、國會聯絡處、公共工程及採購委員會、消費者保護委員會、秘書處、法規委員會、訴願審議委員會、人事處、會計處、政風處，分別掌理輿情分析、政令宣導與聯繫；與立法院之協調與聯繫；公共工程與採購之規劃、審議、協調及督導；消費者保護基本政策與措施之研擬、審議及監督；事務性及機要性業務；報院法案之審查與研議；訴願案件之審議；人事管理；歲計、會計及統計；政風等事項。

三、因應政務需要之調整規劃：明定各部、會首長均為政務委員，不管部、會之政務委員由原五人至七人修正為七人至九人；行政院副秘書長由現制一人修正為二人或三人；置發言人一人，處理新聞發布等事項；得遴聘無給職顧問。

如前所述，行政院組織調整之幕僚規劃作業，已有十數年，本修正草案於函送立法院審議前，特別先召開政務會談與各部會協調，避免本位主義。 總統更指示：立法院是我們的最高民意機關，政府改造的實現，必定要獲得立法院的支持。政府改造，必須在舉國菁英同心協力之下，一步一步達成，而政府改造委員會、行政部門和國會，各自在改造過程中的不同階段，扮演著重要的角色。未來對於立法委員們的建議，行政院要以開放的胸襟加以思考，勇於採納好的意見，據以建構宏觀的組織架構。

為能更清楚瞭解行政院組織法研修歷程，特將行政院所屬部會調整之建議情形彙整如表1：

表 1 行政院組織法歷年研修對照表

現行機關名稱	七十七年修正草案	八十一年至八十五年修正建議	八十七年修正建議	九十一年修正草案（現階段）
內政部	內政部	內政部	內政部	內政部
外交部	外交部	外交部	外交部	外交部
國防部	國防部	國防部	國防部	國防部

財政部	財政部	財政部	財政部	財政部
教育部	教育部	教育部	教育部	教育部
法務部	法務部	法務部	法務部	法務部
經濟部	經濟部	經濟部	經濟部	經濟貿易部
交通部	交通部	交通部	交通部	通訊運輸部
蒙藏委員會	蒙藏委員會	蒙藏暨少數民族委員會	民族事務委員會	併入大陸委員會
僑務委員會	僑務委員會	僑務委員會	僑務委員會或併入外務部（外交部改名）	僑務委員會
中央銀行	中央銀行	中央銀行	中央銀行（特別機構）	獨立機關
主計處	主計總處	主計處或主計總處	主計暨統計總署或併入財政部	主計總署
人事行政局	不列入行政院組織法	人事行政局	人事行政總署	人事總署
新聞局	新聞總署	新聞局或新聞總署	院本部設新聞處	院本部設新聞處
衛生署	衛生福利部	厚生部、衛生福利部或福利衛生部	衛生福利部或福利衛生部	衛生及社會安全部
環境保護署	環境保護總署	環境保護署	環境資源部	環境資源部
海岸巡防署				整併成立海洋事務部
國立故宮博物院	國立故宮博物院	國立故宮博物院	國立故宮博物院（特別機構）	改隸總統府
大陸委員會		大陸委員會	大陸委員會	大陸委員會
經濟建設委員會	經濟建設委員會	經濟建設委員會或國家建設委員會	國家發展委員會或企劃管理委員會	國家發展委員會
國軍退除役官兵輔導委員會	國軍退除役官兵輔導委員會	國軍退除役官兵輔導委員會	國軍退除役官兵輔導委員會	退伍軍人事務部
青年輔導委員會	裁併	裁併	裁併	併入教育部
原子能委員會	原子能委員會	原子能委員會	裁併	併入環境資源部
國家科學委員會	國家科學委員會	國家科學委員會或國家建設委員會	科技部或國家科學委員會	科技委員會

研究發展考核委員會	研究發展考核委員會	研究發展考核委員會或國家建設委員會	國家發展委員會或企劃管理委員會	國家發展委員會
農業委員會	農業部	農業部	農業部	農業部
文化建設委員會	文化部	文化建設委員會或文化部	文化部	文化體育部
勞工委員會	勞動部	勞動部	勞動部	勞動及人力資源部
公平交易委員會		公平交易委員會	公平交易暨消費者保護委員會	獨立機關
消費者保護委員會		不列入行政院組織法	公平交易暨消費者保護委員會	院本部設消費者保護委員會
公共工程委員會		公共工程委員會	建設部	院本部設公共工程及採購委員會
原住民族委員會		原住民委員會	民族事務委員會	原住民族委員會
體育委員會		體育委員會	併入教育部	文化體育部
客家委員會				客家委員會
中央選舉委員會	不列入行政院組織法	不列入行政院組織法	併入內政部	獨立機關

資料來源：行政組織法（八十一年至八十五年）研修報告（行政院組織法研究修正專案小組，八十七年十二月三十一日）、行政院組織法（八十七年）研修報告（行政院研究發展考核委員會，八十九年十二月）、行政院組織法修正草案

參、行政院所屬各機關組織與業務調整之規劃情形

　　為貫徹政府改造委員會第三次委員會議通過之「行政院組織改造的目標與原則」，行政院在規劃所屬機關之組織調整時，特別就機關型態與功能職掌分為幕僚機關、業務機關及獨立機關三類，其設置理念與原則說明如下：

一、幕僚機關

包括行政院國家發展委員會、行政院科技委員會、行政院大陸委員會、行政院主計總署、行政院人事總署五個幕僚機關，其設置理由如下：

(一) 功能導向：目前行政院所屬部會層級機關中，包括行政院主計處、人事行政局、經建會、研考會、國科會等均屬幕僚性機關，分別負責各自主管業務的協調規劃事宜，以支援院長決策。惟因分工細密，多方管考，加以水平整合機制不足，難免產生業務重疊或競合，增加協調成本之情形，允宜強化並整合行政院幕僚機關功能，以提昇決策品質。

(二) 統一事權：幕僚機關主要負責政策之規劃、協調與評估或經費資源配置，基於業務性質相同或相近之機關，事權集中後有助決策整體性，亦可統籌行政資源之管理與運用，有助於降低行政成本，例如設置「國家發展委員會」，整合行政院經建會、研考會政策幕僚業務，統合負責國家重要經濟與社會建設政策之規劃、協調、資源分配與成效評估等事項，以國家社會經濟資源，維持兼具國家發展智庫及政策規劃功能。

(三) 強化行政院院長之政務領導與政策統合：依憲法第五十七條規定，立法委員在開會時有向行政院院長及行政院各部會首長質詢之權；第七十一條規定，立法院開會時，關係院院長及各部會首長得列席陳述意見。如政策幕僚機關之首長非屬部會層級之首長，將無法到立法院就政策相關問題備詢，為詳細表達政策執行之重要性，落實推動既定政策，政策幕僚機關首長應屬部會首長之層級，以分擔院長對國會報告及備詢之職責。

二、業務機關

包括內政部、外交部、國防部、財政部、教育部、法務部、經濟貿易部、通訊運輸部、退伍軍人事務部、衛生及社會安全部、農業部、文化體育部、勞動及人力資源部、環境資源部、海洋事務

部、僑務委員會、行政院原住民族委員會及行政院客家委員會十八
個業務機關（其中國防部、法務部、僑務委員會、行政院原住民族
委員會及行政院客家委員會五個機關因職掌明確，未與其他機關業
務重疊，予以維持現制），其設置原則如下：

(一) 原則上應該符合以下條件：
  1. 所要處理的公共事務涉及重要的政策決定。
  2. 業務影響範圍顯著及於廣泛的公共福祉。
  3. 預算規模達到一定標準。

(二) 以首長制為建制常態，業務影響範圍顯著及於廣泛的公共福
祉，且對外直接提供服務及執行管制，預算規模並達到一定標
準，惟為保障本地文化或經濟弱勢之特別需要，得設置特別機
關，如原住民族委員會。同時為減少溝通協調的成本及確保規
模經濟，業務機關總數應予減縮。

(三) 各機關之主要職掌，應該劃分清楚、避免重複，力求權責分明。

(四) 在合理的範圍內應集中事權，以免分散決策，造成無效率的作業。

(五) 既存機關間若有下列情事之一者，均應進行合併：
  1. 主要業務間需要高度互動者。
  2. 業務所需專業領域較近似者。
  3. 業務具上下游性質，合併有利於整體規劃者。
  4. 業務之整併有利於政府整體財政規劃者。
  5. 主要業務互補，而整併無其他不利因素者。

(六) 現存機關如有下列情事之一者，應即進行裁撤：
  1. 階段性任務已完成或政策已改變者。
  2. 業務或功能明顯與他機關重疊或已萎縮者。
  3. 職掌應以委託、委任或交由民間辦理較符合經濟效益者。
  4. 經評估績效不佳應予裁併者。
  5. 業務已調整或移撥其他機關或單位者。

(七) 為保障本地文化或經濟弱勢之特別需要，得設置特別部會，但
應定期檢討。

(八) 評估政府與民間角色的關係，檢討政府業務委託民間經營或移轉民營可行性，並儘量委託或移轉民間辦理。

本次研修結果，新設或改制之業務機關計有經濟貿易部、通訊運輸部、退伍軍人事務部、衛生及社會安全部、農業部、文化體育部、勞動及人力資源部、環境資源部、海洋事務部九個機關，備受各界廣泛討論與關注，特說明如下：

(一) 經濟貿易部：時值我國政府歷經多年努力，終於突破重重困境，於九十一年正式加入世界貿易組織（WTO），積極拓展國際經貿關係，強化我國在全球產業分工體系的優勢地位和競爭力，實為當前經濟發展重要工作。為提昇我國成為全球運籌發展中心的職能，維持工、商、貿易等單純經濟事權以助專業職能分工，並凸顯開放之對外貿易導向式經濟，爰調整名稱為經濟貿易部，並移入原屬其他機關之相關業務如創業輔導、核能研究等事項，俾能名實相符主管全國經濟及貿易行政業務。

(二) 通訊運輸部：配合海洋事務部之設置，將航政、港務、海上觀光政策規劃及港灣技術研究業務移出，與行政院海洋巡防總署及其他部會海洋相關職掌整併由海洋事務部統籌掌理，各港務局及所屬港務管理業務在完成法人化前，亦併同改隸移撥海洋事務部，以收海洋相關事權整合之效。同時為統籌國家基礎建設之規劃及執行，將原內政部營建署負責之國宅、上下水道、市區道路與新市鎮開發等基礎建設工程、國宅政策規劃、營建管理及原內政部建築研究等業務移撥通訊運輸部掌理。

(三) 衛生及社會安全部：因應我國人口結構變遷，自八十二年起六十五歲以上老人人口比率超出7%，預計一〇一年老人人口比率將達10%；另依據內政部各項福利經費成長，以身心障礙福利及老人福利之經費成長最多，而渠等人口係以醫療衛生及健康維護為重點，故整合醫療衛生與社會福利之行政體系，將有助於資源配置與運用，並提昇各項服務品質。且依據憲法第十三章第四節「社會安全」專節，我國社會安全制度包括充分就業、勞工及農民之保護、勞資協調合作、社會保險及社會救

助、婦女兒童福利政策、衛生保健事業,因此整併成立「衛生及社會安全部」,將可符合我國衛生福利之範圍及需求,並解決目前中央社會福利工作分屬內政部(社會司)、行政院衛生署、行政院農業委員會不同機關職掌,致政策、措施及執行標準難求一致,業務交集及需協調事項頗多等問題。

(四) 農業部:為因應農業發展多元化,保持其對經濟建設之貢獻,同時在國人日益重視生活品質之趨勢下,保障糧食安全,提供開闊的生活空間與綠色景觀及促進生態平衡等農業之非經濟性功能日趨重要,且為因應我國農業面臨國際經濟自由化之衝擊,必須加速農業升級,使其生產型態與結構順利轉型,並加強各項產銷公共投資,爰規劃將行政院農業委員會改制為農業部。

(五) 文化體育部:鑑於文化業務由不同部會辦理,文化事務不斷拓展,行政院文建會之功能已與當初成立時轉變甚大,肩負諸多執行性業務,宜改制為部,整併相關機關文化業務,以統一事權,且歷次行政院組織法研修過程中亦達共識。傳統以來運動與藝術文化常是相生相伴,遠溯古希臘奧林匹克運動會的運動人體雕像膾炙人口,就是連運動場館的建築,亦極富藝術文化特色。體育與文化的結合,將展現力與美的精神,健全國民的身心。未來體育如與文化建設相結合,當可結合多方資源統籌規劃,帶動休閒健康產業,促進經濟成長,並透過柔性外交,協助突破外交困境。

(六) 勞動及人力資源部:隨著經濟全球化、外籍勞工的開放及網際網路的運用,勞動力和資金一樣已突破傳統的國別疆域限制,使得原本閉鎖式的勞動市場,產生開放性的勞動競爭。而由於生產自動化趨勢持續、企業合併風潮日盛及加入WTO的衝擊,國內失業將出現結構性的變化,明顯衝擊著中高齡、低教育程度及弱勢族群的就業。為落實我國勞工政策,加強保護愈來愈多的受僱者及勞工,並強化勞僱合作關係,促進經濟與社會發展,降低失業率,宜改制為「勞動及人力資源部」。

(七) 環境資源部：鑑於自然環境中水、土、林及空氣間之緊密關聯性，及為追求自然保育及資源之永續利用與經營，環境資源部除推動各項公害污染防治工作外，在自然保育方面，則納入森林資源之保護、經營與利用、自然保育區之規劃、水資源經營管理等各項自然資源之維護保存工作。目前水資源管理事權分由經濟部水利署及行政院農委會兩個機關主政，整併後將使水利行政不再侷限於單一的水利與水資源管理，而朝廣泛的環境保護與生態永續的觀點發展。另外，環境與土地利用息息相關，若能將內政部有關土地開發、區域規劃、城鄉規劃等業務，與經濟部有關礦業、地質調查業務，一併整合於資源管理與環境保護業務中，將可落實環境與資源持續利用與發展，藉由國土規劃整體性、前瞻性與防範性之特色，逐漸走向水、土、林與空氣整合為一體的永續發展目標。

(八) 海洋事務部：我國四周環海，長久以來皆以大陸國家的理念來規劃國家制度的發展，行政院設立海洋事務部係為因應朝向海洋國家發展的功能性需要，本諸維繫海洋資源的永續利用，確保國家海洋權益、強化海域管理與海洋建設、加強海洋研究發展等基礎性功能，檢討海洋環境保護、海洋生物資源保育利用與管理、海洋非生物資源探採利用與管理、海上治安維護與災難救護、航運及港埠發展與管理、海域觀光遊憩、海岸地區管理、海洋科學的研究發展、海事糾紛仲裁，及海洋國際事務的諮商、談判與協調等業務之問題，冀達海洋資源事權有效發揮之功能。其他國家的海洋事務組織，如韓國海洋事務與漁業部係掌理海上保安、海洋研究、漁業資源、海事及港灣行政等事項；加拿大漁業海洋部係掌理漁業管理、漁業資源保護、海岸巡防、海洋科學研究等事項。該二國對於海洋專責機關的權能範圍，略係以海洋資源的保護、海上治安的維護及海洋研究發展作為功能性的設計，可供我國參考。

(九) 退伍軍人事務部：退伍軍人因長年於軍中服役致其退除役後之就業、就學、就養及就醫需求有別於一般民眾，因此，設置退

伍軍人輔導業務專責機關,將可有效滿足其特殊需求,提高其生活安全感與社會歸屬感。另退伍軍人就業、就學、就養及就醫需求間具有階段性,成立單一機關將可確保各項需求有效銜接與輔導政策一貫性,同時,接受輔導之退伍軍人也能透過單一窗口機制獲得完善與完整之服務。又因應國軍精實案及再精進案持續推動需要,預估有二萬多人(平均年齡為三十三歲)將因服役年資未達十年,致無法納入輔導對象,上開志願長期為國家犧牲奉獻青春歲月之常備役官、士退除役後,應透過適當之輔導安置,繼續為國家貢獻一己之力。基於退伍軍人輔導工作直接影響國防建軍,爰有必要將行政院退輔會之組織及業務進行調整並擴大其服務對象。

三、獨立機關

包括中央銀行、公平交易委員會、金融監督管理委員會、通訊傳播委員會等機關,其業務性質特殊,必須獨立超然行使職權,排除政治因素之影響,確保公共利益的體現。

獨立機關係屬首次應用於我國政府機關之組織設計概念,中央政府機關組織基準法草案第十六條規定:「機關依其權限及職掌之性質,應獨立超然行使職權,不受上級機關之指揮監督者,其組織以法律定之。」而各獨立機關之設置依據則明定於各自組織法或作用法中,例如金融監督委員會組織法業經立法院於九十二年七月十日三讀通過,將於九十三年七月一日起設立,實踐金融監理一元化目標。又如行政院業於九十二年九月三日審議通過「通訊傳播基本法」與「通訊傳播委員會組織法」兩草案,並於九月八日函送立法院審議,俟完成立法程序後,預定於半年內完成機關整併。除此之外,政府改造委員會通過之「獨立機關的建置理念與原則」及行政院組織改造推動委員會(以下簡稱行政院組改會)通過之「獨立機關建置原則」,亦是設置獨立機關時必須遵循的重要依據。其設置理念與運作原則如下:

(一) 獨立機關之組織建制就是若干機關獨立於行政權之外，不受最高行政首長的指揮與控制，據以確保其做成非政治性的專業決策，以促進公共利益的實現。獨立機關與行政院之業務機關及幕僚機關間，應有明確的區隔，不應列計為行政院的所屬部會；獨立機關之首長，因而也不是內閣閣員，原則上毋須參加行政院院會。

(二) 為確保決策之妥當性與人民之權益，立法者應審慎設計獨立機關所為決策的行政程序，並建構健全的監督機制。

(三) 獨立機關成員之選任，應著重人選之專業性，並力求超越黨派取向的政治考量，故立法上雖可限制單一黨籍成員之比例上限，但絕對不應要求以政黨比例方式任命獨立機關之成員。

(四) 中央政府機關組織基準法草案中爰明定此類機關以法律定其組織，其機關首長、副首長或合議制之成員，均應明定其任職期限及任命程序。

肆、行政院組織調整重要問題研析

一、重要問題

（一）是否訂定行政院組織法修正條文施行前之過渡性法律

　　因行政院組織法修正草案定有日出條款，有關組織與職掌調整、財產接管、預決算處理、員額移撥與權益保障、法規制（修）定及其他相關協調配合事項，均需有所依據並準備就緒，俾利行政院組織法修正條文施行前，各部、會、總署及所屬各級行政機關未及修正或制（訂）定其組織法規或作用法等時，有過渡階段之法律依據，以利啟動新的行政院組織機能。

（二）如何維護行政院所屬員工權益，使其全力配合改造

　　政府改造成功的關鍵在「人」，組織重整必然牽涉到人員之移撥及員額之精簡，也唯有同步辦理精簡組織人力，政府改造才有其積極而完整之意義。公務人員是國家各項建設發展之規劃者與執行者，是國家的重要資產，更是維持國家社會安定的中堅力量，在組織改造的過程中應該繼續借重其能力與經驗，發揮其工作潛能，來增進民眾福祉。因此行政院所屬員工配合組織改造，其權益應予保障，使能安心地在自己的崗位上全力以赴，依預定期程完成各項改造工作。

（三）如何達成組織及人力精簡目標，節省行政成本

　　行政院組織改造係以職能檢討為重點，凡可由民間或地方自治團體辦理者，將予以解除管制、委外或下放，並依功能、效率取向檢討整併現行機關，在人力配置方面勢必配合調整，尤其可透過優惠退休、資遣或離職規定，加速員額精簡，降低人事費用支出，避免組織規模過於膨脹。

二、因應對策

（一）完成行政院組織改造四法函送立法院審議

　　行政院配合政府改造優先推動行政院組織調整工作，業於九十一年四月及十一月完成「中央政府機關組織基準法草案」、「中央政府機關總員額法草案」、「行政院組織法修正草案」及「行政院功能業務與組織調整暫行條例草案」組織改造四法（以下簡稱行政院組織改造四法）送請立法院審議，並積極安排拜會各黨團及委員尋求支持，期儘速於既定時限內推動完成立法。

　　其中「行政院組織法修正草案」係全面檢討調整政府角色定位和職能，業於本章前段述明，現就其餘三法之規範重點說明如下：

1. 中央政府機關組織基準法草案（以下簡稱組織基準法）：係為建立組織共同規範，明定機關及其內部單位之設立原則、組織架構、層級及名稱規範等。

   (1) 機關設立之要件：明定不得設立機關之條件，如機關業務職掌重疊、或業務可由現行機關調整辦理及由民間辦理較為適宜者等。另對於內部單位因階段性任務完成、政策改變、功能萎縮或重疊、或經專案評估績效不佳者等，應予調整或裁併。此外建立組織員額評鑑機制，使組織與人員能合理的運用。

   (2) 中央政府機關之層級：中央政府機關原則上只設四個層級，刪除現行五級機關之設置；並規定一級至三級機關內部單位為二層級，四級機關內部單位僅設一層級，以縮短決策與執行之流程。

   (3) 機關設置規範性質之簡化：機關設置的依據將由過去完全用法律來規範，做適當的放寬，中央三級機關以下，改以組織規程或準則之行政命令來訂頒，使機關設立與調整更為靈活，充分配合政府施政需要。

   (4) 機關組織法規規範內容之變革：機關組織法規僅規範權限、職掌，至內部單位設置與人員配置則不在規範之列，使組織與員額的調整更能因應業務需要。

2. 中央政府機關總員額法草案（以下簡稱總員額法）：由總量控管及建構彈性調配機制，建立政府機關組織員額之最適規模。草案中明定適用範圍、員額分類、各類員額最高人數、機關員額配置方式、員額管理、評鑑與調整機制及精簡優惠措施。

3. 行政院功能業務與組織調整暫行條例草案（以下簡稱暫行條例）：提供本院組織調整有關組織編制、財產接管、預決算處理、員額移撥及權益保障等相關配套措施。

(1) 組織調整：明定新設之各部、會、總署及其所屬各級行政機關（以下簡稱新機關）之組織法規，於行政院組織法修正條文施行前，如未能完成法制作業程序，授權行政機關訂定其暫行組織規程及編制表，不適用原機關組織法規，俾利推動組織調整作業。但機關及編制員額未變更者，繼續適用原機關組織法規。另配合九十一年五月二十五日送請立法院審議之財政收支劃分法修正草案第四十五條，及考量原機關業務職掌之檢討結果，尚有可能將原屬中央機關業務調移地方政府，爰增列有關原屬中央機關改隸或業務調移地方政府，其組織法規未修正或制（訂）定前，得由其中央、地方權責機關訂定暫行組織規程及編制表之規定。

(2) 業務法規：本次行政院組織調整之幅度甚大，所須配合制（訂）定、修正及廢止之組織法規及業務法規相當多，為避免相關業務法規之檢討修正不及完成立法，並鑑於由各機關分別處理管轄權變更事宜，易生紛亂、掛漏，乃參照行政程序法第十一條規定，就原機關精簡、整併、改隸或改制，其管轄權已依組織法規等加以變更，而業務法規未及配合修正時，明定由行政院統一公告變更管轄之事項。此外尚有機關經檢討係將部分業務去任務化，由於此種組織之精簡係為配合停辦部分業務，無變更管轄權問題，為使相關業務法規在不及完成立法之情形下，亦能加以配合，遂明定行政院於必要時得以命令停止其精簡部分業務之辦理。又機關經檢討認須裁撤時，由於「裁撤」並非機關精簡、整併、改隸或改制，亦非行政程序法第十一條所規範之情形，爰明定遇有此種情形，在相關業務法規完成立法程序前，授權由行政院以命令停止其業務法規所定掌理事項全部或一部之辦理。

(3) 財產接管：原機關由業務接管機關概括承受或裁撤時，其經管之公有公用財產，應變更登記為業務接管機關或

財政部國有財產局管理;以及業務接管機關對用途廢止之公有財產,得以該機關名義,辦理變更非公用財產之程序及撥用,俾利各項計畫之推動與執行。另依現行實務,原機關經管之公有財產,除國有財產外,亦有包括直轄市、縣(市)及鄉(鎮、市)有之財產,為利該等財產於組織調整後之管理使用,爰明定準用前開規定辦理。

(4) 預決算處理:配合機關調整型態,就預算之承接執行做原則性之規範,而為免相關預算受預算法第六十二條及第六十三條有關流用之限制而無法因應,特訂定報經行政院核准,得不受其限制,必要時,並由行政院或地方政府依預算法相關規定辦理追加、追減預算。另為確實支應各機關依組織調整所需人員之優惠退休等費用,爰賦予各機關預算執行上之彈性,必要時,由行政院依預算法相關規定辦理追加預算。

(5) 員工權益保障:優惠措施適用原機關依法任用與派用公務人員、約聘僱人員、各機關學校團體駐衛警察、工友、休職、停職及留職停薪人員、退休公務人員及領卹遺族,但不適用於政務人員、公立學校教職員工及公營事業員工。另外,曾配合機關(構)、學校業務調整而依據相關法令規定辦理退休、資遣或離職,且支領加發給與者,也不適用加發各種慰助金的規定。

(二)各機關研擬完成組織調整規劃報告

除積極推動前開法制作業外,為展現力行組織改造的決心,行政院於九十一年五月二十九日成立行政院組改會,下設政府中央行政機關功能調整小組、民間夥伴小組、中央地方夥伴小組三個功能調整及經費、人事、法制三個配套機制小組,進行政府與民間角色及定位、中央與地方業務權責分工之檢討,審慎界定調整後各部會組織功能及業務內涵。本會為「中央行政機關功能調整小組」主辦

機關，主要工作重點包括行政院組織法推動立法、部會組織及業務調整、院本部功能強化等項，其中研議與規劃未來調整後新部會及所屬機關之職能、組織架構及業務職掌劃分為現階段業務重點。

本會爰研擬「中央行政機關功能調整小組業務推動要項」，並於九十一年七月三十一日分送各機關，依據行政院組織法修正草案規定之各部、會、總署組成十四個分組，經同年八月至九月間密集召開三十一次分組會議，併同其他十個業務調整機關，完成二十四案組織調整規劃報告初稿送本會。案經中央行政機關功能調整小組於同年九月十六日至十月四日間召開八次會議，審查完竣各機關函送之二十三案組織調整規劃報告初稿及本院院本部組織調整規劃報告初稿之書面審查，並會同各主管機關研擬通案共同辦理事項獲致結論。各機關業依會議決議完成組織調整規劃報告修正稿於同年十一月一日全部送達本會，其內容已可展現調整後新機關全貌，將作為立法院審議行政院組織法等組織法案之重要參考。前開審查結果均已提報本院組改會第四次委員會議。

（三）推動四化組織調整方向並組成工作圈

本院組織改造係以職能檢討為重點，朝四化：「去任務化」、「地方化」、「法人化」及「委外」四大方向檢討調整各部會組織及業務，並組成內政法務等九個工作圈，將性質相近或有所關聯者納入同一工作圈，而不以個別機關為檢討對象，以契合組織改造全面而深入檢討之特性，將俟檢討完成後作為各機關修正組織法案之依據。

九十一年八月二十四日行政院組改會第二次委員會議通過之「機關業務檢討原則」，對於四化明確定義：去任務化亦即「解除管制」，意指此項業務應自國家任務中予以排除，去任務化後，政府機關不再負有執行該項業務之任務；地方化意指將現行中央機關辦理之業務，改由地方辦理，亦即「業務下放」，係以地域性及親近性等因地制宜因素為主要考量，惟地方政府之能力及意願亦宜注

意，於個案處理時應有良善之溝通；法人化係將仍屬國家任務而無自任實施必要之業務，設立法人交由其實施，而該法人應屬公法性質之行政法人（包括財團法人、社團法人及營造物法人），如可交由民法性質之法人辦理者，並無繼續列為國家任務必要，從而屬於去任務化之範疇；委外辦理意指將業務委託民間辦理，依其委託辦理之內容又可分成機關委外及業務項目委外。

為使各機關於配合推動前開四化更加迅速順利，內政部、本院人事行政局、經建會等主辦機關業研訂完成四化標準作業程序（SOP）及推動計畫，其中在法人化部分，行政法人法草案業於九十二年四月二十二日由行政院與考試院會銜函送立法院審議，該法係定位為基準法，其目的在於就行政法人共通性事項做原則性規範，以提供個別行政法人立法時之導引，並避免制度性之歧異，機關業務行政法人化時仍應有個別性或通用性法律作為法源依據，並得於本法所定基準之上，依其組織特性、任務屬性進一步特別設計規定。

（四）其他重要配套作業

另外，本院相關機關自九十一年五月起陸續完成「行政機關專案精簡（裁減）要點處理原則」、「法案整體控管機制」、「機關業務檢討原則」、「行政院組織改造人事配套措施」、「獨立機關建制原則」等業務、人事、經費、法制配套作業；本會亦協助行政院院本部知識管理系統之建置，以強化院本部功能。

伍、行政院組織調整後續推動工作

一、行政院組織改造四法後續推動作業

截至目前組織改造四法立法進度為，組織基準法及總員額法草案於九十一年十一月二十九日交付委員會審查，業經立法院法制、

預算及決算、內政及民族三委員會於九十二年一月八日、四月二日、十月八日召開聯席會議審查組織基準法草案，業進行大體討論、詢答及逐條審查；總員額法草案則尚未排入議程；至行政院組織法修正草案及暫行條例草案二案，則均未交付委員會審查。

　　鑑於組織改造四法相關施行日期即將屆期，且四法間具有高度關聯性及互動關係。為利後續作業規劃，本會業擬具處理建議如下，並已提報本院組改會第四次委員會議：

(一) 組織基準法及總員額法部分：鑑於組織基準法草案及總員額法草案之施行日期係由本院會同考試院另定，尚不致受立法進度之影響。總員額法草案目前尚未經朝野協商，本院人事行政局將俟國民黨版之總員額法草案提出後，配合組織基準法草案之審查進度及方向規劃，此二法案仍將由主管機關積極協調立法院各黨團儘速完成立法程序。組織基準法草案通過後，現行機關（構）具轉型為獨立機關或行政法人之條件者，建議依據該法儘速擬具相關組織法案，以利推動後續組織調整作業。其餘機關則配合行政院組織法修正草案及暫行條例草案之立法時程辦理。

(二) 行政院組織法修正草案及暫行條例部分：依據行政院組織法修正草案第二十五條「本法自中華民國九十三年五月二十日施行。」另暫行條例草案第六條、第七條、第十一條至第十九條有關預算編列及員工權益保障等事項自九十二年五月二十日施行（已屆期）；其他條文則自九十三年五月二十日施行。鑑於此二法案之施行日期將隨立法完成日期而修正，為因應立法院審議進度，本院業依據法案可能通過日期研擬完整配套措施。

二、四化工作之後續推動事項

　　目前行政院組改會業與相關機關組成組織改造服務團，先就規劃改制為行政法人等機關進行必要協助，各機關所組工作圈並已分就相關議題於推動委員會三個功能調整小組督導下進行檢討作業，目前陸續完成業務檢討結果及建議彙總表，將透過功能調整小組聯

席審查後提報行政院組改會委員會議確認，作為各機關修正組織法案之依據。由於在推動組織改造過程，為減少推動阻力等實際需要，可分階段執行四化調整作業（如先「委外化」再進行「去任務化」），亦即「去任務化」、「地方化」、「行政法人化」、「委外化」彼此間具有可替代性，並非單一、互斥的選擇方式。又涉及組織業務調整之相關議題，亦須透過適當機制進行處理，因此為避免各功能調整小組分開審查所產生競合問題及重複作業情形，爰建立「同一機制、一次完成」之聯席審查作業，以提昇行政效率，達成統合相關機關共同思考政府職能，尋找最適處理方式，以塑造行政院新的組織架構具體形貌。在四化檢討部分，依各工作圈所涵括業務量能、繁簡程度及迴避原則，由四化議題主辦機關內政部、本院人事行政局、本院經建會就九大工作圈進行分工，另因應業務檢討所需進行組織調整議題，由本會負責整理及研議，以便適時提出討論。

陸、結語

現代的政府，是服務型的政府，也是顧客導向的政府。因此，我們的政府應該像是便利商店一樣，提供不打烊的服務，也要像經驗豐富的師傅一樣，為顧客剪裁出合身的服裝，甚至於提供「All in One」的套餐服務，讓我們的顧客能心滿意足。我們深信，積極與朝野立法委員及社會大眾加強溝通、說明，儘速完成「中央政府機關組織基準法草案」、「中央政府機關總員額法草案」、「行政院組織法修正草案」及「行政院功能業務與組織調整暫行條例草案」等行政院組織改造四法之立（修）法工作，將使我們達成前開目標，建構行政院新的組織架構，挺得住全球化、國家競爭力等各項挑戰。

行政院組織改造工作經緯萬端，牽涉機關人員之廣，執行困難程度之高均屬罕見，必須在各機關審慎規劃、充分溝通與尊重體諒原則下方得以順利推展，更期盼「政府改造」是全國民眾共同參與

的運動,希望各界多多提供高見,在全體公務人員秉持「政府用心,人民安心」的理念下群策群力,以使多年的努力能開花結果,重整各機關職能、組織規模與員額配置,並進而提昇行政效能。

【文章發表】

‧本文原載於《政府改造》,行政院研考會,2003 年 12 月。

施政理念與組織再造

隨著台灣加入世界貿易組織（WTO）腳步的逼近，生產與投資將以全球為範疇，進行跨國界移動，而在一些不易進口的商品和勞務等非貿易財中，則以政府所提供的公共財最為重要。公共財包括法令制度、行政效率、社會治安、生態環境以及軟硬體基礎設施等，這些公共財若是品質太差或是價格太高，將使其產品生產成本增加而使本國出口商品失去國際競爭力。在最近世界經濟論壇（WEF）發表的2001年度全球競爭力排行中，台灣在象徵未來五年經濟成長前景的成長競爭力指數由去年排名第十升為第七名，其中公共機制品質排名二十四，科技排名全球第四，科技細項的創意指標全球排名第三，優於芬蘭。由這些數字明顯看出，台灣的核心競爭力來自科技表現，更是民間企業努力的成果，而政府在公共政策的表現則有努力空間。世界市場研究中心（WMRC）的研究報告則指出台灣政府網站提供廣泛的便民服務，電子化政府的表現排名全球第二，僅次於美國，此報告又可看出我國政府在建構電子化基礎設施的用心與以資訊科技服務與照顧人民，建立資訊新社會的努力。

上述看似矛盾的排名數字，其實並不衝突，因為政府部門對公共財的建制以提昇國家競爭力本是責無旁貸，而政府的角色在市場經濟體系中又是相當有限，因此，提供各種公共服務且追求公平及經濟安定是政府部門對民間企業的對大貢獻。不僅如此，政府亦負擔著建立永續發展與公益社會的責任，所以，民進黨政府一直強調維持一個適當規模的政府的中間路線概念。就政府在市場經濟體系中的角色而言，政府如何將公共財處理得更好？機關內部整併、資源調整、服務效率提昇是一途徑。如何解除政府財政赤字壓力且導入民間企業經營精神？民營化、公共事務委託民營、BOT、法人化等手段則是另一必行的「市場化」策略。以下將分別就組織調整的

理念與部分政府業務市場化兩大部分分述之。藉由政府內部結構的調整，可以達成三目標：一、建立一個有利民間參與的環境，二、並檢討以最適的政府組織規模做最必要的事，三、巧妙地改變公共組織的目標方向，獎賞制度、責任歸屬、權力結構，以及組織文化，釋放員工潛力，形塑全員追求績效的文官體系，以實現「年輕台灣、活力政府」的理想。

　　政黨輪替以後，民進黨執政團隊施政理念的落實，除了反應在各部會每年中央政府總預算政務支出項目編列的優先次序排列之外，更可透過政府組織架構的調整具體而微地展現。從我國過去行政革新或政府再造的推動情形，吾人可以發現，政府再造（或行政革新）基本上是一種政策演化的過程，在不同的時空環境下，革新方案的本質、目標及所使用的政策工具，略有所不同。民進黨中央執政以後，民進黨政策菁英的理想或信念系統可投射在政府改造工程中，其所經歷的民主運動過程、所認知的整體社會特質、所體認的當前國際政經動態以及所擘劃的國家未來走向，皆透過政策變遷過程，逐步引導政策朝向期望的方向移轉。

　　本人在陳總統競選期間擔任國政藍圖執行長，負責召集專家學者四百多人分成六大類二十七組完成總統的政策白皮書，計有國家安全、國家體制改造、財政經濟、國家建設、婦女政策、教育文化傳播六大冊，還有尚未編輯成冊的勞工、青年、醫療、客家、原住民等相關成品，現在更是擔負起任務艱鉅的行政院組織調整的幕僚工作。我國八十七年「政府再造委員會」將政府再造分成組織再造、人力及服務再造以及法制再造三部分，其中組織再造是政府再造工程中最知易行難的一個環節。即使如此，奠基於之前行政部門相關人員十幾年來的研修精髓與精省作業四年多以來的實務經驗累積，輔以執政黨的施政理念，本人正兢兢業業地逐步將施政理念落實於組織調整的實務運作上。

壹、外國政府再造的經驗

　　內閣制國家如英國，其政府改造歷經八十年代的保守黨的柴契爾夫人、九十年代初期的梅傑首相到九十年代中期以後的工黨布萊爾首相，不同政黨雖有不同意識型態，其改革方向基本上並未大幅改變，仍以為提昇政府效能與服務品質為最高追求目標，可見政府改造在英國已經成為跨越意識型態的公共議題。英國的革新措施以解除管制和民營化為代表，例如所採行的公共部門民營化及政府業務委託外包等，建立「效率小組」（Efficiency Unit）作為推動政府改造的基礎，到1991年梅傑首相繼任後宣佈「公民憲章」（Citizen Charter）承諾為公民提供最佳服務品質，1998年勞工黨政府再度修正該綱領，並提出九項服務第一（Service First）原則，建立服務品質競爭機制等措施。九十年代的美國改造運動強調的「企業型政府」，強化施政績效管理評估以及成本效益評估等措施，在柯林頓總統兩任任內，強力貫徹，創造國家從赤字預算轉變為盈餘預算、促進一千七百萬個工作機會、行政改革績效卓越等佳績。其他如法國的「行政現代化政策」（the Administrative Modernization Policy），德國的「新領航行政模式」（Neues Steuerungsmodell, NSM），澳洲的「文官改革法」（Public Service Reform Act），紐西蘭的「行政文化重塑運動」（Reshaping Administrative Culture）、「邁向公元二〇一〇」（Path to 2010），荷蘭的「行政自動化」，瑞士與奧地利的「新公共管理」（New Public Management）運動，加拿大的「公元二〇〇五年新制文官」（Public Service 2005）等皆針對提高政府效率與服務品質提出各種的推動行政流程改造的計畫。

　　在鄰近的亞洲國家如日本，亦從十二省十廳大幅修減為十省二廳，為配合中央省廳大改革之行動，亦提出「政策評價法案」，於2000年12月正式定案。韓國於1994年12月發表中央省廳的改組，是1993年就任的金泳三總統所推動，對於穩定民主政權以及因應韓國經濟國際化等衝擊而規劃部會調整，計減少二部、一處、再追加一

部；目前在國務總理下設有二院、十四部、五處、十三廳、二局。中國大陸國務院組織自建國以來歷經多次的改革，到1998年，除國務院辦公室外，國務院從四十個部委確定縮減成二十九個部會。

貳、我國政府組織調整經驗

一、行政院組織法研修過程

　　行政院組織法歷經數次修正，曾於民國七十七年送請立法院審議，嗣因客觀環境變遷，中央研擬修憲、動員戡亂時期的終止，行政院組織因新增業務有再檢討的必要，乃於民國七十九年函請立法院撤回上述修正草案；之後於八十一年奉郝前院長指示成立專案小組重行檢討調整，並配合「行政革新方案」的組織員額精簡計畫辦理。八十七年蕭前院長任內行政院核定「政府再造綱領」，成立「政府再造推動委員會」，下設「組織再造」、「人力及服務再造」及「法制再造」三個工作小組，其中針對行政院組織架構，擬配合「中央政府機關組織基準法」、「中央政府機關總員額法」二草案內容與立法進度，一併送立法院審議。

二、台灣省功能業務與組織調整作業

　　行政院於八十六年八月成立調整委員會推動台灣省政府功能業務與組織調整作業，暫行條例於八十七年十二月二十一日生效。精省業務推動至今，共五十八個機關裁併，精簡約一百三十個業務及幕僚單位，但僅有約百分之一的原省府員工（不含事業機構）辦理自願退休資遣或離職；中央各部會因應原省府業務及人員移撥至中央，配合完成相關組織法規的法制作業，訂定一百二十二個暫行組織規程、二百七十二個暫行編制表，十六個中部辦公室設置要點及三個第二辦公室設置要點報院；至於相關部會配合精省業務進行組織法的修法工作，一百一十六項法案中，至截稿之日止，僅有三機

關衛生署、研考會，及內政部役政署、警政署等法案經立法院三讀通過。

然而，行政院暨所屬機關組織調整工作因為精省業務的加入而範圍更深、更廣且更加繁瑣。我國進行的精省工程，以簡化行政層級成為中央、地方二級為目標，強化中央與地方的夥伴關係，以及在尊重地方自治的前提之下研議地方政府組織調整，最後回歸地方制度法，建立可長可久的制度。這種宏大目標，造成行政院組織法的研修不僅需考慮原本設計中擬針對二十一世紀國際發展趨勢與民眾的服務需求、評估政府與民間角色的關係以外，還需考慮中央與地方政府關係等。因此在政黨輪替之前，行政院組織調整的工作尚在內部調整階段，也尚未送行政院院會通過，更遑論送立法院進行法案審查了。

三、政黨輪替以後

歷經十一年的研修，我國行政院組織規模已大致確定，奠基於之前的研修成果，民進黨執政菁英規劃有三面向：一、組織架構確立，二、功能符合執政理念，三、繼續朝向縮小政府職能、強化政府效能的方向努力。根據初部研議結果，將來行政院部會的規模為二十五個機關組織架構，包括十五個部、五個委員會、四個特別機關與一總署；並積極研議二級以下各機關之整併、改隸、改制、法人化及引進民間資源、委託民間辦理等方式，期望以組織調整減少政府施政成本、公務人員總額成長適當控制，並能提高行政效能。對於長久以來所強調的民主人權法治的理念，則在執政一年內，成立行政院人權保障推動小組的任務編組，為未來總統府國家人權委員會催生，以及加強掃除黑金行動等方案來落實。

政府瘦身與組織再造是經發會的共識，與會菁英也建議由總統邀請各界人士組成推動政府改造委員會；不僅如此，根據研考會的民意調查，精簡中央政府組織推動府改造工作更得到百分之七十五以上的民意支持。因此，回應人民提昇行政效率的要求，也為規劃研究將來包括行政院、立法院與總統間關係應如何定位、制衡，國

會立法制度的提昇等超越行政部門範疇的問題，由直接向民意負責的總統來擔任過去規劃已久卻又只停留在紙上作業階段的政府改造工程再恰當不過了。目前總統府任務編組「政府改造委員會」已於十月二十五日召開第一次委員會，總統擔任主任委員，行政院及考試院院長擔任副主任委員，第一波將針對「行政院組織法」密集召開數次委員會議與工作小組會議，規劃於明年四月間將該法的草案送立法院審議；並於草案中明訂定二年緩衝期的日出條款，讓行政部門有充分的時間做內部調整並讓公務人員權益得到最佳保障；至於第二波政府改造的重點工作，不排除碰觸複雜、棘手的「國會改造」、「憲政改革」的問題。

　　在民進黨決策菁英的信念中，政府改造是為求提高政府效率，在全面「拼經濟」的訴求中，政府效能的提昇對活絡經濟活動是不可或缺的，總統也一再地宣示這理念。為使提高政府效能有明確成效，在行政院幕僚工作方面，未來的工作重點不僅配合政策決定，規劃行政院組織規模，更需對相關配套措施進行規劃。目前正積極研究創設獨立行政法人以執行部分公共事務；建立組織及員額績效評鑑制度，作為機關組織設立、調整或裁撤，以及員額調整之依據；推動施政績效評估制度；調整行政院及所屬機關組織，實施精簡及配套措施；並規劃調整地方政府組織。

參、施政理念與行政院組織改造

一、總統國政藍圖歸類與行政院組織調整初步架構

(一) 國家安全：主要領域是有關兩岸、外交、國防方面，相關部會是：國防、外交（僑委會）、陸委會。

(二) 國家體制：主要領域是有關憲法、政府體制、司法、治安方面，相關部會是：

　　(1)　國家發展委員會。

(2) 國家危機管理體系與法治社會：公共安全總署、內政部、
　　法務部。

(三) 國家財經：主要領域是有關財政、金融、經濟、中小企業、國
　　際貿易、農業，相關部會是：

(1) 財政部：包含財政部（金融監理業務獨立出來）、主計
　　處、人事行政局。

(2) 經濟部、金融監督管理委員會、農業部。

(四) 國家建設：主要業務是：國土規劃、公共建設、科技、環保、水
　　資源，相關部會是：交通部、科技部、建設部、環境資源部。

(五) 教育文化：主要業務是教育、大眾媒體、文化，相關部會是：
　　文化部、教育部、資訊通訊暨傳播委員會。

(六) 社會群體：主要領域是婦女、青年、勞工、原住民、客家、醫
　　療，相關部會是：勞動部、衛生福利部、原住民委員會、客家
　　事務委員會、國軍退除役官兵輔導委員會。

二、施政理念與行政院組織調整的構想

（一）國家安全至上，因此國安相關部會變動極少

　　維護國家安全是政府的職責，台灣因為國際環境特殊，因此對
於國家安全的重視更是不言可喻。根據本會最新民調，陳總統上任
一年半以來，對於維護國家安全的努力更是受到超過百分之六十以
上人民的肯定。

　　1. 在兩岸關係方面，秉持「台灣優先、全球佈局、互惠雙贏、
　　　風險管理」四大原則，以「積極開放、有效管理」取代「戒
　　　急用忍」政策，主動因應加入WTO及兩岸三通問題是民進黨
　　　既定方針。因此，陸委會在組織架構上雖然沒有變動，但是
　　　在功能業務上以及跨部會任務編組上勢必將更強化。

　　2. 國防方面：充實自主國防、因應國際體系、注重心防、情治
　　　機關及軍隊國家化。民進黨菁英早期多是靠街頭運動起家、

經由選舉歷練進入國會殿堂或成為地方父母官，從不是「槍桿子出政權」的信徒，也因此更堅信軍隊國家化的重要性。近日，研議將掌管國防研發的中山科學院改隸到新設置的科技部，除了強化國家科技的統合性外，也是軍民通用科技研發及國防科技產業化概念下的產物，並利國防工業民營化之推動。

3. 多元外交：鞏固外交與突顯我國民主人權成就，積極加入非利益團體（NPO）、非政府組織（NGO）與國際組織一直是我們努力方向。與過去政府的外交政策相較之下，民進黨執政團隊更強調台灣的民主人權成就與加強本國NPO、NGO在國際組織中的能見度。目前規劃將僑委會併入外交部，設僑務委員會為一特殊委員會，以統合我國對外關係的資源與人力。原新聞局國際新聞與國際宣導業務亦規劃移撥外交部。

（二）安定的國家體制建立

1. 宏觀及前瞻性規劃

　　國家發展委員會將兼具智庫與政策規劃制定功能，除了強化國家總體經濟建設、社會發展、公共政策以及財務分析整體之研究及前瞻性規劃能力外，並建立協調機制，避免各部會重要施政計畫之推動發生資源重複之情形。

2. 強化危機管理與民主法治觀念

   (1) 加強治安，成立公共安全總署：統合警政、消防與海巡等公共安全業務，以發揮資源統籌運用之便，對於各項天然災害、人為災害與公共安全問題能迅速有效處理。

   (2) 民主法治、反黑金：部分原內政部業務，包括社會福利、古蹟維護、營建業務移撥至相關新成立的部會，並肯定各社會團體（包括宗教團體）在台灣的重要性。法務部現階段暫不調整業務。

（三）綠色矽島

1. 強化財經資源的整合：
   (1) 原財政部主管的銀行、保險、金融以及證券期貨業務移撥新成立的金融監督管理委員會主管，達成金融監理一元化的目標。
   (2) 將財政部主管國庫、關稅、賦稅等業務與主計處、人事行政局合併，不僅統合政府歲入與歲出，並將人事支出視為政府支出的一部分，以支出的角度來檢視國家用人制度。可達到統一事權以平衡政府財政收支，並以財政革新帶動人事管理革新，將政府部門人力成本納入國家財政規劃。
2. 新中間觀點：科技、國土建設與環境資源三者並重，減少複數主管機關。
   (1) 面對二十一世紀科技的挑戰與競爭，我國科技預算在政府財政不寬裕的情形下仍是正成長，九十一年度以成長10% 匡列，顯示政府對科技發展之重視。而現有之國科會及經濟部等部雖對我國的科技發展有所貢獻，然而協調、整合分工不足，造成資源浪費和成效不佳的結果亦有所聞。因此，統合科技事務的事權，協調整合各部會科技研發之分工與規劃，使科技預算能發揮更大的功效，是我們成立科技部的目的。而建立國防科技自主性，委託民營公司從事研發新國防產品，以便藏技於民，因此我們將國防科技置於科技部門的一環。
   (2) 成立建設部，以公共工程委員會為主軸併入內政部營建署等機關，以求完整妥善的規劃國土建設與兼顧公共工程品質，國家發展的建設方案才不會顧此失彼，或以偏概全之憾。

(3) 成立環境資源部，統合資源保育與開發管理的職責，以制定最符合國家長遠發展的自然保育政策，避免對國土的不當破壞。民國七十六年成立的環保署，主要是整合有關公害防治的事權，將來環境資源部的成立更將統合自然資源保育的事權工作。除此之外，以生態觀點整合水資源業務，更需統合水質及水量管理事權，上自集水區上游森林的栽培，到中游、下游災害防治與利用，銜接淡水與海水水資源，地表水與地下水的聯合運用，更顯示我們對這塊需永續經營的土地的珍惜。

（四）讓政治民主化成為培育教育文化的土壤

新世紀總統大選後，象徵台灣另一個轉機：(1)促成「認同台灣、建立生命共同體」的教育內容；(2)建立反映多族群特色的文化政策讓弱勢文化有發聲的空間，以文化振興帶動社會改造；(3)建立全民所期盼的公民社會，並從事媒體改造的重大工程。

教育部社教機構等業務移撥至新成立的文化部辦理。文建會改制為文化部，因應文化產業化、產業文化化的思維，文化產業在許多國家儼然成為經濟的重要一環。此外，古蹟是國家的資產而非負債，把古蹟的經濟價值提高，我們規劃將內政部古蹟業務將移入文化部主管。

（五）公益社會：功能性部會對各社群的輔導及照護

1. 成立「衛生福利部」整併衛生署醫療衛生與內政部社會福利業務，醫療衛生、社會福利、健康保險及救助等事宜在業務與經費運用上可達相輔相成之效。我國人口結構逐漸改變，十五歲以下人口從十年前的27% 降為21%，而老年人口比率從十年前的6% 上升達8.6%。面對社會結構的改變，家庭照護功能逐漸萎縮，對於日趨增加的老年人口及弱勢團體（身心

　　障礙、兒童等）的照護是政府不可避免的責任，使幼有所
　　養、老有所終，過有尊嚴的老人生活。

2. 勞委會改制為勞動部，整合勞動行政體系，除原有就業輔導
　　體系外，亦納入青輔會針對大專以上青年就業輔導體系的服
　　務工作。保障勞工權益、促進勞動升級、建構社會安全網是
　　執政政府勞動政策的三大支柱。面對快速變動的產業轉型，
　　勞工也需跟著提昇，職業訓練與終身學習體系的整合是必要
　　的；面對多元化的勞雇關係，政府將建構安全網，由社會共
　　同承擔勞工在經濟快速轉型過程中，可能遭遇的風險。

3. 成立不久的客家事務委員會繼續保留，作為綜理客家文化的
　　專責機構：客家人口佔台灣總人口約百分之二十，客家文化
　　保存與發展，推動與傳承則是客委會的是當務之急。身為社
　　會組成中的一個族群，包括語言、活動都應受到平等的重
　　視，社會對客家族群的認識也必須增加與擴大，唯有透過認
　　識了解才能接納彼此。

4. 原住民委員會維持，以解決原住民社會面對的各種困境，並
　　為了助於縮短社會之間各族群地位的落差，穩定社會安全與
　　團結繁榮。

肆、政府授權：非核心政府功能業務移轉至非政府部門

　　中央政府精簡的方向有四：（一）遇缺不補；（二）公營事業
民營化；（三）衛生社教機構公辦民營；（四）政府所屬研究機構
財團法人化。這種類似「市場化」手段，不僅可逐步達成精簡公務
人力的目標，減輕政府財政負擔，導入民間企業經營的精神；同
時，將政府現有人力資源調整運用，再針對人力調整施以相關訓
練，提昇人力素質；並研究相關公部門與執行國家授予任務的非公
部門間人才交流法制化制度，使人力結構更完善，更能靈活運用。
　　在做法上，可分組織面與行為面，組織層面，藉由立法途徑，
將特定領域的國家機關獨立出去，改制為一新的獨立法人，使其在

人事與財務制度上可以獲一定程度的鬆綁，以提昇其行政效率與有效配置國家資源。在行為層面，由政府將某些業務執行經契約的方式委託民間處理，即公辦民營服務外包方式；責任仍在政府，政府仍需負監督責任，政府的監管作業也需受到上一級政治人物或民意代表的政治監督。

　　在實際機關調整上，將來首一波的調整對象以行政院所屬二、三級機關為主：有關衛生、社教、福利、醫療機構，以公辦民營方式處理；學校、研究機構或是港務局等將多朝法人化辦理。目前我國相關法人化組織有健康保險基金會、水利會、公共電視基金會等，其性質與定位，尚未完整全盤性規範。將來政府與這些執行部分國家任務的機關之權責關係，包括人事任免的自由度，預算與財務適用政府相關預算法與審計法的程度，業務執行在何範圍內受有關部會與立法院、監察院的監督程度，以及人民權利受侵犯時的救濟途徑等，都在未來二、三年內隨著政府大規模法人化的計畫而一一釐清。為配合我國的多元外交政策，我們也將鼓勵這些機構參與NPO、NGO等國際活動。

伍、結語

　　目前的組織調整初步規劃構想，既考慮了國家未來發展的需要，更考慮到社會的承受能力，特別是如何拿捏對組織結構進行重組改革的力度與強度，更需精心部署與細緻工作。在政府員工權益百分支百獲得保障的前提之下，規劃將行政院部會精簡三分之一，並於明年新國會成立的第一會期中將行政院組織法送立法院審議，並訂出兩年的日出條款。換句話說，若是立法工作進行順利，真正開始落實的時間最快也是三年後的事了，同時，規劃隨業務整併而職能調整的單位或機關的人力員額評鑑制度與相關配套措施將陸續地進行。以法人化或民營化等手段，將目前政府的人事支出從占國家總預算的27.6%降到與世界各國政府人事支出平均水準相當（20%至23%的標準），將是我們努力的方向。

　　建立「高效能」、「負責任」與「應變力」的政府，以提高人民對政府的滿意度與信心度，實現「年輕台灣、活力政府」的理想，是執政團隊秉持的信念。我們承續了過去政府的改革方向，穩健而踏實地執行，就如總統在政府改造委員會第一次會議結論時所強調，希望這是最後一次的政府改造，也一定要成功。

【文章發表】

・本文原載於《研考雙月刊》第 25 卷第 6 期，2001 年 12 月。

創新服務與政府改造

壹、前言

　　政府改造是國家提昇競爭力極為重要的一環，陳總統就任後，即體認到政府改造的迫切性，在總統府成立了「政府改造委員會」，為達成「建立具全球競爭力的活力政府」之願景，本著「顧客導向、彈性創新、夥伴關係、責任政治、廉能政府」的理念，設立「興利創新的服務機制、彈性精簡的行政組織、專業績效的人事制度、分權合作的政府架構、順應民意的國會改造」等五大目標議題研究分組。其改造內容包括行政組織、憲政、中央地方權限、政府人事制度、興利創新的服務機制等。體系之大、改革範圍之廣，都超出了以往行政革新及政府再造的規模。然而對民眾、對企業而言，什麼是政府再造呢？組織的精簡、憲政的改革等，都是為國家長遠發展所做的結構性變革，但對民眾而言，需要的服務是由哪個部會所提供的都無所謂，部會的名稱也不是很重要，重要的是政府機關所提供的服務內容是切合民眾需要的，服務的過程是公平的，服務的產出是有效而快速的。換言之，服務品質的提昇，才是民眾最快能感受到的政府改造，也是民眾最關切的課題之一。對企業而言，顧客的支持是企業生存的重要條件，對政府而言，人民的肯定與支持，才能延續執政。是以政府改造的成果，只有反映在與民眾接觸的介面，才能發揮最大效益。

　　從學理上來看，也可發現一些省思。政府再造，幾乎是近年來在行政學門最熱門的議題，然政府再造的定義也在世界各國競相追求改造的浪潮中逐漸模糊。由於「政府再造」一詞因過度使用而失去清晰度，學者也提出政府再造的五項迷思（D. Osborne and P. Plastrik, 1997）或是以範圍排除的方式，期能澄清政府再造的內涵。

這些範圍的排除，指出政府再造並不侷限於減少公帑之濫用，也非政府精簡的同義詞，因為政府部門的績效與組織規模並無顯著相關；整體而言，政府再造並非調整組織圖表而已，而是藉由改變政府組織的任務目標、俸給制度、責任歸屬、權力分配以及行政文化，重構行政部門的運作形式與內容（江岷欽、劉坤億，1999）。如果以改造的流程來說，政府改造的成果，最終便體現在行政部門的運作形式與內容，也就是興利創新的政府服務，民眾也必須經由這樣一個介面，才能感受、或者說是享受到政府改造的成果。

貳、興利創新之政府服務的內涵

要探討興利創新的政府服務內涵，可先從瞭解「企業精神」（entrepreneurship）開始。有學者認為政府之所以沒有效率，不是先天體質上與企業有所差異，而是在於政府內部欠缺某些機制，包括市場、競爭、激勵等，以至於「企業精神」無由而生（林水波，1999）。是以政府再造的重要途徑之一，即為師法企業精神。

或有論者提出政府畢竟不同於企業，政府存在的目的是為了公共利益，與企業以追求最大利潤為目標有所不同，但針對古典公共行政所揭櫫的「生產什麼」、「如何生產」以及「為誰生產」這三個價值問題（Koning, 1996）而言，企業精神運用於「如何生產」則毫無疑義。

那麼，何謂企業精神呢？不論是熊彼得對企業家所下的定義（Schumpeter, 1950），或從杜拉克對企業精神的闡釋（Drucker, 1985），一直到歐斯本與蓋伯勒二人合著的《新政府運動》（D. Osborne and T. Gaebler, 1992），都可發現「創新」是企業精神最核心的概念。在這一系列的改革風潮中，所歸納出的企業政府特色包括：重視成本效益、重視績效評估、重視選擇與競爭、主張創新與改革、主張法令鬆綁，以及主張顧客認同（林水波，1999）。

或許有人會質疑企業精神應用於公部門的適切性，因為公部門對外在的環境或需求變遷的反應較慢，不似私部門可能會直接遭到

市場淘汰。但隨著民主機制的健全，當政府提供的服務不符民眾期待時，民意支持度的降低將反映在定期選舉的政治市場上（江岷欽，劉坤億，2000）。特別是公部門缺乏彈性、僵化的現象遠比私企業為甚，因此，如何運用企業精神來改善公部門運作效能更顯重要。

　　我們試著以企業精神的特色，來檢視當前政府改造的五大重要議題，就可發現「興利創新的服務機制」分組所處理的正是這個不涉及政治角力的部分。政府改造委員會所設的「興利創新的服務機制」研究分組，由黃俊英委員擔任本分組召集人，民間委員代表為林水波委員、柯承恩委員、翁興利委員、殷琪委員、施振榮委員，機關委員代表為李逸洋委員及本人，並由行政院研考會（以下簡稱本會）、人事行政局、經建會及主計處擔任幕僚作業機關。在經過多次的討論之後，提出了興利創新服務的六大議題，包括：

　　一、鼓勵創新，提供高效益的便民措施，建立顧客導向的服務文化與環境。

　　二、提昇電子化政府程度，深化資訊科技的運用。

　　三、鬆綁法規，減少管制，強化興利作為。

　　四、建立績效導向的預算及審計制度。

　　五、推動公共服務委託外包，強化公私協力合作關係。

　　六、檢討各機關所屬事業之歸屬與轉化。

　　本文以下將以這六大議題來探討當前政府機關所存在的一些問題及服務機制的再造策略。

參、如何建立興利創新的服務機制

一、建構顧客導向的服務文化

　　誠如前述，創新精神與顧客導向服務文化的塑造，在政府改造具有其基礎性的地位。政府提供服務不能僅從供給者的角色出發，必須改變為從民眾，亦即需求者的觀點去思考服務提供的方式。但囿於政府機關長期以來的慣性思考模式與官僚階層所產生對創新的

抑制，如何導引出創新的便民作為及服務心態，便是改革者需突破的重點。

政府改造委員會「興利創新的服務機制」研究分組所初擬的三項策略包括：

(一) 鼓勵首長與員工研發、創新的獎勵機制，促進便民服務。

(二) 不斷檢討調整服務領域及作業流程，提供高效益的便民措施。

(三) 加強便民服務興革的策略行銷，擴散服務的創新效果。

希望透過首長的參與、員工的互動以及獎勵機制的建立，來引發出便民服務的思考。依據本會長期推動為民服務工作的經驗，機關為民服務品質的良窳，往往與首長的重視度成正比。在官僚體系層級節制的組織系絡中，首長的重視與參與，是創新概念能否萌芽的重要因子。其次，組織的慣性往往導致思維的僵化，只有透過不斷的檢討，才能抓住時代的脈動與民眾的需求，而檢討的內容也不僅是作業流程，服務的領域也需併同檢視，才能在有限的資源下提供民眾最需要的服務。此外，興革服務的政策行銷，也是目前政府部門亟待加強的一環。只有當興革作為傳達到民眾端，才能評估其成功與否，同時，興革做法的傳播，亦有利於創新效果的擴散，使政府整體的服務水準都能提昇。

二、提昇電子政府的優質運用

談政府改造，電子化科技的運用是不可或缺的一部分。電腦科技及通訊網路的發展，提供了高度彈性化的資訊分享平台。透過資訊系統的運用，可以減少組織層級，服務的地點也不會受到地理的限制，此外，自動化工作流程取代人工作業程序，不但縮減作業時間，也可降低成本。我們可以看到，不論是公部門或私部門，資訊技術的發展正在重新改造管理流程。管理者透過網際網路，可以更有效率的與更多的員工或顧客溝通，甚至也能管理遠方的工作團隊。在這一波電子化的洗禮中，要如何善用科技來提昇效能，而不是淹沒在競逐資訊技術的浪潮，則有賴完善的推動方案。

　　政府改造委員會「興利創新的服務機制」研究分組所初擬的三項策略包括：

(一) 政府資訊應用服務列為重大公共建設之要項。

(二) 依據旗艦計畫由上而下重新檢討流程，提高政府電子化服務效益。

(三) 建立政府電子化服務之共同資訊平台基礎建設。

　　事實上，電子化政府推行已有一段時間，根據美國世界市場研究中心（World Markets Research Centre）公布2001年電子化政府調查（Global e-Government Survey, 2001），台灣電子化政府線上服務部分（Online Service）領先全球一百九十五個國家，顯見過去推動計畫已產生相當好的成果。但不可諱言地，初期的推動仍較屬個別及試點的方式，對應於國家重大公共建設，資源的投入仍顯不足；同時，行政作業流程的設計，並未有系統的因應資訊發展而重新檢討，加以資訊體系軟硬體的不足，也使得電子化政府的服務效益打了折扣；此外，由於各機關資訊設施建置期程及系統的不一，也造成跨地域、跨機關資訊交換的障礙。是以未來電子化政府要突破現階段成果，必須要加強推動的工作重點包括，以貿易便捷化計畫、政府服務e網通計畫、政府運籌e計畫及智慧型交通運輸計畫等政府電子化旗艦計畫，提昇國內資訊科技運用水準；推動跨機關電子閘門應用，加強政府資訊流通共享與整合應用，提昇政府資訊應用層次；以及策訂電子化政府資訊處理共通規範，依據國際組織相關標準，研訂開放性的系統作業平台及系統開發工具軟體。此外，選定可供民間經營投資之應用系統，以委外經營方式開發，亦能加速電子化政府建置，帶動資訊服務產業發展。

三、鬆綁法規管制的創新作為

　　法規鬆綁是政府改造的另一項重要議題。政府部門經常受人詬病之處即在於多如牛毛的法令。這些數不清的法規其原始目的是為了管理與控制，然而各機關人員卻為了要遵守這些規定，往往要花費更大的交易成本，或喪失了競爭優勢。曾有學者提出，美國政府

由於各種法規所帶來的繁文縟節與文書作業，其所付出的邊際成本已超過防止貪污腐化所帶來的邊際效益（Stanbury and Thompsonl, 1995）。以具體的數據來看，美國聯邦政府為防止採購弊端所制定的規章，每年衍生二點五億小時的文書作業，共有十萬人耗費五十億美元的薪資來辦理防止的業務。因此如何簡化法規與行政流程，改由較具彈性與效率的方式來替代，便成為企業精神政府努力營造的目標。而法規鬆綁的意義在於授權管理者或下級，以彈性做法因應各種狀況的變化，取代法令僵化的缺點，進而達到活化官僚體系的目標（林水波，1999）。

政府改造委員會「興利創新的服務機制」研究分組針對法規鬆綁所初擬的二項策略包括：

(一) 機關應從興利著眼，主動檢討管制性法規。

(二) 各機關增修訂法令，應提出法規衝擊分析及因應措施。

隨著制度的自然演進及成長，我國政府有些管制措施，已超過達成政策目標的必要限度。行政部門內部的行政管理技術及各項對外的管制工作已逐漸與民間社會的需求產生落差，不必要、不適當、缺乏彈性及過時已久的管制方式，散見於各機關之法令中。一般行政機關常見的管制方式問題，包括管制密度過高、管制方式未能配合環境變化有所調整，例如由事前核准改為事後核備、程序欠缺人民參與以及法令轄區權限重疊等，是以如何配合政府資訊的公開化，將管制性法規由傳統的「防弊」調整為「興利」的設計，並對法規增修訂後可能產生的衝擊與影響預為分析，攸關未來國家競爭力的提昇（林水波，2002）。

四、建立績效導向的財務行政

公共選擇理論認為，公共官僚體制在本質上有以下三個缺陷。首先，由於缺乏競爭機能，在沒有成本壓力的情形下，公務生產過程往往出現浪費資源的現象；其次，為了凸顯績效，經常過度生產；第三，受限於資訊與專業知識的未充分公開，也造成監督不力或無效率的控制（江岷欽、劉坤億，1999）。是以，施政績效的評

量方式，必須要澈底的檢討。針對此一議題，政府改造委員會「興利創新的服務機制」研究分組所初擬的二項策略包括：

(一) 有效獎勵落實零基預算精神且績效卓著之機關或單位。

(二) 從興利創新角度檢討修正預算及審計作業。

　　計畫、績效與預算接軌，政府的施政才能發揮。為改革現行績效評估方式，本會爰研擬「行政院所屬各機關施政績效評估要點」，並於九十年五月十七日由行政院函頒施行。其重點主要係針對我國績效評估制度進行改良，以強化年度施政計畫及中程施政計畫之關聯性為目標，並規定施政計畫研擬階段，即應列明績效目標及衡量指標，期藉由計畫編審階段有關評估指標或方法之訂定要求，以提昇機關績效評估之準確性。如此一來，便能進一步結合相關的獎勵措施，使政府機關的服務更落實。

　　此外，有關預算籌編作業，依預算法及相關規定，我國政府預算必須依據施政計畫編製；而施政計畫之擬訂，又須以國家之施政方針為準繩。行政院於每年制定下年度施政方針，頒行全國各主管機關，使據以擬訂施政計畫。行政院主計處並依照施政方針，擬訂預算政策包括中央及地方各級政府預算籌編原則，及年度預算編製辦法等，分行各機關據以編製預算。預算案經立法院審議確定，總統公布，完成法定程序後即為法定預算，政府各機關應按所核定計畫及分配預算執行之。惟以預算案經籌編、審議至年度開始執行法定預算，所需時間多在一年以上，編列預算數，均為預估未來期間所需計畫與經費，但國家由於職能之擴張、政事之頻繁、情勢之改變等，使法定預算在執行時常有原未能設想之事由發生，因此預算法在兼顧預算之法律性及執行彈性，須加強規範。

　　我國預算執行彈性之相關規定，包括經費流用、統籌經費、預備金、追加預算到特別預算，另為增加各機關預算執行彈性，應於預算籌編時即妥謀因應，行政院主計處於近年來，推動各機關工作及業務計畫之簡併，並將用途別科目由十四個簡併至今僅為六個，以減少執行時受不同科目間流用之限制，實質增加執行彈性，並於歷年修訂中央政府各機關單位預算執行要點時，在預算法範圍內，

放寬預算執行之授權及彈性，如計畫內容及設計變更核定之授權，放寬用途別流用比率，及經常門得流至資本門等。然而，各機關於執行預算時，仍多以保守的心態處理，以期降低審計上的困擾。是以，如何從興利創新角度檢討修正預算及審計作業，也是未來改造的工作項目。

五、推動公共服務的委託外包

　　企業化政府背後理論基礎以代理人理論和理性選擇理論為主，其內涵包括有計畫的私有化和外包，引進私部門的改革力量（Kettl, 1997）。其根本的理念在於重新思考政府的角色，主張政府應以導航代替傳統的事必躬親。故公共服務應依據其特性，改由政府、企業或第三部門三者中，選擇最有效能的部門來提供，或建立合作夥伴關係，共同承擔角色與任務（林水波，1999）。這些理論構面，與我們建立「小而美」、「小而能」政府的方向是一致的。為推動公共服務委託外包，強化公私協力合作關係，政府改造委員會「興利創新的服務機制」研究分組所初擬的四項策略包括：
(一) 運用民間資源與活力，共創公私協力新環境。
(二) 設計委託外包誘因機制，提昇民間參與意願。
(三) 選擇爭議性少之可委外項目，優先積極推動。
(四) 檢討及推動各機關所屬機構之歸屬與轉化。
　　我國自民國八十二年推動政府業務委託民間辦理以來，雖已有部分成效較為顯著的案例，例如：早期台北市萬芳醫院及交通部郵政醫院的公辦民營；最近則有教育部「國立海洋生物博物館」將部分經營權讓渡給業者，以及本院人事行政局「公務人力發展中心大樓」委託福華飯店經營等案例，但仍有再擴大推展的空間。為求加速精簡政府組織與職能，擴大民間參與公共事務，未來將從公私協力環境的塑造、誘因機制的設計，來強化民間參與的意願，另外，亦將全面檢視政府目前所提供的服務內容，選擇適合委外的項目，甚至是將提供公共服務的機構，如安養服務、醫院等，進行體系的轉化。事實上，行政院為建立政府與民間夥伴關係，檢討整體機關

（構）、學校委託民間企業或非營利組織或轉型為公法人、財團法人或民營化等方式運作，業於九十一年八月函頒「未來行政業務評估原則」如附表，顯示改造的決心。

附表　未來行政業務評估原則

(一) 公共服務不須政府執行者，可予結束。
(二) 政府的生產或服務交由民間辦理，將更有效率者。
(三) 民間部門提供的生產或服務所創造的效益高於政府部門者。
(四) 政府部門提供的生產或服務，無法滿足社會大眾需要，改由民間部門提供，較能滿足社會大眾需要者。
(五) 政府業務以契約外包的方式委託民間辦理，基於監督的立場控制其品質，可縮減政府組織的規模與責任者。
(六) 政府的人力與經費不足時，可運用民間的力量與資源，協助政府推動公共事務者。
(七) 涉及公權力程度較低或非屬政府核心業務者。
(八) 法律上無明文禁止委託外包之規定者。
(九) 民間具有承接公共服務的意願及能力者。

六、合理轉化機關的所屬事業

民營化的概念是由英文Privatization一詞而來，而privatization一詞多被譯為「私有化」。事實上，私有化的型態相當多，除了前述的公共服務委託外包，民營化則代表了完全的私有化。國營事業的經營效率不彰、資源未能有效利用，以及冗員問題，長期以來遭受詬病，推動國營事業的民營化，可以使人事、預算、採購更具彈性，提高企業經營效率。但政府民國七十八年起開始推動民營化政策，於七十八年到八十六年間，僅完成移轉民營六家事業及台機三座工廠，八十六年國發會後，行政院核定四十七家納入民營化時間表，迄今尚有十八家尚未完成，推動進度仍有待加強。就各國公營事業民營化的經驗來看，執行民營化的手段，有租賃制、自我管理的合作社模式或國營事業交叉投資股票、對大眾釋股，或是引進外

資等。但政府過去的民營化多以所有權移轉為唯一手段。此外，員工對民營化之抗拒，也影響推動時程。政府改造委員會「興利創新的服務機制」研究分組針對此議題所初擬的三項策略包括：

(一) 依據經發會決議，落實公營事業民營化時程，由中央主管機關繼續加速推動。

(二) 強化民營化推動機制，突破推動民營化之困境。

(三) 對尚未列入民營化之事業，積極檢討評估民營化之可行性、方式及替代方案（如裁撤、重組、分割、公有民營、法人化、再生計畫等）。

　　在2001年由總統府所召開的經濟發展諮詢委員會議也針對此一議題有所討論，提出的共識與結論包括：行政院應審視情勢，認已無公營必要時，不論事業盈虧，即應以合於市場條件方式，積極進行民營化；無論民營化或民營化後釋股，建議由單一專業單位統籌辦理釋股事宜。並應徹底依公營事業移轉民營條例第十三條之規定，民營化過程不須受立法部門之事前審查，而只須受審計部門之事後審查，俾增進民營化績效；建議修正「公營事業移轉民營條例」第十五條，不侷限民營化所得必須為資本支出，並允許民營化特種基金得以支應財務艱困事業民營化前專案裁減或結束營業時員工離職給與，俾利民營化之推動。此次政府改造委員會，也試圖就此議題之推動再予強化，另外，民營化替代方案的提出，也是應予評估的重點。

肆、結語

　　對台灣而言，要立足於國際社會，最重要的策略就是提昇國家整體競爭力，以實力來嶄露頭角。而在世界競爭力的評比項目中，政府效率的確還有大幅改進的空間。此次的政府改造，除了政治面的國會及中央地方分權體系的調整，在行政面則以中央組織與人事系統的變革，及興利創新的服務機制再造，來建構完整的改造體系，目的即在於達成效率政府，提昇國家整體競爭力。

　　而對民眾來說，政府存在的目的是為了服務民眾，服務的管道、服務的內容、服務的過程、服務的結果，在在都會影響民眾的滿意度，前述「興利創新的服務機制」六大議題，分別從官僚體系的文化、程序、科技、法令、財政，以及公共服務的生產等構面來探討服務機制的效能，並提出一些改造策略，就是希望能提昇政府的效能、效率及創新力，重塑一個強調顧客導向、重視創新變革、不斷檢討法令、精確績效評估，以及提供多元選擇與競爭的企業型政府，使得政府的頭家能感到滿意。

　　政府改造的成敗與否，除了改造的策略能切中問題，行動方案的提出及執行如何落實，才是改造所面臨的最大挑戰，這也是下階段政府改造委員會所要努力的重點。無論如何，政府改造必須集眾人之力，包括產官學界的通力支持，全體公務人員的合作與協助才能使我們的政府效能提昇到更高的水準，相信這是大家共同的期盼！

參考資料

一、中文部分

1. 江岷欽、劉坤億,《企業型政府》,台北:智勝文化,1999。
2. 林水波編著,《政府再造》,台北:智勝文化,1999。
3. 張晉芬,《台灣公營事業民營化》,中央研究院社會學研究所,2001。
4. 林水波,《打造興利創新的服務機制》,政府改造委員會服務機制組,2002。

二、西文部分

1. Global E-Government Survey 2001,World Markets Research Centre
2. Drucker, P. F. Innovation and Entrepreneurship. New York: Harper and Row, 1985.
3. Kettl, Donald F. "The Global Revolution in Public Management: Driving Themes, Missing Links," Journal of Policy Analysis and Management, 16/3, 446-462, 1997.
4. Konig, Klaus On the ritique of New Public Management. Speyerer, 1996
5. Osborne, D. and Gaebler, T. Reinventing Government : How the Entrepreneurial Spirit Is Transforming the Public Sector. MA: Addision-Wesley, 1992.
6. Osborne, D. and Plastrik, P. Banishing Bureaucracy, MA: Addison-Wesley, 1997.
7. Schumpeter, Joseph A. Capitalism, Socialism, and Democracy. 1950.
8. Stanbury, William T. and Thompson, Fred "Toward a Political Economy of Government Waste: First Step, Definitions, " Public Administration Review, 55/1, 418-427, 1995.

【文章發表】
・本文原載於《研考雙月刊》第 26 卷第 5 期,2002 年 10 月。

政府改造的發展與執行（2008-2011）

壹、前言

　　政府改造已推動數十年，相關法案陸續送立法院審議，除了2004年立法院曾通過中央行政機關組織基準法之外，至2008年底，立法院未通過任何有關政府改造的法案。究其原因，應是行政與立法由不同政黨主政，政府改造本是建立國家長治久安的工作，不涉及黨派意識，可是國內充滿泛政治化，因此波及立法進度。此外，政府改造牽動組織重組，影響不少人的權益，因此不少機關私下運作，也影響政府改造的幅度與進度。

　　2008年5月，行政與立法由同一政黨主政，有利政府改造的推動，因此延宕已久的政府改造加速進行。

貳、政府改造的願景與目標

　　政府改造的理論基礎，簡單易明，本文僅做簡要的回顧，本文焦點在於實務的發展與操作。當然理論具有引導規畫政府改造的功用，由於理論的發展，才能構思政府改造的理念、願景與策略。本節約略介紹政府改（再）造的若干理論，並稍加評析。其次說明政府改造的願景與策略。

一、政府改造的理論基礎

　　有關政府改造的理論甚多，例如企業型政府（江岷欽、劉坤億，1999）歸納21世紀政府再造之類型比較，提出成功類型的特質與失敗類型的特質。比較項目包括願景規劃、目標設定、預算編列、決策方式、執行過程、領導類型、成員互動、對外關係、組織

文化、業務指派、科技新知、執法態度、法令規章、組織結構與業務績效等。概括而言,政府改造核心概念包含流程再造、充分授權與企業精神。或是傳統行政的效率、效能與經濟,擴增為效率、效能、經濟、企業精神、公民功效、公平、倫理、公民能力與卓越。此書整理政府改造相關學理,對於政府改造實務規畫與設計,有所助益。

林水波(1999)將政府再造歸類為:企業精神政府,包括創新的本質與應用;企業精神政府的政策設計與評估,彈性化政府的設計與評估,財政導向的政府再造策略。政府再造的五大策略,包括:核心導向的政府再造策略,結果導向的政府再造策略,顧客導向的政府再造策略,灌能導向的政府再造策略與文化導向的政府再造策略。林將政府改造視為朝向企業精神型政府、彈性化政府與財政導向政府。政府改造策略包括核心導向、結果導向、顧客導向、灌能導向與文化導向。企業精神政府與彈性化政府、財政導向政府,內涵是否重複,如果三者之間內容有重複之處,此種類型區分有待商榷。至於政府再造策略,應先依據政府內部資源與內外在環境,構思政府改造的願景與目標,再提出可行的策略,上述五種策略,應是該書作者收集、閱讀相關學理的心得。

一般公共管理的書籍十之八九會討論政府改造的問題,因為政府改造涉及願景、目標、策略、人力、組織結構、預算、規畫、領導、文化、效率、參與、變遷、成員效能感、溝通與財務等。所以不少公共管理所探討企業型政府、各國政府再造經驗、顧客導向、政府績效管理、組織再造工程、組織員額精簡等,或多或少與政府改造有關,可作為政府改造的理論參考。(孫本初,2001)

江明修與曾冠球(2009),以跨部門治理的觀點討論政府再造,提出公私協力精義乃反映在公部門、私部門,以及第三部門的治理工作。在全球化的壓力及民意期待高昇下,政府唯有透過制度設計方式,積極地致力於促進不同部門的協力合作。兩位作者歸納政府再造的學術理論基礎,從經濟學的角度至少包括公共選擇理論,交易成本理論與代理人理論。曾冠球(2011)以協力治理成為

近年公共行政學研究領域的顯學，可補足傳統層級治理與市場治理。說明公部門、私部門與第三部門治理工作的重要性。

　　作者專攻政治經濟學，對於國內行政學者介紹公共選擇理論，交易成本理論與代理人理論，頗表支持。但是欲了解上述理論必須有深厚經濟學基礎，而且此種以人是理性的為前提所構成的理性選擇理論，只是探討政治與行政現象的一種途徑，雖然該學派盛行於1960年到1990年，並有多位學者獲得諾貝爾經濟學獎，但是每種學派的詮釋能力依然有限。

　　政府改造的理論，有廣義與狹義之分，狹義的政府改造偏重政府組織結構、人力結構、法令結構、行政效能、服務效能等。廣義的政府改造，除了上述之外，還包括財務改造、公部門、私部門與第三部門的跨域治理，危機管理、政府績效評估、電子化政府、政府研發創新等。由於不同理論著重政府改造範圍不同，因此出現各種互異的理論，但其中大同小異之處不勝枚舉。由理論與實務結合，依外在環境與組織內部的盤整，提出政府改造的願景、目標與策略。

二、政府改造的願景與策略

　　政府改造的願景是提昇國家競爭力，目標包括打造精實、彈性、效能的行政組織。強化政府功能，釐清機關職掌；縮減部會數量，控管公務人力；健全決策機制，減少行政成本；改變組織文化，提昇為民服務。精實方面包括將現有三十七個部會精簡為二十九個部會；檢討政府職能，合理配置公務人力並有效抑制員額膨脹；秉持依法行政原則，澈底檢討以法規設立機關問題。

　　彈性方面包括鬆綁中央行政機關組織法規，賦予行政部門組織設計靈活度；運用多元組織型態，重新建構公私部門間之關係，發揮便民效果；推動行政法人制度，讓公部門在人事及經費運用上更有彈性。效能方面包括，增強院本部及各部會綜合規劃能力；強化跨部會協調治理能力，解決機關間功能重疊及權責不清問題；引進企業管理精神，使公部門展現民眾第一的服務特質。

因應國家發展需要，包括經濟發展促進就業，人才培育節能減碳，老年化少子化，國內朝向高齡社會，勞動人力資源產業結構待調整。台灣創新文化軟實力仍待提升；台灣生活品質與環境永續改善，各國推動組織改造，全球競爭力挑戰與行政效能持續提升等外在因素挑戰。（行政院研考會，2011）

政府改造的效益包括：強化跨部會協調治理，橫向聯繫能力；解決機關間功能重疊及權責不清問題；有效形塑單一窗口；簡化流程、提升效能；符合使用者需求及法規要求。（行政院研考會，2011）

參、中央行政機關組織基準法

一、基準法的規範

2010年元月，立法院通過中央行政機關組織基準法修正案，規範中央各級機關之總數及單位建置原則。主要內容有七：第一，增列外交駐外機構、海岸巡防機關為本法有特別規定而從其規定之適用對象，並增訂不必逐級設立，但明定隸屬指揮監督關係之規定；第二，明確定義機構，並增列社會福利機構類型（計有實驗、檢驗、研究、文教、醫療、社福、矯正、收容、訓練等），第三，獨立機關合議制之成員，應明定其任職期限、停職、免職之規定及程序，相當二級機關者，其專任成員應先經立法院同意後任命；並賦予行政院院長指定成員為首長及副首長之任命；第四，配合地方制度法修正後，四級機關內部單位，除業務繁重、組織規模龐大者得於科下分股辦事，以設立一級為限；第五，維持現行中央三級以上機關以法律定之；第六，行政院所屬部會、獨立機關、中央三級機關建置規模標準及其內部單位數之總數上限分別為十四部（含一百一十二個司）、八會、三獨立機關、七十個署局；第七，各機關組織法律應於行政院組織法修正公布後一年內函送立法院審議。（行政院研考會，2011）

　　基準法對於機關的界定,就法定事務,有決定並表示國家意思於外部,而依組織法律或命令設立,行使公權力之組織。附屬機關為處理技術性或專門性業務需要而得設附屬之機關。附屬機構則指機關於其組織法規規定之權限、職掌範圍內,得設實(試)驗、檢驗、研究、文教、醫療、社福、矯正、收容、訓練等附屬機構。獨立機關係指依據法律獨立行使職權,自主運作,除法律另有規定外,不受其他機關指揮監督之合議制機關。行政法人界定為執行特定公共事務,於國家及地方自治團體以外,所設具公法性質之法人。

　　基準法對於組織類型與角色的明確定位,部係掌理政府各部門主要核心職能。委員會則是統整政府整體發展跨部協調。獨立機關為專業、獨立執行職權。機關是行政公權力之組織;機構則是機關劃出部分權限及職掌達成其設立目之組織。部、委員會下設署,乃是政策及執行性,具備專門性或技術性。局則偏重執行性。

二、基準法的總額管控

　　基準法對於一級、二級、三級、四級機關重要職務,包括首長、副首長、幕僚長、副幕僚長均有規範。一級機關的首長、副首長、幕僚長均是政務職,副幕僚長置1-3人,分政務職與常設職,亦即副祕書長增設政務職,以便彈性用人。二級機關首長是政務職,副首長,政務職1-2人,常任職1人,較符合政治常態,與現行體制恰好相反。三級機關首長採政務或常務職,目前三級機關首長係政務職,只有科學園區管理局,為了配合部分二級機關的整併,例如原能會、海巡署,特別明定三級機關首長可採政務職。四級機關的相關規定,與現行體制大致雷同。(宋餘俠、陳鳳美,2010)

　　基準法對於機關總量管制標準,詳見第二十九條至三十三條,係基準法的核心之一,也是立法重點。往昔設置機關過份浮濫,各部會爭相設立機關,造成二級、三級、四級機關,數目龐大,官職等偏高,編制員額增加,預算相對提高。設置總量管制標準,可以改良上述缺失,行政院二級機關由三十七個,調降為十四部,八委員會,三獨立機關,與多數國家比較,仍是偏高。

　　現行各部會三級機關（構）約兩百八十個，基準法第三十三條規定，各部會所屬三級機關署、局總數除地方分支機關外，以七十個為限。依基準法特別規定適用對象包括國防組織、警察機關、檢察機關、調查機關及地方分支機關。基準法第二條，依業務繁簡、組織規模定為中央四級機關，不必逐級設立。三級機關，各部會經行政院組改小組審定為七十個，扣除基準法特別規定適用後為五十三個。三級機構，經行政院組改小組審定為三十九個。三級機關與機構共計一百零三個，較原先兩百八十個，少了一半以上，應是政府組織精簡的突破。四級機關初審建議初估兩百五十個（含機關改設為機構））約減少一百五十個，全部二、三、四級機關總數，由七百六十個，減為六百六十個，減少一百個，改造工程應是中上程度。（行政院研考會，2009）

肆、行政院組織法修正案

一、行政院組織法一波三折

　　行政院組織法修正案，於99年元月，立法院修正通過，行政院由三十七個二級機關減為二十九個，十四部、八會、三獨立機關、一行、二總處。行政院組織法修正案可稱一波三折，多次送立法院審議，均未通過，或由行政院自動退回。行政院原本只設八部二會，後來只增不減，擴大成三十七個二級機關，與世界各國內閣部會數相比，可謂遙遙領先不可思議。所以發生此種現象，除了原有八部二會不符現代社會需求之外，盲目的擴充，為了討好不同族群、社團，一味提昇組織層級，造成尾大不掉，既成體制甚難改造，既得利益者阻撓改革，政府高階主其事者也不願得罪大眾，改革幅度有限，此次行政院組織法修正案也留下此種痕跡。（林嘉誠，2007）

　　三十七個二級機關，原先八部調整為十四部，外交、國防、財政、法務等四部，維持現況，教育部另加體委會、青輔會業務仍稱

教育部。內政部移出社會福利業務，仍稱內政部。經濟部改為經濟及能源部，突顯能源整合及其重要性。交通部吸納工程會，成為交通及建設部；勞委會、農委會、國科會，升格為勞動部、農業部、科技部。衛生署加上原內政部主管社會福利，設立衛生福利部；環保署加入水資源、國家公園等，改為環境資源部。文建會加上新聞局、教育部主管文化業務，升格為文化部。部掌理政府各部門主要核心職能；委員會則統整政府整體發展跨部協調。（行政政院研考會，2011）

　　原有陸委會、客委會、原民會、僑委會、退輔會、金管會均維持不變；研考會與經建會合併為國家發展委員會，新設海洋委員會，包括原有海巡署，以及其他海洋事務。體委會、青輔會併教育部；蒙藏會併陸委會，該會要併內政部或外交部，即涉國家主權認定問題，併入陸委會減少爭議；維持僑委會、客委會、原民會、退輔會，也充滿政治考量。三獨立機關：中央選舉委員會、公平交易委員會、國家通訊傳播委員會。未將中央銀行列入，仁智互見；獨立行政機關在國外已行之多年，在我國則係新興議題，獨立行政機關代表專家角色與行政權中更具專業的角色。可能影響權力分立的失衡、行政一體與責任政治的損害與行政監督與獨立運作的衝突（徐良維，2010），中央銀行為何未列入獨立機關，匪夷所思，對於中央銀行未來運作，備受關注。

　　國立故宮博物院仍列在內閣，世界罕見；人事行政局與主計處改為行政院人事行政總處、行政院主計總處，可能與長期人事、主計一條鞭有關。（行政院研考會，2009）此一安排，在歷次政府改造會議各說各話未有定論。（林嘉誠，2007）

　　行政院組織法修正案錯綜複雜，在行政院內部研議時，即充滿角力，現存二級機關均不願被裁併或整併，行政院內部甚難取得共識。行政院形式上取得共識，送立法院審查時，相關機關仍會積極遊說，並發動相關團體請願，立法院審議過程，因此高潮迭起。將近二十五年的討論，出現不同版本，即使不同政黨主政，內容大同小異。此次通過的版本，乃是中度改造的模式，差強人意，但還有

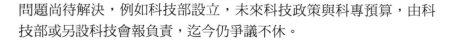

問題尚待解決，例如科技部設立，未來科技政策與科專預算，由科技部或另設科技會報負責，迄今仍爭議不休。

二、行政院組織一體化

　　基準法第二十九條規定，各部政策功能及權限，儘量平衡；基本政策或功能相近之業務，集中由同一部擔任；相對立或制衡之業務，由不同部擔任。至於部下設署、局，署用於業務性質與職掌或別於本部，兼具政策與執行之專門性或技術性機關。局用於部所擬定政策之全國或轄區執行機關。署、局下設分署、分局。（行政院研考會，2009）

　　行政院是全國最高行政機關，擁有巨大行政資源，中央政府主要人力與預算均隸屬行政院。行政院院本部、所屬二級、三級、四級機關，經過改造之後，才可能提昇行政效率，厚植國家競爭力。立法工作尚未全部完成，況且立法工作只是開端，一切改造才要開始，相關配套作業，均需完備。（行政院研考會，2011）

伍、相關程序與作業

一、行政院功能與組織調整暫行條例

　　與政府改造有關法律，尚有行政院功能業務與組織調整暫行條例，規範組織及作用法規、預決算處理、財產移轉及員工權益保障等配套措施，該法亦於99年元月，經立法院通過。行政院成立行政院組織改造推動小組，分就組織調整及綜合規劃、員額及權益保障、法制作業、預決算處理、財產接管及辦公廳舍調配、資訊改造、檔案移交等，逐步處理。（行政院研考會，2009）

　　此條例非常重要，對於過度時期的規劃、機關整併或裁併後人員的移撥、公務人員權益保障、法規的修正、預算的調整、辦公設備的調配等均有明文規定，以作為政治改革實務的依據。

二、中央政府機關總員額法

中央政府機關總員額法，訂定中央政府公務人員總數及各類人員數是上限。規範重點有四：第一，適用五院及所屬各級機關，總統府及國家安全會議為準用機關；第二，機關總員額高限為十七萬三千人（不含軍職人員及公立學校教職員），並將員額屬性分為五類；第三，各級機關員額分配程序，訂定編制表規定，及機關業務移撥、推行地方化、法人化及民營化現職人員處理方式，及定期辦理員額評鑑之規定；第四，行政院指定專責機關或單位掌理員額管理事項，並由行政院訂定員額管理辦法及實施精簡人員之優惠離職辦法。（行政院研考會，2009，2011）

由於政府改造的結果，必然涉及人員的整併裁併，一方面以優惠方式鼓勵被整併裁併機關人員優退，另一方面對於仍願留在政府部門服務者，予以保障，包括職位、職等、職系等。因此中央政府機關總員額法，一方面限制總人數，另一方面也給予相關部門不少彈性用人空間。總員額高限為十七萬三千人，已有若干異見，認為員額太多，等於將現有人力合法化。但是為了穩定公務員人心，採取逐步改革策略，應是可以了解的，尤其人力裁併方面，一定要作好規劃，人力資源是組織最大資本，任何組織改造，絕對要小心謹慎，否則造成人力資源大量流失，得不償失。政府改造亦然，兼顧人力資源與社會期待，做出最佳方案。

每位公務人員均有長期訓練，累積個人能力，此種個人能力是政府重要資源，如果因為政府改造使公務人員個人能力大量流失，對於政府改造損害甚大，一定要妥加規畫，防止類似情事發生。相似的，已成立一段時日的政府機關所形塑的組織資本（包括內部人力資本），如果因為機關的裁併或整併，也宜善加處理，否則造成國家社會、政府、該機關與人員的損失。（林嘉誠，2007）

三、組織調整作業時程

配合組職調整作業時程，各機關應自籌備起成立籌備組織，統籌後續各項配套措施調整事宜，各機關籌備組織設置型態，以行政院組織法及暫行條例開如施行日期（101年1月1日）為分界：100年12月31日以前：各新機關組織法案提報行政院通過後，原則上依基準法第28條成立任務編組型態之籌備小組，其組織以設置要點定之。101年1月1日之後，行政院組織法及暫行條例開始施行後，行政院得於個別機關組織法案未及法制化前，先行訂定新機關暫行組織規程及編制表以持續運作，俟該機關組織法完成立法並施行後再予廢止。（行政院研考會，2011）

組織調整變動甚大，過程必須十分小心，不能出差錯，對行政院及所屬機關而言，乃是第一次面對，步步為營。部會別（視調整規劃報告擬案情形及各新機關調整繁簡程度分梯次辦理），規劃報告審查完成，四個月後，各部會提送組織法案期限，三個月後（99年11月30日）組織法案審查完成，函送立法院。100年1月26日前，行政院會通過一百二十五個組織法（五區國稅局、三榮總醫院以通則規範），另通過組改配套法案：駐外機構組織通則草案、主計機構人員設置管理條例修正草案、政風機構人員設置條例草案，3個個別行政法人設置條例草案。

立法院在國民黨多數之下，配合快速審查，但截至100年9月，只有客委會、中央銀行、法務部、文化部、金融監督管理委員會，通過立法。101年元月有客委會等正式運作，文化部預計100年5月20日正式成立。其他部會依立法進度再決定設立日期。101年1月14月總統與立委選舉，結果如何，對政府改造時程，或多或少會有衝擊。

四、行政法人

國立中正文化中心是目前唯一行政法人，將改名國家表演藝術中心。未來另有國家中山科學研究院，國家運動訓練中心，國家災害防救科技中心。行政法人法業正通過，對設置行政法人有了明確

規範，行政法人引自日本，與公法人意義不同，與民間性質的財團法人更是大異其趣。未來四個行政法人如何好好運作，將決定未來不少行政機構是否改為行政法人的重要指標。

　　行政法人在2002年政府改造時，被廣泛討論，也聚訟紛紜，因為行政法人與法人、公法人、公設財團法人、行政機構等如何區分，當時並無定見。（行政院研考會，2003）基準法對於行政法人雖有明定，但也未詳細說明行政法人的本質，與公法人、事業機構，甚至公立大學等有何區隔。國內還發生中正兩廳院已正式成為法定行政法人，行政法人卻缺乏母法，形成法治的諷刺。

　　本來欲將行政機構大幅調整為行政法人，最後行政機構在基準法另行界定，因此行政法人僅個位數字。行政法人係較新設計，未來如果實施效果不錯，許多行政機構可以轉型為行政法人。大學公法人與行政法人不同，但立法精神符合，均是希望行政法人或大學法人彈性用人，預算收支不受太多拘束，但也要採取企業精神自力更生。（林嘉誠，2007）

五、行政院院本部調整

　　政府改造，除了合併裁併機關人員的權益保障，一般人民習慣將政府改造與裁減人員視為等號。如果政府改造結果，人員數目不變，只是搬個位置，或尸位素餐，就失去政府改造的意義。行政院及所屬各級機關人員優退離辦法，採彈性退休，最高加發七個月俸給總額慰助金，聘僱人員保險年資損失補償。

　　為期101年1月1日順利啟動新的行政院組織架構，行政院責請各部會擬具新機關籌備小組，召集人分由副院長、政務委員或部會首長擔任，負責組織調整及綜合規劃、法制作業等工作。（行政院研考會，2011）

　　行政院院本部，政務委員由現制五人至七人修正為七人至九人；副祕書長由現制一人修正為兩人，其中一人為政務職。行政院目前設有一組到七組，未來為處理特定事務，得於院內設置專責單位，例如：綜合業務處、內政衛福勞動處、外交國防法務處、性別

平等處、消費者保護處、發言人辦公室、國土安全辦公室與災害防救辦公室。科技會報辦公室、資通安全辦公室、中部、南部與東部聯合服務中心。這些專責單位如何與各部會互動,必須釐清,否則必生枝節。此課題不可等閒視之,行政院得到立法授權,未來可以設立專責單位,是否形成太上部會或高級行政幕僚,頗值深思。

陸、結語

　　本文除了稍微引用政府改造理論,主要介紹2008年到2011年,政府改造的發展,包括行政院組織法修正案,中央行政機關組織基準法,中央政府機關總員額法、行政法人法,行政院組織調整暫行條例等法案三讀通過,即將正式展開政府改造之旅,雖然前所未有,但是已有二十多年規劃,加上民進黨執政時,積極推動政府改造,目前通過版本幾乎以民進黨執政時版本為主,負責推動機關人員早已經過訓練,中央行政機關人員也有心理準備。當然正式啟動,又曾延宕一段時期,有些人或許仍須心理建設,但不至於手忙腳亂驚惶失措。2012年正式上路,但卻逢總統大選,推動作業可能稍緩,但政府改造,建立長治久安體制,提高行政效率與國家競爭力,政府部門做合理調整,人力適度精簡,業務全面檢討修正,均是全民共識,應不分黨派,全力以赴。

參考資料

林嘉誠，《政府改造與考選創新》，台北：國家菁英季刊社，2007。

《政府改造》，行政院研考會，2003。

《彈性鬆綁行政組織 組織設計多元化》，行政院研考會，2009。

《打造精簡、彈性、有效能的政府》，行政院研考會，2009。

《完整組織改造配套措施》，行政院研考會，2009。

《行政院組織改造作業法規參考手冊》，行政院研考會，2011。

《行政院組織改造》，行政院研考會，2011。

江明修、曾冠球，政府再造：《跨部門治理的觀點》，國家菁英，5 卷 1 期，頁 97-122，2009。

林水波，《政府再造》，台北，智勝文化，1999。

江岷欽、劉坤億，《企業型政府：理念務實省思》，台北，智勝，1999。

孫本初，《公共管理》，台北，智勝，2001。

曾冠球，〈協力治理觀點下公共管理者的挑戰與能力建立〉，文官制度季刊，三卷一期，頁 27-52，2010。

宋餘俠、陳鳳美，〈行政院組織改造變革管理推動構想〉，研考雙月刊，34 卷 2 期，2010，4。

徐良維，〈我國獨立行政機關權力分立與行政組織法之觀察〉，文官制度季刊，2 卷 4 期，2010，4。

第二篇　政府績效評估

計畫管理的回顧與前瞻

壹、前言

　　現代國家普遍面臨著資源有限的困境，基於提高資源運用的效率及效果起見，各國政府莫不建立一套良好的計畫管理機制，確保各項施政均能順利推動，俾期獲致促進國家發展及民眾福祉的最終目標。從各國實務中發現，一套良好的計畫管理機制，不僅可將有限資源運用於國家社會最需要的施政上，更可以積極提昇施政或計畫的品質，此外，各種資訊還可回饋作為後續施政決策之參考，讓政府後續施政更具效能。

　　政府考量計畫管理的重要性，民國五十八年三月間秉持「行政三聯制—計畫、執行、考核」的原理，成立行政院研究發展考核委員會（簡稱本會），建制政府施政計畫的管制考核制度，加強政府施政的計畫作為、管制與考核評估，並運用各種現代管理理論與方法在施政計畫管理工作上，經過三十餘年來的運作、改進及創新等過程，對提昇政府施政效能已產生具體的效果。

　　處在國際競爭激烈的時代，政府必須不斷改良計畫管理機制，始能提昇政府的競爭力與施政能力，讓施政更符合時代及環境需要。近年來，面臨全球經濟景氣持續低迷的處境，政府陸續推動重大公共建設計畫，擴大各類公共投資，藉以提振國內經濟景氣；再者，在推動政府改造及台灣省政府組織與功能業務調整之後，各類施政計畫性質及所涉層面亦較以往複雜而廣泛，必須配合良好的計畫管理機制，才能達成預期規劃目標。另一方面，面對現代電腦資訊科技及知識經濟的發展趨勢，政府計畫管理機制亦須配合調整，尤應妥善運用各種新科技或知識的優點，始能持續發揮既有功能，繼續發揚茁壯。回顧政府過去從事計畫管理的辛苦歷程，這段摸索、學

習及成長的歷程確有許多值得省思的地方，展望未來，若期計畫管理的機制能更符合政府實務所需，許多地方仍是值得檢討改進的。

貳、計畫管理制度

一、計畫管理組織的建置

　　本會於民國五十八年三月間參照「行政三聯制」的原理，並依據行政院組織法第十四條「行政院為處理特定事務，得於院內設各種委員會」規定而設立，依照本會組織規程規定，下設研究發展組、管制考核組、資料室、秘書室等單位；雖然，本會當時的組織屬性被界定為行政院所屬的臨時機關，但無庸置疑的，政府已經為成立計畫管理組織踏出了正式的第一步。同年六月間，國家安全會議第二〇次會議中通過「加強政治經濟工作效率計畫綱要」決議，政府應就一般行政、經濟建設與科學發展等三方面，建立政府內部完整的業務管制考核體系，並分別由本會、行政院國際經濟合作發展委員會（簡稱本院經合會，為本院經建會前身）及行政院國家科學委員會負責，並由本會負責綜合彙辦之責。之後，本會由於業務急速發展，陸續於五十九年、六十一年及六十九年，先後修正本會組織規程。

　　民國七十五年十二月三十日立法院三讀通過本會組織條例，並咨請　總統於七十六年一月十四日公布，行政院隨即函頒自同年一月二十六日起施行，本會組織至此正式完成法制化。從本會完成組織法制化看來，確實具有幾點重要的時代意義：1.賦予本會法定常設機關的地位；2.確定本會完整的組織架構及職掌；3.確定本會與其他院屬機關的業務關聯性；4.肯定本會成立多年來的努力成果，確認設置院屬計畫管理機關的必要性。

　　總之，本會組織的法制化結果，不僅代表著政府已真正完成計畫管理機制的建置工作，更為其他機關在建置本身計畫管理機制工作上，提供了一套可參循的完整模式與程序。

二、計畫管理機制的運作

　　一般而言，政府計畫管理機制運作的模式，首先，必須督促各機關落實計畫的事前規劃及審議工作，提昇施政計畫事前的評估效能；其次，積極運用各種追蹤管制的作為，確保計畫在執行過程中能夠不偏離既定方向；最後，對各機關的政策或計畫執行結果進行考核，釐清主管機關的執行權責及績效，並將這些資訊提供作為後續擬定計畫的參考依據。

　　關於施政計畫的審議方面，早期行政院年度施政計畫係由院秘書處負責彙辦，嚴格說來，本院並未具備強有力的審議機制與作為。本會成立後，即接辦原院秘書處負責的年度施政計畫彙編工作，行政院六十二年八月訂頒「行政院年度施政計畫編審辦法」，正式確立計畫編審作業機制；七十年間，施政計畫編審機制增列先期作業等規定，強化計畫審議機制，並提昇各機關計畫品質。八十六年間，為落實八十五年十二月舉行的國家發展會議有關「配合跨年度重要施政計畫推動，建立中程計畫預算作業制度」的共識，本會逐步推動各機關的中程施政計畫編審作業機制。簡言之，中程施政計畫編審機制係以四個會計年度為規劃，目標在強化各機關前瞻性政策與環境情勢分析能力，藉優先選擇發展課題，設定中程發展目標與策略，據以編審機關中程施政計畫，並配合國家中程財政目標、資源分配及收支推估等因素，以結合施政計畫與預算政策，提昇政府施政及資源運用的效能。由此可見，本會負責辦理的計畫編審工作，已經從早期僅僅單純審議年度施政計畫的情形，逐步轉變為辦理跨年度的施政計畫審議。

　　關於施政計畫的管制機制方面，係肇始於五十八年六月間國家安全會議通過的「加強政治經濟工作效率計畫綱要」，決議由本會負責規劃、推動及建置完整的計畫管制考核機制。惟實施初期，本會僅負責一般行政重要計畫的管制考核業務，至於重要經濟建設及重要科學發展計畫等，係由本院經合會及國科會分別負責其管制考核業務。這項機制實施至今，先後經過準備、選項實驗及局部試行

等不同階段後，各機關已逐步認識到管制的特質，應由過去本位的進到整體的及標準的觀念；在運用管制方法上，亦先後引用目標管理、計畫評核術、進度分析等科學方法；至於管制機制的功能，亦從消極的稽催檢查，逐漸趨向協調解決問題及積極研究創新。

此外，民國六十三年元月為因應政府從事十項重大經濟建設的需要，確保如期完成各項建設起見，本會秉承行政院指示，將十項建設列為專案，分別指定專人追蹤管制，按月控管執行進度，並定期辦理期中評估檢討報告，提出具體檢討建議，直至十項建設全部完工為止，此為本會辦理專案列管之肇始。另一方面，為落實計畫管理效果起見，本會自民國六十年起開始將「由院列管計畫考評」列為機關考成項目，每年年度終了，對各機關由院列管重點施政計畫執行情形辦理考評，考評結果及其檢討建議均提供各主管機關參考改進。

綜之，計畫管理機制實施至今，對強化機關計畫先期規劃能力、落實平時計畫執行管制工作、協調排除計畫執行過程障礙、釐清主管機關及相關人員權責及督促主管機關全力推動計畫等，均已產生積極助益。

參、計畫管理機制的創新

一、建立全面管考一元化機制

政府現行施政計畫管理機制實施，經過多年來不斷地回應內、外環境及社會的演變，迄今無論在機制架構或運作功能等方面，均已日趨成熟而完備。舉凡施政計畫先期計畫審議、施政計畫列管選項、作業計畫訂定、進度管制、實地查證、計畫執行結果考評等作業或步驟，均已建置完整妥善的參考循環運作模式。

近年來，行政院推動政府改造的需要，積極配合組織層級、數量及其行政流程等精簡，其中，施政計畫管理機制及作業的改造亦屬重要工作之一。另一方面，現行計畫管理機制係依據施政計畫具

備的行政、經建、工程及科技等不同屬性，將各種屬性的由院列管計畫分由本會、經建會、工程會及國科會等機關負責管考，惟實務上單一管考機關均無法有效掌握所有由院列管計畫全貌。有鑑於此，本會積極推動管考一元化工作，建立以研考會為管考機關單一窗口之運作模式，並配合建置政府施政計畫管理資訊系統網路化作業機制；目前，整體資訊及網路系統作業機制均已完成建置，並開始運作，各機關各項施政計畫相關資訊將公開上網提供民眾參閱。

二、採用重點與及時管理原則

在過去的時代，政府執行各種計畫管理作為時，由於外部時空環境變遷趨勢的可預測度較高，復因民眾對政府施政的感受及態度比較消極被動，因此，政府部門相關作為均比較強調按既定步驟或期程辦理，而回應外界事件的速度亦相對比較緩慢。辦理施政計畫的計畫先期審議、作業計畫擬定、計畫選項、實地查證、結果考成等作業亦同，多半按預定或固定期程辦理。以辦理實地查證為例，過去係分別按季選項進行實地查證，辦理實地查證的功能主要在檢查或瞭解施政計畫的執行情形，作業功能較為消極。

近幾年，隨著國內政治、經濟及社會環境的變遷，政府各種施政必須迅速回應或滿足民眾的各種訴求，始能獲得民眾的信任。有鑑於此，本會為期提昇現行計畫實地查證積極功能，相繼導入「走動式管理」與「彈性管理」的原則，除持續落實各種現行重點查證工作之外，並就各機關或國營事業機構的營運情況或突發事件，機動實施實地查證或考核作為。影響所及，不僅及時督促機關或事業改進執行缺失，遇執行機關或事業面臨執行困難障礙時，亦可從旁提供各種必要協助或協調措施，對加速計畫執行效率或提昇執行品質等，均有具體助益。

三、推動機關績效評估機制

隨著政府各時期施政理念的差異及外部時空環境變遷等影響因素，辦理考評的事項隨不同時期而有差別。就行政機關考成業務為

例，民國五十八年本會成立接續辦理本項業務起，初期包括：主管業務、人的管理、事的管理及物的管理等四項，辦理方式採實地考核為主，書面審查考核為輔；民國六十年則改以「由院列管計畫考評」為項目，並改採書面考評方式辦理；民國七十年以後，增列「各機關積極辦理工作項目」、「提高公文品質建立查考制度」等項目；民國七十五年度考成架構大幅變革，擴大考成範圍，增列「預算執行」及「人事管理」二大類，考成項目多達四大類十四項；民國八十二年度起，考成項目調整為「由院列管計畫考評」與「施政重點項目考核」二大部分。

　　本會為期強化政府部門施政績效評估，於民國九十年參考美國推動政府績效及成果法案的架構，訂定「行政院所屬各機關施政計畫評估要點」及「行政院所屬各機關施政計畫評估作業手冊」，規定各機關於年度開始前提出施政計畫的績效目標及衡量指標，作為機關努力方向，俟年度結束後檢討執行成效，並辦理公開上網，藉由全民共同的監督及運作，督促政府採行積極作為。自九十一年度起，已將「機關施政績效評核」及「由院列管計畫評核」列為行政機關考成的考核項目，期望藉由推動機關整體施政績效評估及個別計畫評估二方面著手，建構更完整而有效的計畫管理機制，促進各機關施政作為成效。

肆、資訊網路科技的運用

一、建置施政計畫資訊管理系統

　　計畫管理的工作為蒐集及運用資訊，經由管理作業過程中，即時發現問題及解決問題，並希望各項資訊及時提供機關首長決策參考，最後回饋執行機關採取改進措施。首先，在行政院層級，各管制機關（例如：研考會、經建會、國科會、工程會等）基於從事計畫管理職責的需要，必須經常要求各執行機關填送各類計畫相關資料，由於各管制機關需求目的不同，要求各執行機關填報的報表格

式、份數、期程亦有不同；此外，中央主管的計畫經常係交由各所屬執行機關（單位）或地方政府執行，各項資料填送亦需經過層層函轉後，始能提報至中央各管制機關，導致各執行機關經常抱怨表報太多、表報內容多有重複及作業流程繁複等情事。

　　上述現象，本會內部辦理計畫管理業務時亦發生類似情形。依據本會組織條例相關規定，「綜合計畫處」職掌各機關施政計畫的研議、審議及編製等事項，「管制考核處」職掌各機關施政計畫的管制及考核事項。過去，本會前述兩個主管處基於本身業務之需要，均個別要求各機關提送其施政計畫相關表報資料，據以辦理其計畫管理作業事項，導致各計畫執行機關單位面對研考會時，就必須重複兩種填報及提送資料作業流程。雖然「綜合計畫處」或「管制考核處」個別要求提送的資料表報重點有所差異，但大部分內容卻類似，影響所及，難免增加各機關不必要的作業人力及書面資料。

　　本會為解決以上問題，已建置完成「政府施政計畫管理資訊系統」，各機關提送施政計畫、作業計畫及定期執行進度等資料，均可透過電腦網路系統填報傳送，無需再如往常提送各類報表；另一方面，本會、經建會、國科會、工程會、主計處等複審機關，亦可在電腦資料庫中直接辦理審議及登錄作業事宜，無需如過去經常要求各機關提送各類資料，這套系統建置運作至今，確實已展現出「網路取代紙本大量減文」、「資訊及時共享提昇處理效率」及「減少重複登載資料保持資料一致」等具體效益。未來，本會除繼續提昇本資訊系統的運作功能外，在縱向方面，將向上延伸與中程施政計畫制度相結合，橫向方面則與主計處預算審查及個案計畫審議機關作業程序整合，一併簡化現行計畫管理作業流程，進而減輕各機關不必要的作業負荷。

二、運用電子網路傳輸科技

　　近年來，網際網路及通訊科技的普及應用，對政府機關的組織運作及內部管理等都帶來很大的衝擊與影響。本會為因應網路時代的來臨，自民國八十七年度起，相繼擬訂執行「電子化／網路化政

府中程推動計畫」（八十七至八十九年度）及「電子化政府推動方案」（九十至九十三年度），政府自民國八十七年開始推動「電子計畫管理」，建置政府網際網路作業環境，推動政府資訊及服務上網工作，不僅提高了行政效率，也強化了政府決策的功能。

根據本會統計，截至九十一年六月底止，各機關已完成1060項申辦表單下載及192項網路申辦服務，預計九十四年前可提高至1500項及400項；全國計有4400餘個機關已完成連線網際網路，各機關運用這些網際網路，不僅可提昇行政效能，亦可用來進行各種線上審議核辦作業。簡言之，電子化政府是透過電腦網路系統，將政府機關、企業、民眾及各種資訊串連起來，建立互動系統，讓政府可以提供各種及時又詳盡的服務資訊，而企業或民眾則可以更方便地取得這些資訊，必要時，還可以透過網際網路辦理各類申請、審核及證明等。

長久以來，政府機關為維持組織及業務的正常運作，必須耗費大量人力或書面表件資料，惟從前面說明發現，政府機關目前已可以運用許多現代電腦網路通訊科技，迅速正確地處理許多民眾申辦或審核業務案件。因應這種發展趨勢，政府現行計畫管理機制也應該大量運用電腦網路通訊科技及相關技術，據以辦理相關作業事宜。目前「政府施政計畫管理資訊系統」已建置運作中，計畫執行機關及本院相關審議機關均可透過電腦網路系統，進行資料填報、傳送、審議、管制及考核等作業；未來，除持續擴大資料庫的運作功能外，尤應配合電腦網路資訊科技的發展，適時引進計畫知識管理技術或觀念，據以調整改進計畫管理機制，務期充分發揮創新建置計畫管理制度的功能。

伍、未來展望

我國計畫管理制度建置實施至今已有三十餘年，期間隨著不同時空環境的需要而有所修正。整體而言，對提昇政府各機關的政策決策品質、施政效能及服務品質等，均有很大的幫助。從政府現行

計畫管理制度的發展歷程發現，整個政府架構中「計畫管理制度」所扮演的角色，頗類似汽車的「方向盤」及「發動機」所提供之功能，不僅指引出整個政府正確的發展方向，亦同時提供政府向前邁進發展所需的動力。

　　近年來，在知識經濟與網際網路發展趨勢的驅動下，全球政治、經濟及社會環境均已產生巨大轉變，各國政府順應這股發展潮流，必須要調整其組織及管理運作模式，始能維持國家競爭優勢，並提供民眾更好的施政品質。展望未來，除秉持「行政三聯制—計畫、執行、考核」原理，發揮計畫管理制度原有的功能外，為期政府計畫管理制度運作更有效能，進而引導政府的進步與發展，政府的計畫管理工作應有以下幾個努力方向：

(一) 積極推動計畫管理組織整合：現階段行政院下由經建會、工程會、國科會及本會等機關，分別掌理經建、科技、一般行政計畫管理職責，以致難免發生重複列管、提報等情事，對各主管或執行機關造成困擾；另外，機關內部計畫管理制度亦未盡完備，目前仍有部分機關尚未建置專責單位，而由其他單位兼辦方式辦理。未來，政府計畫管理除應落實現行「管考單一窗口」機制之外，尤應推動計畫管理的「組織整合」，建構更完備有效運作的計畫管理組織體制，俾助各項政策、施政或重大計畫的推動。

(二) 導入「策略管理」觀念，強化計畫管理機制：機關辦理施政計畫總體規劃時，必須考量未來環境情勢，了解本身的優勢、劣勢、機會與挑戰，擬具機關發展願景，並選定優先發展項目，據以發展策略績效目標及實施計畫，如此才能將有限資源做最有效運用。計畫執行過程階段，必須把握重點管理或目標管理的原則，充分掌握執行過程之各個環節，始能及時化解各種困難問題，避免形成計畫執行障礙；最後，待整個計畫執行完畢後，則須執行績效評估相關作為，考核計畫執行成果及釐清相關責任歸屬，並做好相關資訊回饋工作，據以提昇後續計畫之品質。

(三) 落實「走動管理」、「彈性管理」及「危機管理」等機制：現代社會及環境變化趨勢相當迅速，各機關執行計畫管理應隨時針對各種外在變化情勢，採行「彈性管理」機制，機動調整計畫作為以因應環境變化；再者，計畫管理亦應重視現場查核工作，配合運用「走動管理」機制，充分掌握實際執行狀況與處理可能發生的問題；另為期及時掌握各種變動因子或潛在風險，各機關尤應落實「危機管理」機制，俾對各類重大或緊急事故時，予以有效處理解決。

(四) 善用「網路管理」技術：因應電腦、網路及通訊科技的發展，未來計畫管理工作必須結合「網路管理」科技，充分運用電腦、網際網路及通訊科技的研發成果，降低各項計畫管理作業成本，讓計畫管理運作更為迅速、便利、正確且有效，俾提昇整體政府施政的效能。

【文章發表】
· 本文原載於《研考雙月刊》第 26 卷第 4 期，2002 年 8 月。

行政機關績效評估制度的推動與展望

壹、前言

　　現代國家基於提高資源運用的效率及效果起見，各主要國政府莫不積極建置或運用各種管理機制，確保各項施政均能順利推動，俾期獲致促進國家發展及民眾福祉的最終目標。以美國聯邦政府為例，1993年間成立「國家績效評估委員會」，開始推動提昇效能、撙節成本等改革訴求，希望聯邦政府機關能夠運用較少施政成本，營造出更高的施政績效目標；同年間更通過「政府績效與成果法」，開始將績效評估帶入以法律引導改革的層次，藉以積極推動各聯邦政府機關的績效評估及管理工作。

　　對照於我國的情形，行政院係於民國四十年公布實施行政院所屬機關考成辦法，開始運用考成機制來評核各機關施政績效，這項考成制度實施以來，對落實各項政府施政、確保施政品質及效果，以及切合民眾福祉及需要等目標，確實發揮積極引導的功能。自九十年起，行政院基於營造高績效政府之目標，更參考美國政府績效與成果法規劃設計，特別函頒「行政院所屬各機關施政績效評估要點」，並自九十一年起開始推動是項績效評核制度，希望促使院屬各機關積極落實績效評核及管理工作，並結合既有的中長程計畫、年度施政計畫的制度，充份有效整合各機關的策略規劃、計畫執行及施政成果評估等環節，從根本上提昇整體的施政能力及效果。

　　本文以「行政機關績效評估制度的推動與展望」為題，內容包括行政機關工作考成制度的演進過程、施政績效評估制度之推動及運作、施政績效評估制度之檢討等課題，以及未來努力方向，進行深入淺出的闡述說明，希望能讓社會各界對我國推動政府機關績效

評估制度的過去沿革、執行現況及未來展望等，有更正確、詳實、客觀的瞭解與認識。

貳、行政機關工作考成制度

　　行政院係於民國四十年公布實施「行政院所屬機關考成辦法」，開始建置及推動有關政府機關的績效評核工作。民國五十八年間，行政院研究發展考核委員會（以下簡稱行政院研考會）成立之後，隨即接續辦理是項行政機關考成業務，多年來，行政院為因應國家建設及發展需要，無論是考成項目、考成方式、參與機關、人員與政策方針等方面，均歷經多次的變革及修正，約可區分為五個時期：

　　一、實地考核時期：實施時間為五十八年至五十九年，考成項目區分為主管業務、人的管理、事的管理及物的管理等，考核方式以實地查證為主，書面審查考核為輔。

　　二、全面、重點考核時期：實施時間為六十年至七十四年，考成項目區分由院列管計畫、院會院長指示及決議事項處理情形、公文時效查核及各機關自行列管計畫等，考核方式主要以書面考評辦理。

　　三、擴大考核項目時期：實施時間為七十五年至八十一年，考成項目區分為政策執行（含由院列管計畫）、行政效率、預算執行及人事管理等，考核方式以書面審查方式辦理，必要時施以實地查證。

　　四、施政重點項目考核時期：實施時間為八十二年至九十年，考成項目區分「由院列管計畫考評」與「施政重點項目考核」二大部分，考核方式以書面審查方式辦理，必要時施以實地查證。其中「由院列管計畫考評」方面，就每年度由院列管重點施政計畫加以考評，加強年度開始前作業計畫的審核，就計畫目標達成度與效益、人力與預算運用以及規劃作為與程序適切與否等項目研擬具體或量化評估指標，並落實平時管制工作，俾作為年終考核的依據；考評結果附具可行改進建議，提供主管機關參考辦理。「施改重點項目考核」方面，每年參酌院長向立法院的施政報告、重要會議或

專案指示等，選定有關機關施政重點或提昇效率項目予以考評。於年度開始前規劃並頒發具體考核項目及評分標準，俾受考核機關遵循加強辦理，年度終了就初核資料前往實地複核，必要時邀請行政院秘書處、人事局、主計處等參與。

　　五、組織與政策績效分層考核時期：實施時間為九十一年起迄今，考成項目區分「機關施政績效評核」及「個別施政計畫評核」二大主軸，考核方式以書面審查方式辦理，必要時施以實地查證。

　　關於「機關施政績效評核」方面，依據行政院所屬各機關施政績效評估要點之規定，係採以結果為導向的評估原則，評估層次為策略層次之組織績效，從「業務」、「人力」及「經費」三個面向來衡量各機關施政績效之良窳；各機關於擬定中程施政計畫及年度施政計畫時，即將策略及年度績效目標與衡量指標納入其中，年度結束後，各機關則依據年度績效目標及衡量指標，經自評、初核程序檢討執行績效，撰擬年度績效報告提送研考會，由研考會、經建會、工程會、國科會、主計處、人事行政局等先行書面審查，另邀請學者專家組評核委員會進行評核，彙具評核意見陳報行政院，於奉院核定後上網公告，並函送各機關辦理獎懲及業務改進參考。

　　至於「個別施政計畫評核」方面，依據行政院所屬各機關施政計畫評核要點之規定，各部會於年度終了，應就年度列管之施政計畫，依行政院列管計畫、各部會列管計畫及部會所屬機關自行列管計畫，分別辦理評核。其中行政院列管計畫之評核指標由行政院定之，評核程序分為主辦機關自評、主管機關評核及評核結果公告；部會列管計畫之評核作業區分為主辦機關（單位）自評、主管機關評核二程序，並由各部會依機關特性及業務性質，自行研訂評核指標及作業模式，或參照由院列管計畫之評核指標、衡量標準及資料格式辦理評核；至於自行列管計畫評核作業則由各計畫主辦機關自行辦理評核，其作業規定由各部會統一訂定或授權由計畫主辦機關自訂規範辦理。

參、施政績效評估制度之推動

一、施政績效評估的變革背景

　　近十餘年來，無論是已開發工業國家或開發中工業國家的政府，莫不積極推動政府再造工程運動，並配合運用各種績效管理的機制，務期提昇政府的施政能力及績效。以美國為例，美國柯林頓總統於1993年就任總統之後，即任命高爾副總統主持跨部會的「國家績效評估委員會」（National Performance Review）；該委員會於1998年更名為「全國協力再造政府委員會」（National Partnership for Reinventing Government），並揭示以「提昇效能、撙節成本」（work better，cost less）的改革訴求，以期達到運用較少施政成本，來營造一個高績效政府（better government for less money）之目標；1993年間所通過之「政府績效與成果法」，更為美國政府積極將績效評估帶入法律層次的具體作為。

　　環顧國際間各國賴以維繫其整體競爭優勢的基礎，多取決於政府本身是否具備從事改革創新的機制，以及政府執行各項公共政策的績效程度。為此，政府必須適時檢討本身的定位及功能，並應妥善運用績效管理（Performance Management）、品質管理（Quality Management）及電子化政府（Electronic Government）等管理措施，方能建立一個具前瞻性及執行能力的政府運作體制，引導國家邁向現代化。

二、施政績效評估制度的建置

　　行政院研考會為協助行政院提昇整體施政效能起見，自從八十九年下半年起即開始蒐集、參考國外推動政府績效管理的相關文獻之後，遂於九十年間完成研擬「行政院所屬各機關施政績效評估要點」，並經函報行政院核定之後，據以推動績效評估。研考會復依

上述該要點之授權擬訂「行政院所屬各機關施政績效評估作業手冊」，訂定細部作業規範，並自九十一年度起行政院所屬各機關全面實施。簡言之，行政院推動本項施政績效評估之精神，在於追求提昇行政院所屬各機關業務績效、落實組織及員額合理化、節約經費支出，進而全面提昇行政效能。

　　基於實現上述高效率及高品質的行政目標，本項機制係運用「業務」、「人力」及「經費」等三個面向，來衡量各機關施政績效之良窳。至於整體績效管理機制的設計上，係著眼於提高各機關施政計畫之「前瞻性」、「策略性」與「整合性」，並針對「業務」、「人力」及「經費」等三面向，選定其策略績效目標、年度績效目標及其衡量指標等事項，並分別列入各機關四年為期之中程施政計畫及各年度施政計畫內，除可引導後續年度施政之策略外，並作為衡量各機關施政績效之準據。各機關每年依據當年施政計畫於年度結束後提報年度績效報告，就原訂績效目標和實際達成目標值進行評核，作為行政院衡量各機關施政績效良窳及獎勵之客觀準據。

三、施政績效評估制度之功能

　　行政院推動的政府機關施政績效評估制度，除著重於以考評結果為導向，參照各機關所訂之績效目標及績效指標，並與各機關實際達成目標值進行評核後，作為行政院衡量各機關施政績效良窳及獎勵之客觀準據之外，本項績效評核制度也儘量與行政院人事局目前辦理之「行政院暨所屬各級行政機關績效獎金實施計畫」相互配合，俾期其績效評估結果可作為核發績效獎金之依據。另一方面，為期進一步結合績效評估與獎酬二套機制，行政院研考會已修正「行政院所屬各機關施政績效評估作業手冊」之相關獎勵措施規定，將績效評估作業與行政院人事局之績效獎金實施計畫二者能夠相互搭配整合。

　　簡言之，本項績效評估制度的建置及實施，已然確為行政部門推動績效管理制度工作之里程碑，具有以下幾點重要功能：

(一) 落實從計畫階段起即強調成本、結果導向及顧客導向的觀念。

(二) 與中程及年度施政計畫制度結合，以強化策略及績效管理。

(三) 從個別計畫績效管考轉變為著重對部會整體策略績效管考。

(四) 建立以衡量指標為主體之施政績效評估體系。

(五) 結合國家競爭力指標，提昇施政績效評估的客觀性，經統計結果，計有十九個機關將七十八項國際競爭力評比指標（IMD、WEF、EIU等）列為該機關之績效衡量指標，俾利機關績效評估與國際競爭力評比接軌。

(六) 各機關每年的年度績效報告皆需上網公告，公開接受社會大眾的檢視。

肆、施政績效評估制度之運作

一、績效目標及指標的訂定

　　基於施政績效評估之目的在於提昇行政院所屬各機關業務績效、落實組織及員額合理化、節約經費支出，進而全面提昇行政效能，因此，各機關依前述之概念，由首長召集內部單位與所屬機關（必要時得邀請專家學者）、顧客代表成立任務編組，採目標管理及全員參與方式，規劃機關整體發展願景，再依據此願景訂定「業務」、「人力」、「經費」三面向策略績效目標。其中業務面為各機關依組織及業務特性所定之執行目標；人力面向為人力精簡目標；經費面向為各機關經常經費（不含依法必須支應的經常費用）節約目標。策略績效目標總數目為五至十項，其中應包含人力及經費面向之策略績效目標各一項，業務面向之策略績效目標為三至八項，機關業務性質較為特殊者得酌予增減。策略績效目標應同時具備代表性（可涵蓋機關重點業務推動成果）、客觀性（可依客觀方式加以評估）、量化性（可具體衡量）、穩定性為原則。如因業務

特性致績效目標內容無法具備前述原則者，應敘明理由並提出其他適當目標，且訂定目標值時應力求挑戰性、適切性，並提出可供比較之基礎資料。

衡量指標係作為衡量策略績效目標的依據，因此，每項策略績效目標皆需訂定至少一項衡量指標作為評估依據。各機關人力面向之策略績效目標需以「人力精簡」（共同性指標）為其衡量指標，經費面向之策略績效目標需以「預算執行」（共同性指標）為其衡量指標，業務面向之各項策略績效目標所訂定衡量指標（共同性指標或個別性指標），由各機關依實施需要自行訂之，惟該面向所有衡量指標中，共同性指標「降低服務成本」、「提昇服務水準」及「顧客滿意度」三項至少需選列一項以上。另為因應全球化趨勢，使政府之施政與國際接軌，提昇國家競爭力，各機關亦需依據瑞士洛桑管理學院（International Management Development, IMD）、日內瓦世界經濟論壇（World Economic Forum, WEF）、英國經濟學人中心（The Economist Intelligence Unit, EIU）等國際競爭力研究機構所發布世界競爭力報告（資料）之各類國際競爭力評比指標，擇選與其組織任務及業務性質相關項目，採納列為機關之衡量指標。另在擬定衡量指標時，應一併敘明評估體制（指實際評估作業由特定之任務編組，或者運用既有之組織架構，或是透過第三者等方式負責運行）、評估方式及衡量標準。

各機關於撰寫策略績效目標及衡量指標時，應按年度分列年度績效目標值，並由首長召集內部單位及所屬機關、顧客代表成立任務編組，依據行政院重大政策方向、策略績效目標及考量國家財政收支狀況及前項分年度績效目標與衡量指標，據以訂定年度績效目標與衡量指標。其年度績效目標之項目總數、面向等規範與策略績效目標相同，年度績效目標值（分年目標值）在策略績效目標（總目標值）不變之原則下，得就需要逐年酌予調整。

二、績效評估的實施步驟

年度終了，各機關應提送年度績效報告，內容以年度績效目標達成情形為主體進行檢討，含括前言、目標達成情形、未達目標項目檢討、績效總評、獎勵員工創新改良業務、提昇服務水準具體事蹟之推動成果五部分。

機關施政績效評核作業分為自評、初核、複核三個階段，首先由各機關辦理自評與初核作業，再送由行政院辦理複核。複核作業由行政院研考會會同行政院秘書處、主計處、人事行政局、經建會、國科會、工程會共同辦理，並聘請學者專家協助評核與審核，在評核過程中，亦參考國內外評比或民調資料，以力求評估過程謹慎，經確定各機關績效總分與評核意見後，據以陳報行政院核定，函送各機關參考改進，俾各機關透過施政績效評估機制，提昇行政效能。

三、績效評估結果的後續處理

各機關年度績效報告及評核意見陳報行政院核定後，應將年度績效報告及評核意見上網公開，並運用媒體，使公眾得知各機關年度績效報告及評核意見，藉由社會大眾共同監督政府施政成果。另依年度績效目標達成情形及行政院核定之評核意見，對其所屬機關（單位）及相關人員辦理獎懲作業，並將評核意見納入中程及年度施政計畫改進參考。

伍、施政績效評估制度之檢討

行政機關施政績效管理制度自推動迄今，已完成中程施政計畫、年度施政計畫至機關施政績效評估之一套完整作業程序，由於該制度為首次推動執行，必須經由執行中不斷檢討改善，才能使該制度更趨完善。

一、策略績效目標與衡量指標聯結仍待強化

衡量指標係指各機關為進行施政績效評估，設計一套衡量策略績效目標與年度績效目標實現程度之指標系統，俾能從事比較作業。簡言之，衡量指標即各機關作為衡量策略績效目標與年度績效目標是否達成的工具，除須符合效果、效率、經濟及公平等原則外，尚須具備信度、效度、時限性、敏感性及成本效益等特性。惟由九十一年度資料顯示，部分衡量指標多偏向於效率面指標，且內容過於簡略、保守，以致無法有效衡量績效目標實現程度。

二、績效目標與衡量指標挑戰度不足

衡量標準係指能直接衡量指標達成結果的比較基礎標準，惟由九十一年度各機關所訂定衡量標準顯示，主要偏向於產出型，非結果型，如將補助計畫總數（經費）列為衡量標準，並非以補助計畫所產生效益列為衡量標準，以致執行效能無法有效凸顯。

績效目標與衡量指標的訂定目的，在於引導政策方向，作為各機關當年度施政工作努力的依據與展現績效的良窳，由於現行制度對達成目標機關不會帶來太多的實質獎勵，反之，若未能達成事先設定的目標，往往遭受長官、社會大眾、媒體或立法機關的責難，以致形成各機關訂定績效目標值偏向保守、挑戰度不足，不利於策略管理的推動。

三、施政計畫與預算編列尚難結合

九十一年度中央政府總決算歲出決算數為1兆5,521億元，經常門決算數為1兆1,835億元（佔總決算76.3%），資本門決算數3,686億元（佔總決算23.7%），其中資本門經費大多用於延續性計畫，僅少部分經費用於新興計畫項目，以致大部分新興計畫預算無法編列，影響策略績效目標相關施政計畫之推動。

近年受到國際景氣趨緩、國內投資衰退與產業結構調整的影響，使得中央政府歲入財源受到限制，歲出無法有成長空間，由中

央政府總決算資料顯示，九十年歲入歲出差短為1,425億元，九十一年已增加至2,464億元，歲入歲出差短持續擴大，使得政府財政問題更加惡化，更加不利計畫推動。

依年度總預算案之籌編作業時程，各主管機關及所屬在歲出概算額度範圍內編製概算，包括歲入、歲出及債務之償還應於會計年度開始六個月前完成，惟績效評核在年度結束後四、五月才能完成，以致作業時程上有所落差，評核結果無法立即回饋修正下年度預算編製。

四、施政管理及評估資訊建立不夠完整

年度結束後，各機關應依據年度績效目標及衡量指標檢討執行績效，並撰擬年度績效報告，提送行政院研考會辦理評核。評核機關辦理評核作業除參考年度績效報告及中程施政計畫外，並參考瑞士洛桑管理學院、日內瓦世界經濟論壇、英國經濟學人中心等國際競爭力研究機構所發布世界競爭力報告（資料）、民意調查與輿情資料及各機關年度重大施政績效等，以確實評核各機關年度績效目標實現程度，惟評核機關與受評機關尚未建置完整資訊內容，相關資訊無法獲得，影響評估作業進行。另受評核機關有感於評核機關無足夠時間及能力進行細部瞭解，則在不違背事實之範圍內，盡可能隱匿不利機關之資訊，或以粗略之敘述將事實帶過，使得評核機關須在有限時間內再蒐集相關資料進行分析，造成作業困擾。

五、評估專責單位及評估人員專業能力仍待持續提昇

績效評估制度之推動，有賴於各級行政機關首長的認同與支持，然現行行政院所屬各機關多未設置專責績效評估單位，影響績效制度推動及發展。評估人員對於機關業務熟悉程度及其評估技術影響評估結果的產出，現行評估人員大多為兼任性質，且對於機關業務性質及評估技術並不完全熟悉，直接影響制度推動成效。

六、人力及經費指標應著重整體組織績效提昇

現行施政績效評估制度之評估指標分為「業務」、「人力」、「經費」三個面向，人力面向係以人力精簡為策略績效衡量指標，經費面向以各機關經常費節約為策略績效衡量指標，在效率層面對降低成本有其意義，惟在效果層面對機關願景與使命的達成，則缺積極助益，宜參採平衡計分卡精神修訂績效目標及衡量指標，將經費面向指標導向財務運用成效與成本效益，人力面向指標導向組織業務必要性及組織學習提昇等，以有效彰顯機關策略績效。

七、機關績效與激勵制度仍待持續結合

一個完整的績效管理制度必須能夠有效結合績效評估與激勵制度。透過逐步開展機關整體績效目標、內部單位績效目標及員工個人績效目標環環相扣機制，形成所謂績效目標金字塔，就執行狀況予以考核，並給予即時獎勵，以落實機關總目標、單位目標及個人績效目標的達成，有效提昇機關整體施政績效。

現行行政機關績效評核係依據「行政院所屬各機關施政績效評估要點」辦理，而績效獎金制度係依「行政院暨地方各級行政機關九十二年實施績效獎金計畫」辦理，兩者目的雖均係提昇政府施政績效與國家競爭力。惟績效獎金制度偏向於各機關就其所屬機關及內部單位績效之評核，未能與機關施政績效評估作業相連結，以致機關績效評核結果與績效獎金無法結合，降低機關績效評估制度推動成效。

此外，由於機關績效評核結果在年度結束後四、五月才能完成，而依行政院暨地方各級行政機關九十二年實施績效獎金計畫規定，年度終了，各單位應就各項績效目標進行自評後，提送績效評估委員會進行複評等作業，並於年底前完成單位評比等作業，兩者作業時程的落差，形成機關績效評核與績效獎金制度結合之障礙，有待持續檢討調整。

陸、績效評估制度的展望

一、國家願景與機關目標的聯結

　　政府機關的使命必須依賴機關間通力合作方能達成，如提高經濟成長率、降低失業率、減少青少年犯罪等等。以減少青少年犯罪為例，除內政部加強犯罪行為取締、不良場所掃蕩外，尚需教育部、新聞局、法務部、青輔會、體委會在學校教育、媒體傳播、毒品取締、提供正當活動與娛樂場所等各方面充分溝通協調合作，部會間宜有整合與協調機制。

　　行政院相關幕僚機關有必要組成「國家策略議題小組」，參酌國內外環境條件，釐定國家發展願景與策略，以作為各機關發展策略績效目標之參據，俾能集中國家有限資源，用於對國家最有利之處。以國家策略為核心逐層開展，策略體系方能完整，機關策略目標間才能密切配合，國家發展目標方得以順利達成。

二、績效評估與策略管理的運用

　　政府施政有其整體性、延續性，各機關擬定策略績效目標應參酌國際環境、國家發展與本身條件，提出預期達成之施政目標，策略體系才能逐層開展，彼此密切配合，策略績效目標方得以順利達成。

　　各機關宜落實策略型組織之建立，將組織所屬執行團隊、單位、人力資源、財務資源聚焦與整合至組織的策略，並將機關使命、願景與策略以淺顯易懂的方式傳達給所有單位與員工，進而促使單位策略與組織策略密切聯結，讓執行組織策略成為每個人每天的工作，消弭策略規劃與執行的鴻溝。同時，以成果為導向評估各層級執行績效，並落實課責獎懲。

　　策略績效目標與衡量指標訂定宜參酌平衡計分卡內部衡量與外部衡量平衡、結果面衡量與未來面衡量平衡精神，將機關組織業務

面向之策略績效目標及衡量指標著重於「行政效率」、「服務效能」；人力面向提昇為「人力資源發展」；經費面向則改採反應「預算成本效益」。（如圖一）

三、國家競爭力與績效指標的接軌

國家競爭力的提昇並非一蹴可幾，國家競爭優勢須長期累積培養，要精進國家競爭力需要長期間的努力，國家競爭力評比機構會隨著政治、經濟、科技等環境變動，而逐步調整其評比指標項目，如IMD2001年評比項目為二八六項，到2002年評比項目為三一四項，顯示影響國家競爭力的因素，會隨著環境的變化而有所不同，如要能不斷提昇國家競爭力，需要密切觀察國際環境與科技等總體環境變化，因此，應針對國家競爭力做長時間研究與追蹤，不斷探索影響國家競爭力的重要指標為何？並將其與施政績效制度結合，方能持續增進國家競爭力。

四、中程與年度施政計畫之聯結

中程施政計畫為政府施政中長期發展的基礎，年度施政計畫必須依據中程施政計畫進行規劃，兩者間存有層次與互動關係。而政府施政係在變動環境中推動，常因施政環境的變化，必須修正中程施政計畫並連動修正年度施政計畫。基於現行中程施政計畫之修訂時間、要件等原則未予明確律定，計畫期程之設定方式亦有待進一步確認，宜進行統一規範，修訂原則可分為「每四年整體檢討滾進作業」及「每年第一季個別修正作業」兩類，並分別訂定與年度施政計畫及施政績效評核作業時程之配合事項；每四年全面檢討中程施政計畫期程則採於總統就職年，修訂未來四年之中程施政計畫方式辦理（如總統就職年為九十三年，中程施政計畫之期程設定則為九十四至九十七年度），每年第一季個案修正則參酌立法院預算審議及績效評核結果辦理。

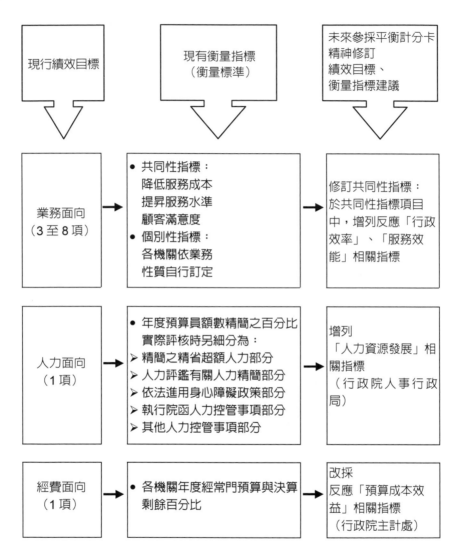

圖一　績效目標與指標改進示意圖

五、計畫規劃與評估回饋機制

　　績效評估的功能在於衡量及改正組織內部的行為績效，以保證組織目標及計畫得以達成。機關中程計畫及年度計畫績效目標與指標宜參照施政績效評核結果，適時回饋修正，俾有效提昇機關施政績效。（如圖二）

六、強化機關績效評估組織與專業能力

　　績效評估制度之推動，有賴於各級行政機關首長的認同與支持，為提昇機關評估績效應儘速建置專責績效評估單位，並增加單位評估人力，以全面落實績效管理；另評估人員對於機關業務熟悉程度及其評估技術將影響評估結果的產出，可考慮辦理業務單位與評估單位間人員互動或互調，以瞭解雙方業務實際推動狀況，將有助於提昇評估效能，並定期舉辦教育訓練，強化人員政策規劃與評估能力。

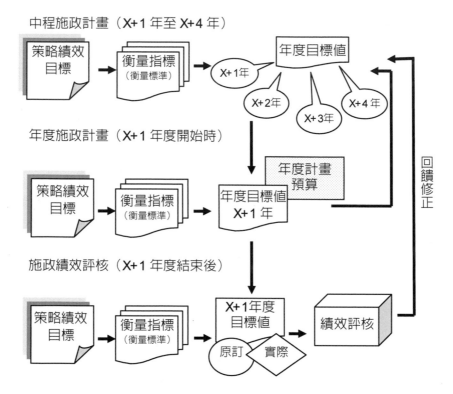

註：以 X 年為總統就職年

圖二　施政計畫績效評估回饋示意圖

七、建立評估結果與績效獎金聯結機制

　　完整的績效管理制度必須能夠展現機關整體績效、內部單位績效及員工個人績效，形成所謂績效目標金字塔。為建立完整的績效管理制度，宜儘速建立機關績效結果與績效獎金聯結機制，並結合兩者作業時程，俾機關績效評核結果能有效、迅速達到激勵的效果，進而提昇機關施政績效。

柒、結語

施政績效評估制度強調的是由上而下與由下而上的全員參與，只有在政府機關各階層同仁的共同努力下，才能真正落實績效評估的目的。施政績效評估制度推行以來已有明顯成效，惟仍須與時俱進，深信結合策略管理與績效管理的觀念與做法，在全體公務人員主動積極、不斷求新求變，致力於業務創新改良下，政府的施政績效必定能逐步顯現出來，國家競爭力並得以提昇。

行政機關施政績效管理制度因涉及中程施政計畫、年度施政計畫、施政績效評核三項作業，目前在制度之建立與推動雖已發揮相當功效，然國家生存與發展，需面對國際間激烈的競爭，施政績效管理體系應與時俱進，除參酌過去推動之經驗外，並應學習企業推動績效管理做法與績效管理理論的發展，不斷檢討修定相關法規及作業規範，以建構一個完整之機關施政績效評估制度。

參考資料

一、中文部分

1. 黃俊英，《改進行政機關考成之研究》，行政院研究發展考核委員會委託研究，八十四年十二月。
2. 丘昌泰，《公共管理－理論與實務手冊》，八十九年十一月，元照出版社。
3. 孫本初，〈行政機關考成指標之研究〉，行政院研究發展考核委員會委託研究，八十九年十二月。
4. 邱吉鶴，〈行政機關績效評估制度之研究〉，國立台北大學企業管理學系碩士論文，九十年六月。
5. 楊秀娟，〈我國施政績效評估制度之檢討與改進〉，研考雙月刊，25 卷 4 期，九十年八月。
6. 郭昱瑩，〈政府機關績效評估探討〉，研考雙月刊，25 卷 4 期，九十年八月。
7. 金誠等，〈創新〉，哈佛商業評論，九十一年十月，天下遠見出版股份有限公司。
8. 《行政院所屬各機關施政績效評估作業手冊（修正本）》，九十二年一月，行政院研究發展考核委員會編印。
9. 《行政院暨地方各級行政機關九十二年實施績效獎金計畫標準作業程序參考手冊》，九十二年四月，行政院人事行政局編印。
10. 黃一峰，〈行政機關業務評估指標之建立－以衛生署為例〉，行政院研究發展考核委員會委託研究，九十二年八月。

二、英文部分

1. Robert S. Kaplan & David P. Norton，The Balanced Scorecard: Translating Strategy into Action，《平衡計分卡－資訊時代的策略管理工具》，朱道凱譯，2002 年 2 月，臉譜出版。
2. David Osborne & Peter Plastrik, The Reinventor's Fieldbook: Tools for Transforming Your Government, 2000, Jossey-Bass.
3. Paul Niven，Balanced scorecard step-by-step，《平衡計分卡最佳實務》，于泳泓譯，2002 年 10 月，商周出版。

【文章發表】
・本文原載於《研考雙月刊》第 27 卷第 5 期，2003 年 10 月。

公部門績效評估技術與指標建立

壹、前言

　　績效評估由於具有幫助管理者達成業務監測、評估、激勵、學習及改進的功能，因此，不論在企業管理，還是公共管理均受到普遍的重視。由於績效評估理論與技術隨著時間的推移也不斷在進化，早期泰勒（Frederick Taylor）科學管理理論著重於過程管理，推動動作研究與工作標準訂定，評估係以個人績效表現為對象；1960年代彼得杜拉克（Peter F. Drucker）提出目標管理，強調個人目標須與組織目標結合，始將組織績效納入評估範圍；至1990年代管理界已將績效評估與策略管理、激勵理論、人力發展等各項管理理論結合成為績效管理，使得績效評估技術與指標建構日趨嚴謹與複雜。

　　近年來，先進國家無不重視績效評估制度的建構，例如美國1992年通過政府績效與成果法（Government Performance and Result Act of 1993, GPRA），將政府績效評估帶向法律層次全面推動；英國在1979年佘契爾夫人主政及1991年梅傑主政時期，均不斷提出改革計畫，鰲定階段績效評估制度；瑞典自1992年起，基於成果管理的概念，積極推動新的預算作業程序；日本為配合中央省廳大改革行動，提出政策評價法案，並於2000年12月正式定案。各國績效評估制度發展迄今，已將策略規劃、成果導向、顧客導向、資訊透明、激勵制度及成本效益等觀念納入評估制度，對各該國政府施政已產生影響與效用。

　　完整的績效管理制度必須透過績效評估技術將組織策略轉化為具體行動方案，以策略為核心，鏈結組織、部門及個人的目標與行動，將各項資源聚焦於策略的推動，藉由策略的規劃、執行、衡量、回饋與修正，形成完整策略循環體系，有效貫徹組織策略與方

案，充分展現組織整體績效、部門績效及個人績效，而貫徹績效管理制度的核心就是績效指標之建立，完善的績效指標是決定績效評估成功的基本要件。

本文以「公部門績效評估技術與指標建立」為題，內容包括績效評估的意義、績效評估的技術、績效評估指標建立、現行公部門績效評估技術與指標建構、未來政府績效評估之構思等，進行深入淺出的介紹，希望能讓社會各界對公部門績效評估技術與指標建構有更進一步的瞭解與認識。

貳、公部門績效評估的意義

一、績效評估的意義

彼得杜拉克（Peter F. Drucker）認為績效評估是用來衡量組織及員工的工作表現，並將結果用來激勵員工及修正系組織的策略方向。許世軍（2000）認為績效評估在本質上係屬管理活動中之控制功能，在消極方面可瞭解規劃之執行進度與狀況，如發現差異並達到一定程度時，即應採取修正的因應對策；在積極方面可藉由績效評估制度之建立，能在事前或活動進行中，對於行動者之決策與行為產生影響或引導作用，使其個人努力目標能與組織目標趨於一致，也就是所謂「目標一致化」（goal congruence）作用。簡言之，績效評估（或控制）的功能在於衡量及改正組織內部的行為績效，以保證組織目標及計畫得以達成。

績效評估是績效管理系統中的一部分，績效管理需要運用系統中所有組成因素，如策略計畫、編列預算、員工發展、薪資系統與品質改善計畫等，才能獲致最後的成功（Robert Bacal,1999）。績效管理需要員工通力合作，因為這對員工、經理人與組織都有助益，當組織與工作單位的目標與目的，能與員工的工作職掌充分結合，組織就能有效率地運作，組織內的士氣與生產力便會有所提昇。

　　「新政府運動：如何將企業精神轉至公共部門」一書中提到，政府機關應建立績效評估制度。只要建置績效評估制度與運作機制，即使沒有獎勵機制，單單發表成績，也會轉化整個組織績效。績效評估的推動將會發揮以下功能（Osborne & Gaebler, 1992）：

(一) 衡量什麼，什麼就會被做好。

(二) 不測量結果，就無法知道成敗。

(三) 不知道什麼是成功，就無法獎勵。

(四) 不獎勵成功，可能就是在獎勵失敗。

(五) 不知道什麼是成功，就無法獲取經驗。

(六) 不瞭解為何失敗，就無法鑑往知來。

(七) 能證明有績效結果，就能贏得民眾支持。

二、公部門績效評估的特性

　　公部門組織存在的任務目的與民間企業不同，民間企業以追求營業利益與永續發展為目的，公部門則是有下列特性，因此，其績效評估與民間企業亦有所不同。

(一) 公部門以追求公共利益為導向，較不以利潤為重。

(二) 公部門處事較重行政程序，且須符合公平、正義原則。

(三) 公部門較受政治、外在客觀環境變動的影響，如民意代表、輿論、利益團體及服務對象。

(四) 公部門執行績效短期內較不易顯現。

(五) 公部門策略目標較難具體量化。

(六) 公部門較重服務取向，其效益衡量較易受外界主觀態度的影響。

(七) 公部門必須為國家盛衰與社會整體發展負責。

(八) 公部門為落實福利政策，必須執行特定利益分配，如補助、低利貸款等。

(九) 公部門人事處理上較顧及法令、倫理、公道等問題，且人事任用自主權較少。

(十) 公部門較企業靈活性不足，較難立即的引導組織變遷及組織發展。

　　其次，公部門涵蓋範圍十分廣泛，不同類型的組織、業務應採用不同的績效評估方式，才能達到績效評估的目的，檢視現行主要的績效評估方式可大致分為下列幾種類型：

1. 以組織內部層級來分，可分為機關、單位、個人績效。
2. 以計畫預算內部程序來分，可分為事前、事中、事後評估。
3. 以評估標的來分，可分為組織績效、計畫（政策）績效、個人績效評估。
4. 以組織屬性來分，可分為行政機關、研究機構、行政法人、國營事業績效評估。
5. 以業務性質來分，可分為經建行政、社會行政、科技行政機關績效評估。
6. 以政策規劃執行來分，可分為政策執行部門、政策規劃部門績效評估。

參、績效評估的技術

　　績效評估技術經過多年發展，學者專家不斷的改進，已日益多元與精緻，以下就績效評估工具與方法加以介紹。

一、績效評估的工具

　　目前企業或先進國家已逐漸引進新的績效評估工具，取代過去較偏向財務指標與忽略間接成本的評估工具，其中較常用的有標竿管理、全面品質管理、六標準差、作業基礎成本制度、平衡計分卡等。

（一）標竿管理（Benchmarking）

　　標竿管理是一項透過衡量比較來提昇企業競爭的過程，是以卓越的組織作為學習的對象，透過持續改善過程，來強化本身的競爭優勢。依據美國生產力與品質中心（APQC）對標竿管理的定義，標

竿管理是一項有系統、持續性的評估過程，透過不斷地將組織流程與全球企業領導者相比較，以獲得協助改善營運績效的資訊。

一般說來，標竿管理和其他的管理工具一樣，都是在追求績效的改善，其具有以下特色：

1. 追求卓越：

標竿管理本身就是一個追求卓越的過程，會被其他企業選中來進行效法學習的組織，絕對是卓越超群的，普遍做法係藉由觀察、評估與比較，以分析有哪些做法可以實行到組織中，讓組織有顯著的成長與茁壯。

2. 流程再造：

由於標竿管理係著重於分析製造產品或提供服務的流程，並針對作業流程的弱項予以強化，將焦點放在過程改善，而非著重於結果，可有效幫助企業達成突破性的績效改善。

3. 持續改善：

所有管理工具都是在尋求提振組織績效的方法，而標竿管理強調持續改善的觀念，具有循環再生的特性，說明標竿管理不是一個短期的活動，也不是一次就完成的活動。

（二）全面品質管理（Total Quality Management ,TQM）

全面品質管制是由早期品質保證、品質管制、統計品質管制及全面品質管制等品質管理理念逐漸發展而來，原為生產製造業的管理理念，歷經約三十年之時間凝聚而成，其理論雖萌芽於美國，卻於日本生根，充分展現其適用性及成效，現在則推廣運用到各類組織，其運用於政府機關有下列特色：

1. 以客為尊：

提昇服務品質，滿足顧客需求，乃全面品質管理的首要之務。品質之良窳決定於顧客的滿意度，而顧客的滿意度亦為組織永續經營之要件，其具體的做法是針對顧客的需求，設計、提供理想的產品與服務，主要措施包括加強與顧客的

直接互動（如設立便捷之申訴管道）及蒐集資訊（如機關透過問卷調查、實地訪查或舉辦座談會等方式），以瞭解顧客的期望，再將所得資訊（客觀之事實及數據）作為決策及管理之參考，以制定符合顧客需求之政策。

2. 持續改善：

全面品質管理堅持必須經常檢驗技術程序與行政手續，以尋求更好的改善品質之方法。機關內部為追求品質提升，必須訂定標準化之作業流程，如行政機關內部之管理規則或作業守則等，且須持續的檢討改善，以期縮短作業時程或改進不合時宜、不便民之行政手續，提昇服務品質。

3. 團隊精神：

機關內部各相關單位之設置，主要是基於相互協調合作、有效運用資源之考量而來，如各單位堅持本位主義，則整體系統勢必無法有效運用，造成資源的浪費，故各機關應以全員參與之方式。設計資源共享的解決方案，來克服及超越層級節制與部門分工的藩籬，共同分享工作責任與工作成果。

（三）六標準差（Six Sigma）

六標準差是一種邏輯理念及改善手法，運用策略、文化改變及各種管理與統計工具，達到顧客滿意、成本降低、增加利潤及追求完美之目標。原運用在產品生產線的品管上，現已從過程管理提昇到事前規劃、講求即時的資訊、即時的修正，以追求最小的錯誤與浪費。

六標準差應用的模式即是以流程為導向，著重於流程關鍵輸入的控制，而達到輸出想要的越多越好。推動六標準差過程最常見步驟為界定（Define）、衡量（Measure）、分析（Analyze）、改進（Improve）及控制（Control），又稱為DMAIC。

1. 界定：定義高品質的必要條件，指顧客對於一項產品或交易流程感到滿意之必要條件。

2. 衡量：瞭解現狀與顧客間的差距，找出關鍵流程所造成的缺失。

3. 分析：瞭解流程造成失誤原因及關鍵變數。

4. 改進：找出關鍵變數最大容忍範圍，修正流程使其保持在可接受的範圍內。

5. 控制：將改善的成果持續維持下去。

（四）作業基礎成本制度（Activity-Based Costing, ABC）

作業基礎成本制度是由管理會計學衍生的重要管理工具，有別於傳統的成本會計，傳統的會計制度往往只能幫助財務部門監控營運活動及估算存貨的價值，對於企業流程改善及前瞻性經營脈動較難掌握。作業基礎成本制度係以企業的作業活動為基礎，根據企業的支出與預算，將資源分配至各項作業上，將成本歸屬到適當的作業活動，不僅是成本計算方法，亦針對企業作業流程與績效衡量分析，找出流程改善與成本抑減，以取得較佳競爭優勢，使企業得以提昇服務價值與增加利潤。

（五）平衡計分卡（Balanced Scorecard, BSC）

平衡計分卡是1990年由Kaplan與Norton首創，自發表迄今十餘年，已廣為企業界使用，據《哈佛商業評論》評定平衡計分卡為過去七十五年來最具影響力的企業管理觀念之一，另依據Fortune雜誌的全球一千大企業中至少有40%導入平衡計分卡，且比率仍在持續增加。Kaplan與Norton（1992）於哈佛管理評論上指出，平衡計分卡將企業制定的策略與關鍵性績效評估指標相互結合，能在長期與短期目標下，對財務性與非財務性、外部構面與內部構面，落後指標與領先指標及主觀面與客觀面等具體績效指標間取得平衡之策略性管理工具。

平衡計分卡運用最大的意義，在於策略規劃與績效評估結合、前瞻與成長指標引導組織發展、發展策略地圖鏈結組織、部門及個

人的目標與行動。平衡計分卡不僅是績效衡量制度，更是衡量策略的制度，Kaplan與Norton（2000）提出建構策略核心組織的五大基本法則，將策略轉化為執行面的語言、以策略為核心整合組織資源、將策略落實為每個人的日常工作、讓策略成為持續性的循環流程及由高階領導帶動變革等，成功運用平衡計分卡貫徹組織策略，並化策略為實踐的力量。

不同於營利事業，政府機構較不曾將財務面的成果，視為最後的目標，財務面只是基本要求或保健因子。政府機構是將顧客面置於最重要之地位，又將焦點集中在達成提昇社會公益的崇高使命與理想上。因此，需針對平衡計分卡的架構做一修正，主要在提昇機構之使命和顧客面的重要性，降低財務面的影響力（吳安妮，民93年）。

1. 機構使命：

    政府機關應將其長期性的使命置於計分卡的頂端，以作為最高指導原則。並衡量其成功與否，如此才有助於組織長期使命的達成及落實。

2. 顧客構面：

    對於政府機關而言，服務之對象為民眾，因此政府機構必須致力地達成民眾的期望，為民眾創造最高之價值及福祉。

3. 財務構面：對於政府機構而言，經費之提供者為納稅義務人（包括企業及個人），為了維持及確保經費之持續投入，政府機構得重視納稅義務人的權利。就政府機構而言，在顧客及財務構面的主體皆為民眾，所以政府得盡全力地創造民眾之利益為宜。

4. 內部程序構面：

    為滿足顧客面以及財務責任面的目標，政府機關必須在業務運作流程上表現卓越，例如：強化服務品質、效率、時間及彈性等。

5. 學習成長構面：

    學習與成長構面為其他三個構面的目標，提供了基礎架構，是驅使前面三個構面獲致卓越成果的動力。又員工能力

及資訊系統的強化，及組織氣候之建立等，皆為學習成長構面之主要內容。

二、績效評估的方法

目前績效評估運用方法眾多，諸如指標法、民意調查法、成本效益分析法、迴歸分析法及效果追蹤法等，其中公部門績效評估最常用為指標法及民意調查法兩種。

（一）指標法

係針對整體和分項目標分別以數量化指標來代表，俾便衡量目標實現程度。指標法之運用，首先應確定績效目標值與衡量指標，尋找指標時應注意所有指標能否周延的表現評估目的與對象，並分別針對各項指標賦予權數俾便進行計算，作為績效評估的依據。指標法屬一般性的方法，其適用範圍較廣，幾乎其他的評估模式與方法均可透過指標之建立以為分析之基礎。

指標法運用於組織績效主要為評估年度組織績效目標的達成度，各機關擬定策略績效目標及衡量指標時，應按年度分列年度績效目標值與衡量指標，作為年度終了績效評估的依據。另運用於政策（計畫）績效為評估個別年度施政計畫目標的達成度，各機關擬定個別計畫時，應同時提出具體目標及可衡量的指標，作為年度終了該計畫執行績效評估的依據。

（二）民意調查法

現代政府施政均以民意取向為依歸，適時有效運用民意調查法，可以獲得正確的民意取向，對於施政的成功實具決定性之影響力。民意調查法除可以協助設定較符合實際需要之施政目標外，並可於計畫執行過程中幫助瞭解執行情形，俾進行必要之修正，同時對於施政成果方可以經由此法得到較符合實際之評估，提供計畫執

行者與計畫執行對象一個良好的溝通管道，經此管道可以使執行者更貼切明瞭民眾之具體需求，而民眾亦可以適時有效表達其需求與支持。

　　民意調查法運用於組織績效主要為評估社會或民眾對某機關年度績效的滿意度，根據各機關年度重點施政設計問卷，採取電話隨機抽樣調查方法，以瞭解民眾對各機關績效表現的看法。另運用於政策（計畫）績效為評估社會或民眾對其機關政策（計畫）的滿意度，根據特定政策（計畫）內容及性質設計問卷，針對其標的團體或個人進行調查。以瞭解其對該政策（計畫）執行績效的看法。

肆、績效評估指標建立

一、評估指標建立概念

　　Carter、Klein & Day（1992）引用系統論的觀點，認為績效管理模式在概念可從投入、過程、產出、結果四個層面加以分析，投入係指組織活動所需資源；過程係指投入之資源轉換為產出的活動；產出係指組織活動所製造出的財貨與服務；結果係指產出對接受者產生的衝擊與影響。

　　王毓仁（2000）引用Talbot建構的公共績效模型。認為組織績效的建構在概念上可分為兩大層次，一為組織本身的活動，即投入與產出的過程；二為組織標的對象，即對服務接受者所產生的影響與效果。而評估的焦點在於：（一）投入成本的經濟問題；（二）投入與產出的效率問題；（三）過程是否合法與公平；（四）投入與產出及結果的效能問題。

　　一個好的績效指標要能鑑別受評者績效之好壞，呈現真實之狀況。理想的績效指標Jackson（1998）認為應符合下列標準：
(一) 一致性：衡量時在時間及標準上應有相同的基礎。
(二) 明確性：指標應定義明確且易於瞭解。
(三) 可比較性：衡量結果可以比較優劣。

(四) 可以控制：衡量範圍須主政者可控制的職權範圍。

(五) 權變性：指標須考慮內外在環境的差異性，並隨環境變化做適當調整。

(六) 有限性：指標須有一定的範圍且集中在有限數量指標上。

(七) 廣博性：指標須涵蓋管理的所有面向。

(八) 相關性：指標所使用的資訊須正確且能衡量出特定的需求與情境。

(九) 可行性：指標能為各級成員接受，符合組織文化。

　　除上述原則之外，Rose & Lawton（1999）認為良好績效指標尚需具備信度、效度、時限性、敏感性與成本效益。

　　績效指標的選擇與設計因環境、任務及組織類型不同而有差異，基本上，指標具有下列幾種類型：（范祥偉，2000）

(一) 計量性指標與非計量性指標。

(二) 共同性指標與個別性指標。

(三) 一般性指標與特別性指標。

(四) 正向指標與逆向指標。

(五) 落後指標與領先指標。

二、指標建立過程

　　管理體系的起點始於宏觀的組織願景，而該願景必須透過有效管理體系，逐層展開為組織內每一分子的行動，使得行動能一致及整合，以支持組織願景的達成。

（一）組織願景

　　組織的願景係描繪組織未來的藍圖與方向，使組織內的成員瞭解如何貢獻己力，以支持組織願景的實現。共同願景是任何組織永續發展的關鍵要素，組織沒有願景，便會欠缺衝勁力與生命力，僅能以滿足現況為目標，無法創造組織的發展生機。

（二）策略目標

策略目標是一個能夠兼顧機關本身特性與外在環境變遷的目標，它是幫助組織競爭力提昇的羅盤；因此，策略目標不能成為講求對仗工整、辭藻華麗而毫無意義的文字遊戲。

依政策目標階層體系區分，目標可分為機關總目標、部門主目標及單位分目標，機關總目標係指一項政策或計畫的總體性與策略性的目標，它指出一項公共政策或計畫的大方向，表現出該組織的總體任務與職掌，總目標設定必須是宏觀性、前瞻性及整體性，具有引導組織發展的功能；部門主目標係屬總目標下一個層級，二者具有隸屬關係，通常總目標下可以有幾個主目標，視政策內容與組織任務而定；單位分目標係屬主目標下一個層級，同樣三者間具有隸屬關係。

其次，為創造組織整體的成效，各部門（單位）應依機關總目標（部門主目標）擬定各層級目標、衡量指標及運作方式，並界定各部門（單位）間的目標關聯性及整合，俾使執行的活動有一致性的認知與優先順序的遵循。

（三）行動方案

政府機關大多透過專案方式來進行資源分配及成效控管，為達成組織策略目標，擬訂具體政策、方案或實施計畫來推動，藉由方案及計畫的推展，將策略目標向下推展至單位及個人日常工作。

（四）個人目標

為使策略對員工產生真正的意義，個人目標與組織目標、部門（單位）目標必須結合，同質性較高的組織可設定共通性的衡量指標與目標，但複雜度較高的組織，可將組織策略目標與員工充分溝

通分享，讓各單位及個人在組織整體的策略目標下，依據各自可以對組織產生的貢獻設定個人目標。

伍、現行公部門績效評估技術與指標建構

一、組織指標建立方法與原則

（一）行政機關施政績效評估

行政院於民國四十年公布實施行政院所屬機關考成辦法，開始運用考成機制來評核各機關施政績效，多年來，為因應國家建設及發展需要，均歷經多次的變革及修正，自九十年起，更參考美國政府績效與成果法規劃設計，特別函頒行政院所屬各機關施政績效評估要點，並自九十一年起開始推動是項績效評核制度。

1. 策略績效目標訂定

施政績效評估之目的在於簡化組織流程、提昇顧客服務、強化組織學習、落實總量管制、提昇成本效能，進而全面提昇行政效能，因此，各機關依前述之概念，由首長召集內部單位與所屬機關（必要時得邀請專家學者）、顧客代表成立任務編組，採目標管理及全員參與方式，規劃機關整體發展願景，再據以訂定「業務」、「人力」、「經費」三面向策略績效目標，其中業務面為各機關依組織及業務特性所定之執行目標；人力面向為合理調整機關員額，建立活力政府目標；經費面向為節約政府支出，合理分配資源目標。各機關所訂策略績效目標總數目為五至十項，人力及經費面向之策略績效目標各一項，業務面向之策略績效目標為三至八項，倘若機關業務性質較為特殊者得酌予增減。

策略績效目標訂定應具備代表性（可涵蓋機關重點業務推動成果）、客觀性（可依客觀方式加以評估）、量化性（可具體衡

量）、穩定性為原則，且在訂定目標值時應力求挑戰性、適切性，並提出可供比較之基礎資料，俾利衡量施政績效良窳。

2. 衡量指標訂定

衡量指標係作為衡量策略績效目標的依據，因此，每項策略績效目標皆需訂定至少一項衡量指標作為評估依據，業務面向之各項策略績效目標所訂定衡量指標（共同性指標或個別性指標），由各機關依實施需要自行訂定，惟該面向所有衡量指標中，共同性指標（行政效率、服務效能）皆需訂定各一項，人力面向之策略績效目標需以「人力資源發展」（共同性指標）為其衡量指標、經費面向之策略績效目標需以「預算成本效益」（共同性指標）為其衡量指標。另為因應全球化趨勢，使政府之施政與國際接軌，提昇國家競爭力，各機關亦得依據瑞士洛桑管理學院（IMD）、日內瓦世界經濟論壇（WEF）、英國經濟學人中心（EIU）等國際競爭力研究機構所發布世界競爭力報告（資料）之各類國際競爭力評比指標，擇選與其組織任務及業務性質相關項目，採納列為機關之衡量指標。各機關擬定衡量指標應一併敘明評估體制（指實際評估作業由特定之任務編組，或者運用既有之組織架構，或是透過第三者等方式負責運行）、評估方式及衡量標準，俾能從事比較作業，衡量目標實現程度。

（二）研究機構績效評鑑

政府每年均編列相當龐大的預算補助或委託學術研究機關進行基礎或運用科技學術研究，由於研究機構及學術領域之研究有其特殊性，必須依據其性質運用不同指標進行評估，而常用的指標包括發展計畫、管理制度、人力素質、研究成果等四項評鑑指標，再依大項指標區分中項指標及細項指標。

評估方式除發展計畫、管理制度由專家審查相關資料，分別依各細項指標評分，其餘項目採由量化資料直接轉換成最後的評分，以評定各項評等及認證等第。

（三）行政法人機構績效評估

　　隨著社會的變遷，政府相關的管制逐漸鬆綁，部分施政事項可透過行政法人機構代為執行，可藉由行政法人機關提出發展目標、計畫與年度營運（業務）計畫，經行政法人董（理）事會審議後，送監督機關備查後執行。

　　年度結束後，根據其年度營運計畫評估其績效，評鑑程序分為自評、複評及核定等三階段，由行政法人董（理）事會自評，自評結果由各行政法人績效評鑑委員會進行複評，再送請監督機關核定，並送行政院備查。

　　各監督機關於核定後上網公告年度營運（業務）績效報告及評核意見，以接受輿論監督，並依據績效成果，核發下年度經費或為其他處置。

（四）國營事業績效評估

　　國營事業的性質與一般民間企業及行政機關不同，其經營的目的除與一般企業一樣必須達成營業利益外，尚必須兼顧政府所賦予之政策目標的達成，所以其採取的績效評估指標，除了一般企業的經營績效指標外，尚須包括配合政府之政策指標，現行國營事業指標項目依據國營事業工作考成辦法規定，包含業務經營、財務管理、生產管理、人事管理、企劃管理、環境保護及工業安全、國家政策之配合及社會責任等七大項，各機關再依據機關組織及業務特性訂定衡量標準及權數。

　　年度開始前，由各國營事業提出年度經營績效指標與評核標準，經由主管機關及行政院認可後作為年度評核的依據；年度結束後，經由各國營事業機構自評、主管機關初核到行政院複核，評估結果作為各事業機構員工績效獎金核發及獎勵的依據。

二、政策（計畫）指標建立方法與原則

自九十年度開始，行政院採用三級列管、管考一元化作法，將行政院每年二十多項施政計畫依重要性區分為由院列管、部會列管及由部會所屬機關自行列管三級列管，其中由院列管計畫評核項目依行政院所屬各機關施政計畫評核要點相關規定，分為共同指標及個別指標二部分，各占評分權數的五十。

（一）共同項目

評核指標共同項目係指每項施政計畫相同的評比項目，可衡量其在共同作為上之良窳，項目權重代表其重要性，其項目可分為計畫作為、計畫執行、經費運用及行政作業等四大項目。為更加深入衡量各大項目，在其項下又分為數個細項指標。

（二）個別項目

評核指標個別項目代表計畫的特性，各機關應依計畫性質自行訂定個別項目衡量標準，其中目標達成度（權重30%至50%）為必訂項目，應依年度目標自訂衡量標準與配分權數，如有多項目標或有分項目標者應逐項訂定。

由於行政機關組織及業務性質不同，所適用的指標亦不相同，無一體適用之指標，因而授與各機關自訂項目的選擇，俾客觀衡量計畫執行績效。

三、個人績效指標建立方法與原則

行政院為強化績效管理制度，提高為民服務及施政品質，鼓勵機關增進施政效能，於九十年九月二十四日核定行政院暨所屬各級行政機關績效獎金實施計畫，並自九十二年全面實施。績效獎金實施計畫評核方式分為團體績效評核及個人績效評核，其中團體績效

評核係依據其施政計畫擬定施政總目標、績效目標及績效評核指標，並選擇使用行政院所屬各機關施政績效評估要點之績效評估工具或其他績效管理工具（如目標管理），就其內部一級單位及其所屬機關間之績效完成評比分等；個人績效評核部分係依據其各單位績效目標分列所屬員工之個人工作項目，並依公務人員考績法及行政院暨所屬各機關公務人員平時考核要點之規定覈實辦理平時考核，據以發給個人績效獎金，或有特殊績效者即時發給個人績效獎金。

團體績效評核作業流程係於年度開始前與進行初設定單位績效目標（包含策略目的、具體做法及評核指標）、評核項目及填具單位績效目標評核表，並提送績效評估委員會就各項目標之挑戰性進行評比，藉由標竿尺規之評比，獲致相對客觀之挑戰性分數。年度進行中定期檢查目標執行進度、檢討目標之合宜性並進行修正，確保績效目標之適當性、合宜性與可行性。年度終了，就各項績效目標進行自評及複評作業，並簽請首長核定成績，完成各單位評比分等，依據各單位績效評核成績，分三級以上等第發放單位績效獎金及評定各單位年終考績考列甲等人數比例。

陸、未來政府績效評估之構思

一、建置整體績效評估制度

完整的績效管理制度必須能夠串聯機關整體績效、內部單位績效及個人績效，現行公部門評估制度區分為組織績效、政策（計畫）績效、內部單位績效及個人績效，四者間已有部分聯結，尚未建構完整之隸屬或串聯之關係，未來宜依據組織整體發展願景，分析規劃組織策略目標及衡量指標，以策略為核心，整合各單位及個人的目標與活動，將各項資源聚焦於策略的推動，藉由策略的規劃、執行、衡量、回饋與修正等循環體系，貫徹組織策略，以落實機關總目標、單位目標及個人績效目標的達成。

二、強化中程施政與年度施政計畫之連動

中程施政計畫為政府施政中長期發展的基礎，年度施政計畫必須依據中程施政計畫進行規劃，兩者間存有層次與互動關係。而政府施政係在變動環境中推動，常因施政環境的變化，必須修正中程施政計畫並連動修正年度施政計畫。由於以往中程施政計畫之修訂時間、要件等原則未有明確律定，影響中程及年度施政計畫連動修正，為期制度順利推動，檢討修正每四年整體檢討滾進作業及每年第一季個別修正作業兩類，並分別訂定與年度施政計畫及施政績效評核作業時程之配合事項，其中每四年全面檢討中程施政計畫期程採於總統就職年，修訂未來四年之中程施政計畫方式辦理（如總統就職年為93年，中程施政計畫之期程設定則為94至97年度），每年第一季個案修正則參酌立法院預算審議及績效評核結果辦理。

三、國家競爭力與績效衡量指標的接軌

國家競爭優勢須長期累積培養，要精進國家競爭力需要長期間的努力，並非一蹴可幾，目前僅有十六個機關參採國際競爭力指標作為績效衡量指標，仍有部分機關未納入或僅納入少數幾項國際競爭力指標，未來應定期蒐集瑞士洛桑管理學院（IMD）、日內瓦世界經濟論壇（WEF）、英國經濟學人中心（EIU）等機構發布之國際競爭力指標最新評比資料，納入各機關績效衡量指標或擴大採用，並針對國家競爭力做長時間研究與追蹤，與施政績效制度結合，俾持續增進國家競爭力。

四、先進工具的運用

績效評估的方法在管理科學界已提出眾多的理論，並應用許多的企業及政府機關，傳統評估制度是從財務部門發展出來，這些制度難免偏向控制功能，對於外部環境變化、顧客滿意度、資源整合等較難掌握。近期發展平衡計分卡、六標準差及作業基礎成本制度等，已矯正過去偏向財務指標、組織內部及短期績效指標等缺失，

有效提昇經營管理績效。其次，由於網際網路及通訊科技的普及應用，對政府機關的組織運作及內部管理等都帶來很大的衝擊與影響，為提昇行政效能，政府也積極建置政府網際網路作業環境，推動政府資訊及服務上網工作，讓各機關能在共通的平台上作業及資訊共享，達到快速服務及降低行政成本的目的，不僅提高行政效率，也強化了政府決策的功能。

五、激勵制度的建立

績效評估必須與獎懲制度充分聯結，才能發揮激勵作用，現行機關績效評核係依據行政院所屬各機關施政績效評估要點辦理，而績效獎金制度係依行政院暨地方各級行政機關九十三年實施績效獎金計畫辦理，兩者目的雖均係提昇政府施政績效與國家競爭力，惟績效獎金制度偏向於機關之團體績效及個人績效評核，尚未完全與機關績效評估作業相聯結，以致降低績效評估制度推動成效，未來宜建立機關績效、內部單位績效及個人績效連結機制，並結合兩者作業時程，俾機關績效評核結果能有效、迅速達到激勵的效果，進而提昇機關施政績效。

柒、結語

公部門績效評估無法如企業以營業利潤為導向，且施政績效常無法於短期內顯現，加以影響績效因素眾多，客觀公正評估較為不易，惟尋求一套最有效評估方法，以提昇國家競爭力仍為世界各國不斷努力的方向。

公部門績效管理制度因涉及中程施政計畫、年度施政計畫、施政績效評核三項作業，目前在制度之建立與推動雖已逐步發揮功效，然面對國際間激烈的競爭，施政績效管理體系應與時俱進，除參酌過去推動之經驗外，應學習企業推動績效管理做法與績效管理理論的發展，不斷檢討修定相關法規及作業規範，以建構一套完整績效評估制度。

參考書目

一、中文部份

1. 王毓仁，〈公部門績效指標的設計與運用〉，人力發展 82 期（89 年 11 月），頁 35-45。

2. 邱昌泰，〈邁向績效導向的地方政府管理〉，研考雙月刊 26 卷 3 期（91 年 6 月）。

3. 《行政院所屬各機關施政績效評估管理作業手冊》，行政院研究發展考核委員會編印，92 年 12 月。

4. 《行政院暨地方各級行政機關九十二年實施績效獎金計畫標準作業程序參考手冊》，行政院人事行政局編印，92 年 4 月。

5. 吳安妮，〈平衡計分卡在公務機關實施之探討〉，政府績效評估，行政院研究發展考核委員會，93 年 1 月。

6. 林嘉誠，〈行政機關績效評估制度的推動與展望〉，研考雙月刊 27 卷 5 期（92 年 10 月）。

7. 林欣吾，〈研究機構評鑑指標之探討〉，政府績效評估，行政院研究發展考核委員會，93 年 1 月。

8. 范祥偉等，〈政府績效管理：分析架構與實務策略〉，行政評論 10 卷 1 期（89 年）。

9. 許士軍，〈走向創新時代的組織績效評估〉，績效評估，天下遠見出版股份有限公司，89 年。

10. 孫本初，《行政機關考成指標之研究》，行政院研究發展考核委員會，89 年 12 月。

11. 陳憲章，〈六標標準差之應用〉，政府績效評估，行政院研究發展考核委員會，93 年 1 月。

12. 管高岳，〈淺談政府機關如何落實全面品質管理〉，游於藝雙月刊，第十九期第三版（89 年 1 月）。

13. 鄒誠正，〈不同產業特性下的 ABC 模型設計〉，會計研究月刊第 220 期（92 年 3 月）。

14. 標竿管理網站 http://www.cme.org.tw/bm/index.htm。

二、英文部分

1. Bellamy, Christine (1998) Governing in the Information Age, Buckingham：Open University Press.
2. Becker, Markus C. (2001) "Management Dispersed Knowledge：Organization Problems, Managerial Strategies, and Their Effectiveness", Journal of Management Studies, 38 (7)：1037-1051
3. Bell, Daniel (1973) The Coming of Post-Industrial Society：A Venture in Social Forecasting, New York：Basic.
4. Burton-Jones, Alan (1999) The Rise of Knowledge Capital, Oxford University Press.
5. Beckman, T. (1997) Implementing the Knowledge Organization in Government, presented in the 10th National Conference on Federal Quality.
6. Castells, Manuel (1996) The Rise of the Network Society：Economy, Society and Culture, Massachsetts：Blackwell Publishers Ltd. ax
7. Dijk, Jan Van (1999) The Network Society, London：Sage Publications, Inc.
8. Drucker, F. Peter (1993) Post Capitalist Spciety, New York：HarperCollins
9. Freeman, Christopher、Perez, Carlota (1998) Technical Change and Economic Theory, London：Pinter publishers.
10. McDermott, Richard (2000) "Building a Support Structure for Your Communities", Knowledge Management Review, 3 (3)：5
11. Messner, Dirk (1997) The Network Society: Economic Development and International Competitiveness as Problems of Social Governance, London: Frank Cass Publishers.
12. OECD (1996) The Knowledge-Based Economy, Paris：OECD.
13. Paul Hirst and Graham Thompson (1999) Globalization in Question. Cambridge：Polity Press.
14. Peters, B. Guy、Pierre, John (1998) "Governance Without Government? Rethinking Public Administration", J-PART, 8 (2)：223-243.
15. Pierre, John (2000) Debating Governance, New York：Oxford.
16. Postman, Neil (1985) Amusing Ourselves to Death：Public Discourse in the Age of Show Business, New York：Penguin Books.

17. Rulke, Diane Liang、Zaheer, Srilata and Anderson, Marc H. (2000) "Sources of Managers' Knowledge of Organizational Capabilities", Organizational Behavior and Human Decision Processes, 82(1) : 134-149.
18. Sanchez, Ron (2001) "Knowledge management and organizational competence "New York: Oxford University Press.
19. Tapscott, Don (1996) The Digital Economy, U.S.A: McGraw-Hill.
20. Taylor, Allan (2000) From Know-How to Knowledge, London: The Industrial Society Robert Hyde House.
21. Tiwana, Anrit (2000) Knowledge Management Toolkit, Upper Saddle River: Prentice-Hall, Inc.
22. Webster, Frank (1995) Theories of the Information Society, New York: Routledge.
23. Zimmermann, K. N. (1999) "Knowledge Management in Government" In Knowledge Management Handbook by J. Liebowitz (ed.) , Washing, D. C.: CRC Press, pp. 16-1~16-10.
24. 2001 US competitiveness (2001) Washington, D.C.

【文章發表】

・本文原載於《國家政策季刊》第 3 卷第 2 期，2004 年。

第三篇　電子化政府

塑造數位行政文化，建立顧客導向型政府

壹、新世紀的新挑戰

隨著社會、經濟、科技、政治環境的快速變遷，政府的職能角色、組織管理、辦事方法，甚至是公務人員的觀念思維，也必須與時俱進，不斷的調整與更新，才能掌握社會的脈動，契合民眾的需求，因應環境的挑戰。在人類文明進入二十一世紀之關鍵時刻，台灣在經濟發展、兩岸關係、政黨政治、地方自治、社會福利及科技應用等各層面，都面臨了前所未有的嚴厲挑戰。台灣能否再次脫胎換骨，向上提昇，為世代子孫奠定永續經營的百年基業，端繫於全民能否團結，共同打拚。但是，作為新世紀領航者的政府，更是責無旁貸。新政府成立以來，社會各界對於政府效率及服務品質的提昇，有極為殷切的期盼；儘管政府致力推動組織、人力與服務及法制再造，但是改革的步伐、變革的幅度、革新的成果，似乎仍與民眾的要求有所落差。面臨新舊交替、磨合、轉型的關鍵時刻，身處歷史進程的轉捩點，我們必須以新思維加速政府再造工作。

陳總統在新世紀的第一日揭櫫了致力兩岸和解、追求政黨和解、改革金融體系、提昇政府效能、掃除黑金政治及推動人權立法等六大施政課題。為了提振公務員的士氣，讓政府所有公務人員更積極動起來，拿出具體的施政成果及高超的效率來恢復人民對政府的信心，行政院研考會訂於九十一年二月二十五日及二十六日辦理「全國行政革新會議」。這項會議將以「合理建構組織體制、有效運用公務人力資源、廣納民意及貫徹公權力」為主軸，針對當前最急迫的、最關鍵的行政組織重整、中央與地方關係、行政文化、法規創新及鬆綁、民意與政策制定、政策執行與評估、施政品質與為民服務、政策傳播等八項議題進行討論。這一次會議的召開，行政

部門要以負責任的態度，坦誠的、毫無保留的、一刀見骨的自我檢討缺失，並且對症下藥，提出真正具體可行的革新措施，以迎接新世紀的挑戰。

貳、新世紀的數位行政典範

「創新、品質、速度」，是數位時代企業競爭的標竿，也是新世紀數位行政的新典範。資訊及通訊科技的普及應用，對於政府組織、領導管理及為民服務工作，都帶來相當的衝擊與影響。台灣要脫胎換骨發展知識經濟，提昇國家競爭力，政府網路化的速度、深度及廣度，是主要的關鍵；政府把資訊及服務上網，不僅可以大幅革新內部作業，提供民眾更便捷的創新服務，亦可建立更靈活、精巧的政府組織體系，有效節省人力，降低行政成本；同時，政府網路化釋出的大量資訊，也可提供民間資訊產業再加值利用，進而帶動國內知識產業的發展。

行政院研考會三年前推動的電子化政府計畫，主要的重點在政府網路基礎環境的建設，雖然已經有一些成果，但是為了因應政府周休二日及網路社會的來臨，必須讓電子化政府儘速上路，才能讓民眾享受二十四小時的網路服務。行政院研考會於八十九年十二月向行政院提出新的電子化政府推動方案，這項計畫以四年為期，政府將在一年內推動各機關全面實施公文電子交換；二年內各機關全面上網；三年內完成公務員全面上網，具備網路應用能力；四年內政府機關自行上網查詢相關資料，不再要求民眾檢附戶籍或地籍謄本。在政府與政府間，我們要以電子公文及群組軟體把各機關串起來；在政府與企業間我們要以電子採購、電子支付、電子工商提供企業提昇競爭力的網路環境；在政府與民眾之間，我們要提供更簡單、更多樣的線上申辦服務。

透過電子化政府綿密的網路及便捷的線上資訊及服務，中央與地方政府之間、政府與企業之間、政府與民眾之間，才可以串連起來，利用網路來溝通、互動及交易，進而讓整個網路社會動起來。

為了讓民眾很容易的上網使用政府資訊及服務，行政院研考會於九十一年六月底設置政府入口網站，提供網路單一窗口的資料查詢及連結服務；也規劃結合各機關及民間的資源，致力縮短地理上、資訊上的偏遠所導致的數位落差問題；此外，為了讓所有公務員順利轉型為E時代的「網路公務員」，也推動相關教育訓練，塑造「知識分享」、「鼓勵創新」、「工作學習」等數位文化，並研擬e-learning的終身學習環境，以不斷提昇公務人員的專業能力，激發公務人員不斷創新進步的活力。以下將從組織、領導及服務三個層面說明數位行政的新典範。

一、數位行政的政府組織運作——更精巧、靈活、貼近民眾

面臨知識化、全球化、網路化及高競爭的新經濟時代，當政府角色從「管制者」轉變為「服務者」時，政府也必須以「顧客導向」進行組織改革，提高組織運作效率，迅速調整為更精巧、靈活、專業、彈性的服務型組織，才不致讓有龐大身軀的政府組織瞬時成為「資訊時代的恐龍」。藉由電子郵件、全球資訊網、流程軟體與即時知識系統等資訊科技所建構的數位行政系統，可以打破組織層級、地理位置或行政轄區的限制，讓政府資訊快速在各部門流通，提昇政府內外的溝通效率，並且授權第一線的人員當機立斷，立即滿足民眾的需求，不必再層層公文往返請示。以本會推動中的公文電子交換系統為例，各機關除了可以利用網路傳送公文，也可以打破組織層級的限制，將公文張貼在電子佈告欄系統，隨時讓七千多個行政機關自行上網閱覽及下載，公文不必再逐級層轉。

隨著政府網網相連環境的建立，網路已逐漸成為民眾跟政府打交道的重要管道，政府與民眾之間的互動，正從農業及工業時代的「政府在哪裡，民眾就到哪裡」，調整為「民眾在哪裡，政府就到哪裡」。例如，全國的戶政事務所皆已網路化，今後電子簽章法制建立後，政府可以設立「網路戶政所」，提供民眾各種線上申辦服

務。當「戶政網」而非「戶政所」進一步成為民眾與政府互動的主
要管道時，當役政資訊已經可以跟戶政資訊緊密結合時，當各機關
都可以從網路自已查詢戶籍資訊時，政府是否還需要設置大量的戶
役政人力，就可以從前瞻的眼光重新思維了。

二、數位行政之領導管理——領導政府知識工作者不斷學習及創新

　　在台灣朝向知識型社會發展的進程中，政府部門的領導及管理
者，也面臨前所未有的嚴厲挑戰；如何領導、驅動公務員轉型成為
「知識工作者」，並且不斷的學習與創新，建構一個知識型政府，
以引領知識社會的發展，樹立台灣知識經濟、社會、政治及文化的
「願景」作為全民努力的方向，將是新世紀領導者的重責大任。

　　美國哈佛大學在1998年3月發表的一份電子化政府研究報告，指
出數位時代的領導者有八項重要任務：策訂運用資訊科技改造組織
及工作的策略；運用資訊科技推動策略性的創新而非戰術性的自動
化；善用管理能力落實執行資訊科技應用計畫；整合民間及各界資
源改善資訊科技計畫所需的預算及財務問題；維護網路安全及保護
民眾隱私；促成政府與民間形成策略夥伴關係，促進數位經濟發
展；充分利用資訊科技促進公義及健全的社會；建構健全的環境，
促進電子民主的發展。

　　要成功扮演領導變革的角色，政府各階層的領導者、管理者及
工作者，不僅要善用科技提昇政府效率及服務品質，更必須因社會
的脈動及民眾的需求，改變工作內涵，重新及不斷學習新的工作技
巧，掌握及選擇正確的變革策略，並且將變革深植於行政文化，才
能成為跨世紀的新領導者。

三、數位行政服務——高價值、高滿意的創新服務

　　在網路經濟時代，所有行業都是服務業，政府也不例外。面臨
全球網路化的趨勢，服務才是決勝的條件，整合不同的企業組織資

源成為虛擬的服務體，為顧客提供整套的、完整的服務，成為網路經濟的主要商業模式。企業內部作業及外部服務流程與網路整合、自動化及合理化的程度，成為競爭力成功的關鍵。

　　從企業經營角度看，顧客要的價值就是「快速、簡單、正確、便宜」。當台灣已有六百萬的數位公民，當政府服務的企業都已大量網路化時，政府的服務也要立即同步變革及轉型，提供網路化的服務。參考企業推動電子商業的成功經驗，推展數位行政應該努力的目標如下：

（一）更快速的服務——為民眾創造時間價值

　　如果八〇年代的企業經營主題是「品質」，九〇年代是「企業再造」，公元兩千年之後的關鍵就是「速度」。數位時代是「毫秒必爭」的時代，時間是企業及民眾最有價值的資源。當「工作速度」、「服務速度」、「反應速度」、「變革速度」及「學習速度」成為企業競爭致勝的關鍵時，政府必須澈底改變、調整，甚至揚棄農業及工業時代「以政府為本位」的時間觀，全盤利用現代科技，簡化工作流程，加速服務的速度，提供企業及民眾「即時反應」的服務。是以，如何把「速度」融入公務人員的思維，讓政府人員的「節奏感」與「時間觀」能與企業及社會同步脈動，將是塑造數位行政文化的首要任務。

　　在數位時代裡，民眾才是政府服務品質及效率的界定者，民眾不會被動接受政府部門延遲、重複填寫資料、錯誤的處理流程。「技術沒有人就無法生效；人沒有技術就無法升級」，數位科技發達的結果，民眾對政府的期望也會跟著升級。台灣地區已經有約六百萬的數位公民，網際網路的便捷結果，民眾對政府的期望也隨著「向上提昇」；上網的民眾要求的不只是方便查詢取得政府資訊，他們要求的是立即的結果。當民眾習慣使用電子郵件、網路來跟政府打交道反映意見時，也就愈來愈不能忍受長久的等待，政府必須以一年當七年用的網路間觀來滿足民眾的需求。

　　由於經濟的突飛猛進，國人對於時間的觀念轉變，整體生活步調也加快許多。台灣在競爭激烈的全球經貿環境衝擊下，「朝九晚五」的傳統時間觀已隨著社會生活的型態而有所調整，加上政府全面實施周休二日，政府應加速網路化步伐，提供民眾二十四小時的服務，以便為企業及社會大眾創造時間價值。

（二）更簡單的服務

　　政府業務日愈龐雜，職能分工也愈複雜；對民眾來說政府是整體的，民眾認為是很簡單的同一件事，例如：開設商店、成立公司，或是土地使用變更等，卻必須往返不同的機關，分別辦理公司登記、營利事業登記、環保評估、公共衛生、水土保持等業務，一再重複填寫類似的資料，再經過層層的審核；這樣的服務效率或品質，絕對無法滿足數位經濟活動的需求。

　　為了提供民眾更簡單、輕鬆的服務，行政院研考會致力整合及串接人口、土地、監理、工商及稅務等系統，在當事人的同意及授權下，讓各機關透過網路查詢個人的戶籍及地籍資料，以達到書證謄本減量的目標；另外，籌建政府入口網站，希望民眾透過單一的網站連結，就可輕鬆得到完整的政府資訊及服務；同時，政府也在規劃利用網路及結合民間資源，開創新的政府「服務通路」，讓政府服務的觸角可以延伸到民眾有需要的地方；例如：政府可以研究利用中華電信公司規劃在全台灣普遍設置的「資訊服務站」（類似公用電腦）成為二十四小時政府服務的據點；利用手機上網查詢政府資訊；在網路上提供「網路公庫」服務，方便民眾交付學雜費及稅金規費等。

（三）自助式的服務

　　由於民眾資訊素養及網路能力的提昇，加以軟體「一點就通」的方便性，在「DIY」及「自行解決問題」潮流的帶動下，如果政

府能夠提供適當的誘因，只要將完整的資訊、明確的流程及操作簡單的軟體公布在網路上，民眾就可以自助的方式完成各種服務；例如，財政部近年來推動個人綜合所得稅、營業稅及營利事業所得稅網路申報服務，政府除了可以節省每年印製申報書及郵寄的費用，納稅人自行上網報稅，也可提高資料的正確性，大幅減少報稅資料處理的人力費用。自助式服務愈普及，政府的服務人力就可相對節省。

（四）「量身訂製」的個人化服務

「選項多」是全球網路客紛紛上亞馬遜書店購書的主要原因之一，其吸引顧客的最大特色乃是「應有盡有的服務選項」與「個人化」的服務，這也是電子化政府學習的標竿。社會多元發展的結果，在現代資訊及網路科技的協下，政府除了提供一般性的服務之外，應更進一步瞭解民眾對個人化服務的需求，提供「多元化」、「差異化」及「個人化」的服務，讓民眾有更多的服務選擇機會。例如，政府各種社會福利措施，都是由相關的部門各自處理，缺乏橫向的整合及資訊分享，如能重新設計作業流程，整合各項福利資訊系統，社會福利單位就可以針對不同個案的特殊需求，提供「以人為本位」的就醫、就學、就養及就業等量身訂作的個人化服務。

（五）高附加價值的服務

除了多元選擇外，如何提供民眾加值的服務，也是政府服務創新的重點。以往，政府有很多資訊無法即時交換流通，很多為民服務的流程無法連貫起來，只能一步一步的處理；網路政府不但可以將各機關的資訊串連起來，提供「一處交件，全程服務」，也可進一步提供高附加價值的服務。例如，民眾買新房子或搬新家時，如果到戶政事務所變更戶籍地址，政府也可以在民眾的同意及授權下，提供民眾變更地址的加值服務，將新的地址資訊，主動通知監

理單位或是水電瓦斯等公用事業,這樣民眾就不必再到各個單位一
一更改地址。

(六)參與式的服務

新經濟時代,企業與消費者的關係,是一種共生的、互動的關
係;企業最大的競爭力,不是產品、研發、銷售或價格,而是繫於
顧客,誰能善用顧客的智慧與意見,並與顧客共同創造價值,誰就
擁有競爭優勢。網路普及與政府資訊透明化的結果,政府與民眾的
關係,不再是單向的、固定的、被動的、靜態的關係,而是雙向
的、互動的關係;網路讓政府更容易與民眾建立關係,同時也為民
眾創造了一個更重要的角色:積極參與政府事務。進入顧客導向的
數位行政時代,政府也應學習企業「顧客關係管理」的概念,利用
網路廣開言路,加強與民眾直接溝通、蒐集意見、瞭解民眾對政府
施政的反應,讓民眾直接參與法規研訂及服務流程的設計,並且從
民眾的第一手意見回饋,不斷創新及改進政府的服務流程。此外,
政府也可學習企業的經驗,培養政府服務的網路社群,讓民眾幫助
民眾,讓民眾協助民眾解決問題。

參、數位時代的行政文化

一、向新經濟的企業文化學習

在今後的數位經濟競爭中,企業文化是致勝的重要關鍵。台積
電董事長張忠謀先生曾表示:「企業文化是企業的基石和靈魂,特
別是大型企業如果缺少了企業文化就難以凝聚團隊士氣、維持創
新。」Intel資深副總裁盧有澄指出該公司獨有的企業文化為:「鼓
勵個人實現公司整體的行為與價值」,這項獨特的企業文化乃是英
特爾公司成功之道;他把該公司的文化簡化為六個特質:以結果為
導向、著重紀律、鼓勵嘗試風險、品質至上、客戶第一、讓員工樂

在工作。英特爾公司以計畫式管理及企業文化實現卓越的經營，最主要的有三樣利器，分別是「建設性的對立」（公開問題，共同解決問題；鼓勵員工提出問題，鼓勵員工提出與主管不同的意見）、「績效管理」和「參與式決策」。另外，被稱譽為電子商務經營成功典範的亞馬遜網路商店，在創辦人貝佐斯（Bezos）的領導下，整個企業呈現出「團隊戰力」、「埋頭努力」、「智慧結晶」及「充滿服務熱情」的組織文化。上述成功企業的組織文化，都值得政府學習參考。

二、優質數位行政文化的塑造

比爾蓋茲在〈數位神經系統〉一書中指出：「我們現已具備建立數位神經系統所需的工具、系統線路的接駁和聚合功能，但是在實踐一間公司最高潛能的障礙上，則是職員們的陳舊思維、墨守成規的心態和抗拒創新的慣性。」我們無法把新科技和管理程序強加在尚未準備好的行政文化上，要進入數位行政時代，必須先孕育、塑造優質的數位文化，才能讓公務員的思巧模式與數位科技「接軌」。當台灣已經有六百萬的數位公民時，當大多數的企業將轉型為數位企業時，當企業必須面臨「毫秒必爭」的全球競爭壓力時，處於工業時代與數位時代新舊交替的公務員，必須調整價值觀，改變工作心態，樹立新行為準則，加速轉型為數位時代的「摩登公務員」，才能落實顧客導向型政府的建立。高科技，需要高思維，參考國際頂尖企業的組織文化，政府應透過人員教育訓練及終身學習，塑造下列的數位文化。

（一）知識分享的文化

當整個社會發展已經從製造經濟轉為服務經濟，知識工作者逐漸成為未來社會的主流。公務員也必須配合轉型為「知識工作者」，才能因應知識社會的發展。知識是一種流動的綜合體；其中包括結構化的經驗、價值，以及經過文字化的資訊，此外，也包合

專家獨到的見解。單獨的專門知識並無法發揮效益。知識工作者必須要融入團隊與組織，彼此分享資訊，才能打破「知識孤島」的現象，讓知識發揮「團隊戰力」。

網路加速普及的結果，進一步強化了資訊相流的深度與廣度，資訊的廉價、大量與方便取得特性，使得資訊更容易「均霑」。網網相連及四通八達的政府網路，為政府的知識工作者創造了潛在的、便捷的交流管道；透過電子郵件、群組軟體、網際網路、內部網路，政府機關不但能夠找到具備知識的員工，交流分享知識，也可協助其他機關需要這項專門知識的人，直接溝通或分享經驗，並且彙集政府集體的智慧來共同解決施政的問題。因此，如何鼓勵政府人員以開放的心胸，分享知識，將是建立數位文化要務。

（二）資訊公開的文化

政府資訊公開、透明化的程度是檢驗一個國家民主程度的重要指標。由於全球資訊網具備資訊快速流通、多方連結、無所不在的特性，加以傳播管道的多元化，無論政府、社會、媒體都法壟斷、限制或封鎖資訊的流通；因此，政府人員必須樹立「政府資訊是公共財」的價值觀，塑造資訊公開化、透明化機關文化，並且基於民眾及社會「知的權利」及「知識分享」的原則，在不違反國家安全及保護民眾隱私利益的前提下，依據行政程序法及政府資訊公開法相關規定，全力推動政府資訊公開工作。

（三）團隊合作的文化

工業時代的層級節制及壁壘分明的行政官僚體系，已經不足以因應今後數位時代的快速變遷。從頂尖成功企業的組織文化中，可以歸納出組織變革的趨勢，那就是：解構原有的官僚組織體系，水平分工，扁平層級，團隊合作，迅速回應市場。

　　企業為了生存競爭，結合現代通信網路發展成為「虛擬組織」，甚至是「變形蟲組織」；數位時代的政府組織運作，也要建立精巧靈活的「工作團隊」，發展團隊合作的數位文化，並且進一步利用群組軟體、全球資訊網、新聞討論群及公共論壇等數位工具，創造「跨部門的工作團隊」，大家可以彼此分享知識，即時利用彼此的觀念及經驗。今後數位行政的組織運作，就是要利用數位科技來強化政府內外溝通的效率，加速資訊流通及促進知識分享，並且建立以「解決問題」為導向的「協力合作」工作團隊。

（四）鼓勵創新的文化

　　在全球市場的競爭激烈，唯有效率及創新才能維繫企業的存續。數位行政的時代，政府部門的領導者也應從法規制度、領導管理、技術環境及績效考核等層面，建立「重視創新、鼓勵創新，獎賞創新、利用創新」的數位行政文化。讓現代的數位行政人員，都成為具備「三Q」（IQ、EQ及CQ，其中C代表creativity）的公務員。

（五）公開問題的文化

　　在英特爾公司「建設性的對立」的組織文化中，大家覺得：「遮蓋問題是無益的，因為問題不會自動消失，只會讓情況更糟。公開問題，相互檢討，共同解決，才是解決問題最好的方法。」在今天資訊發達，資訊公開、透明的數位時代，政府不能再獨佔及壟斷資訊，人民的眼睛是雪亮的，唯有公開問題，才能及早發現問題，解決問題。尤其行政程序法實施之後，政府作成任何的決策或制訂公共政策，必須公開化、透明化，建立程序正義。是以，政府建立「公開問題」的數位行政文化，不僅是回應及落實法律的要求，也是發展數位行政必然的結果。

（六）意見表達的文化

　　奇異公司的總裁Jack Welch曾說：「頂尖公司的生產力來自一群接受挑戰、充分獲得授權，受鼓舞而且會論功行賞的人，能認同組織並且積極參與行動。最重要的是能讓每一個人都有對公司的事務表達意見的機會」。在一般政府的會議場合，通常可以見下列的情景：在涉及較敏感及須負責任的問題討論時，機關與會人員都三緘其口，事事須再請示；即使勉強開口，也常語詞模糊，態度閃躲，政策模稜，造成很多會議都是「會而不議，議而不決，決而不行，行而不果」的現象。這種行政文化，正是阻礙求新進步的原因之一。在數位行政時代，政府必須建立意見充分表達的文化，將「每一個人都有表達意見的機會及權利」的消極文化，轉型為「表達意見是員工的基本責任，也是義務」的積極文化。同時，也要鼓勵公務人員「多元思考」，建立允許員工表達與領導者及管理者不同意見的文化。

（七）工作學習的文化

　　在知識社會裡，「工作就是學習，學習就是工作」。知識工作者的基礎是建立在「學習」之上，而不是「經驗」之上。新數位科技引發的知識爆炸及社會變遷加速的結果，知識工作者必須經常接受挑戰。是以，「終身學習」乃成為數位公務員的必備條件；政府部門的領導及管理者，也必須具備「領導學習」及「迅速學習」的能力。整個政府也必須孕育「樂在學習」及「團體學習」的行政文化。

　　拜現代數位科技之賜，「線上學習」或是「電子學習」的技術也日愈成熟，為了加速學習的效果，政府可以研究設置類似「網路文官學院」的機制，提供全國所有的公務員終身學習的環境，讓數位公務員「在學習中成長，在成長中學習」。

（八）積極進取的文化

在十倍速及分秒必爭的數位經濟時代，原地踏步就是落伍，進步緩慢也是落伍。在進入數位行政時代，必須扭轉公務員的心態及價值觀，樹立積極進取的行政文化。有人說「政府的公務人員就好像沒有釘頭的釘子一樣，釘得進去，拔不出來」，一般的公務員也抱有「多做多錯、少做少錯，不做不錯」的心態，我們應該以「多做多得，少做少得，不做不得」更積極的文化取代；再如，有人認為公務員有「錢多、事少、離家近」的工作文化，我們也應該把它調整為「錢少、事煩、真來勁」的文化，積極改變公務員的行為及心態。

（九）精緻細膩的文化

數位時代必須講求的精準、品質、效率、多元、及時、互動、聯結、團隊，在傳統的行政文化中，是見不到的。建構網路政府的全球資訊網、群組軟體、資料庫，必須以「平行處理」、「同步作業」及「立即反應」來處理複雜的數位資訊流；因此，政府的行政文化也必須提昇及轉型，建立強調工作品質的「精緻細膩」的數位行政文化。同時，也要嘗試建構一個「輕鬆的工作環境、嚴肅的工作氣氛、嚴謹的工作態度」嶄新的工作職場文化。

（十）全球思維的文化

四通八達及無遠弗屆的網路，任何人、任何公私組織及團體，只要連上網路，就可以跟世界上的其他人、組織、團體發生即時的互動關係；在世界已成地球村的運作體系下，國家的經濟、政治、社會運作，乃至生態環境，都難免受到全球化的影響或限制；因此，數位時代的政府領導及管理者，必須具備全球化的思考模式，

對於全球化的體制運作，應具備更敏銳的感覺及洞察力，有關政策、法規及管理制度的訂定，都必須與國際接軌。

肆、結語——堅定信念，努力實現

　　行政文化是政府的靈魂，也是驅動政府創新、進步的基石；公務人員的理念、價值觀、行為、心態及思考模式，則是落實建立顧客導向型政府的關鍵。假如每一位公務人員都能把為民服務當作是人生至高無上的價值，甚至是以「志工」的心態發揮服務的熱忱，並且把提昇競爭力當作是自我的突破與挑戰，致力於建立新的行政文化，樹立「尊重與關懷」、「守法與倫理」、「效率與品質」及「溝通與和諧」的新價值觀與使命感，建立積極、主動、負責的工作理念及態度，政府再造工作必能落實。

　　陳總統曾說：「有心就有力」，要讓政府積極動起來，我們不會再訂目標、唱口號，「捲起袖子，埋頭苦幹，堅定信念，努力實現」就是我們最好的實踐方法。創新進步的數位行政文化，不是一蹴可幾；顧客導向型政府的建立，也非瞬間可就。除了科技的引進及利用之外，政府有關部門必須從人事制度、領導作為、法規創新、教育訓練等各個層面配套共同努力，才能讓龐大的公務體系更積極動起來，期盼全體公務人員共體時艱，在歷史轉捩的關鍵時刻，以火熱的改革理念，共同為建立台灣永續經營的百年基業，全面啟動政府改革工作。

【文章發表】

・本文原載於《研考雙月刊》第 25 卷第 1 期，2001 年 2 月。

政府資訊建設與公義社會

壹、前言

　　近年來，網際網路及行動通信的普及應用，對於政府的組織運作、企業的營運管理、學校的教學研究及個人的日常生活，都產生相當的衝擊與影響。為了因應網路時代的來臨，政府自民國八十七年開始推動電子化政府計畫，建置政府網網相連環境，廣設政府網站，推動政府資訊及服務上網。政府資訊建設的成果，不但提高了行政效率，強化了決策功能，同時也啟動了政府改造的引線。簡言之，政府e化的結果，產生了三個e的效益，第一個e是提高行政效率（efficiency），第二個e是強化施政效能（effectiveness），第三個e是促進社會公平正義（equity）。

　　面臨二十一世紀網路時代的來臨，台灣必須大幅提昇國家總體競爭力，健全經濟體質，加速產業升級，建立全民參與的公民社會，充實民主社會的文明內涵，建立高度人文關懷的公義社會，才能鞏固既有的社經建設成果，體現台灣「永續經營、公平正義、安居樂業」的國家願景[1]，因應今後更為激烈的全球化競爭。

　　推動政府改造，發展電子化政府，提昇政府核心競爭力，是行政院研究發展考核委員會（以下簡稱研考會）的主要工作職掌之一，以下謹說明研考會推動政府資訊建設現況，並淺論如何運用政府資訊建設的成果，促進政府資訊公開、行政程序透明、強化民意自由表達能力、擴大民眾參與公共事務、建立廉政、促進市場公平

---

[1]　參考天下雜誌編輯，知本宣言：2020 願景台灣，刊於天下雜誌九十年六月第二四一期。

競爭、帶動社區營造發展及縮短數位落差，進而助益「公」與「義」理想公民社會的實踐[2]。

貳、政府資訊建設及應用現況

一、電子化政府推動緣起及發展現況

　　政府資訊建設始自民國五十年代，政府部門開始運用電子計算機處理國防及財稅業務。民國七十年代，財稅、金融、就業服務、公路監理、警政、戶（役）政、地政、醫療、貨物通關等大型行政資訊系統相繼建立，奠定了日後發展電子化政府的基礎。民國八十年代，隨著網際網路的普及應用，政府體認運用開放的、高速化的網路環境，提供民眾便捷的資訊及服務，是政府資訊建設的必然趨勢，爰責由行政院研考會於民國八十六年十一月擬訂「電子化／網路化政府中程推動計畫」（八十七至八十九年度）陳報行政院核定實施，致力建設政府骨幹網路、發展網路便民及行政應用、加速政府資訊流通、建立電子認證及網路安全機制等十項子計畫。上述四年計畫於民國八十九年十二月執行完竣，為進一步擴大電子化政府的應用層面，研考會復於民國九十年四月擬具「電子化政府推動方案」（九十至九十三年度）報奉行政院核定，期以四年為期，持續深化及擴大政府網路應用層面，進而帶動社會及產業電子化，提昇我國競爭力。

　　電子化政府是政府機關運用電腦網路系統，以及各種資訊服務設施（包括電話、網際網路、公用資訊服務站等），依機關、企業及民眾方便的時間、地點及方式，提供自動化服務之總體概念。簡言之，電子化政府是透過電腦網路系統，將政府機關、民眾及資訊串連起來，建立互動系統，讓政府資訊及服務更加方便，隨時隨地

---

[2] 本文所稱公義社會，除泛指公平與正義的社會之外，亦參考時報文教基金會辦理「公」與「義」系列研討會，瞿海源等與會學者專家提出應強調「公共參與」的建議，擴大公義社會的意涵。

可得，並且提供書證謄本減量、免填申請書表、一次辦妥及一地辦妥、線上申辦等各項創新服務。

電子化政府以達到政府「服務現代化」、「管理知識化」為總體目標，其具體內容是要：建立暢通及安全可信賴的資訊環境、促進政府機關和公務人員全面上網、全面實施公文電子交換、推動一千五百項政府申辦服務上網、推動政府資訊交換流通及簡化書證謄本作業。

為了評估電子化政府推動方案是否落實執行，研考會特別訂定機關網路環境（行政機關區域網路建置普及率、行政機關聯上網際網路普及率、行政機關全球資訊網站設置普及率）、公務人員運用網路能力（電子郵遞普及率、使用瀏覽器普及率）、機關資訊應用能力（公文電子交換普及率、網路申辦服務、書證謄本減量、電子表單）三大項指標作為評估績效的指標（詳細指標資料請至研考會網站下載，網址為www.rdec.gov.tw）。

為達成以上電子化政府目標，行政院研考會採行的推動策略如下：統籌政府骨幹網路服務，加強建設基礎環境，推動政府機關全面上網；提昇資訊應用程度，支援政府決策；推動標竿應用系統，帶動資訊應用普及；配合政府資訊公開制度，充實政府網路服務，落實單一窗口；照顧偏遠地區及資訊應用弱勢群體，縮短數位落差；配合地方自治，協助地方資訊發展；善用民間資源，擴大委外服務；尊重人性，以人為本，加強推廣公務人員e-learning，建立正確的資訊行為與價值觀，激發積極創新的活力。

二、政府網路建設及應用現況

高速寬頻、高涵蓋率、高品質及高安全的政府網路環境，是電子化政府的基礎。為加速各機關全面上網，提昇網路服務水準，促進政府資訊交換流通，強化政府網路管理及安全防護，降低政府網路建設及維運成本，行政院研考會於民國八十六年委託中華電信公司規劃建置政府專用之網際網路骨幹系統－政府網際服務網（GSN），作為各級政府機關發展為民服務、行政作業及專業應用

等資訊系統之共同基磐。歷經五年多的推廣，GSN已經快速發展，截至九十年十二月底止，GSN已有逾九千二百餘個撥接帳號使用者及三千四百五十八個固接用戶，介接的主機有一萬三千餘台，二千五百餘電子郵遞伺服器，約九百個全球資訊網伺服器，就網路的規模而言，是繼HiNet、TANet、SEEDNet後，國內第四大資訊服務提供者。

由於政府網際服務網提供各機關綿密、快速、便捷、經濟的網路骨幹服務，藉由網路資源的整體調配運用，大幅降低政府機關上網的門檻，加速政府機關網網相連的步伐，奠定電子化政府的基礎。

依據主計處提供的統計資料，截至89年12月，已有68.4%的機關建置區域網路，81.9%的機關已連上網際網路（包括固接及撥接上網），74.9%的機關已設立網站。同時，配合公文電子交換系統之推動，政府以「課股有信箱，訊息瞬間通」為目標，已建立公務機關電子郵遞服務基礎環境，並結合電子憑證簽章，確立可信賴之訊息傳遞機制，方便各機關以電子郵遞方式傳遞公務訊息。

為建立安全及可信賴的政府網路環境，研考會亦配合電子簽章法制的推動，致力推動電子認證及網路安全機制。民國八十七年二月由行政院研考會委託中華電信公司建置的政府憑證管理中心（GCA）正式啟用，提供各機關網路身分識別服務。截至民國九十年十一月，GCA已發放二十萬張電子憑證，提供網路報稅、電子公路監理、電子支付、電子採購及公文電子交換所需之電子認證服務。

此外，為了進一步增進政府與各界的溝通效率，研考會自八十九年七月開始推動以網路傳送及交換公文，中央至地方約有八千個政府機關（構）及學校將於民國九十年十二月全面實施公文電子交換；以民國九十年十二月為例，行政院所屬一級機關平均電子發文比例，已近百分之四十。在行政應用方面，電子採購、電子法規、電子人事、電子計畫管理、電子政府出版等網路服務系統也相繼完成。

在網路便民服務方面，電子報稅、電子公路監理、電子就業，電子工商、電子保健、電子公用事業服務等系統，正陸續建置，將

可提供「二十四小時不打烊」的創新服務。為了進一步擴大網路便民服務的功能，行政院研考會於九十年八月開始規劃建置整合型政府入口網站，於九十一年二月正式啟用，提供民眾一站到底的網路單一窗口服務。政府入口網站將在三年內對民眾提供一千五百項網路申辦服務，並透過「電子閘門」機制，促進各機關資訊交換及流通，推廣以跨機關聯線查詢、查驗方式減少戶籍及地籍等各種書證謄本的使用。

參、政府資訊建設與公義社會之契機

公平與正義是健康社會的基礎。「公」與「義」社會追求的目標是希望塑造一個合理的社會秩序，讓社會的每一個人都能夠有尊嚴地生活，人權能夠受到合理保障。

陳總統水扁在民國八十九年五月二十日就任中華民國第十任總統宣誓就職典禮上宣示：「除了鞏固民主的成果，推動政府的改造，提昇經濟的競爭力之外，新政府的首要施政目標應該是順應民意、厲行改革，讓這一塊土地上的人民生活得更有尊嚴、更有自信、更有品質。讓我們的社會不僅安全、和諧、富裕，也要符合公平正義。」因此，倡導人權，追求公平與正義的社會，不但是政府的重要施政主軸，也是政府無可逃避的責任。

公義社會的實踐，除了從政治、立法、經濟、司法、教育、文化等層面去努力體現之外，現代資訊科技強化了個人的資訊應用能力，改變了個人與政府之間的資訊不對等關係，讓人民力量可以充分展現。由於網路無遠弗屆、跨越時空、資訊快速傳遞的特性，讓人民能夠以更經濟、有效、創新的方式，即時取得大量及多元化的政府、經濟、社會、文化、環保、科技、醫療等各種資訊，提昇個人表達意見、參與公共事務、學習新知、發展社群的能力，進而啟動發展公義社會的契機。是以，美國哈佛大學在2000年3月發表的一份電子化政府研究報告（Eight Imperatives for Leaders in a Networked

World）指出：二十一世紀數位時代的領導者面臨的重大挑戰之一為：充分運用資訊科技促進公平的機會及健全的社會[3]。

資訊的普及，網路的便利，不僅有助於公義社會的建立，依據安德魯·夏比洛（Andrew Shapiro）的觀察及分析，新興科技對人類社會的最大衝擊是權力的重新分配[4]。他以「控制權革命」的角度分析新興科技可以幫助個人從政府、企業和媒體等大型組織中攫取權力，提高個人自主的程度，進而使個人可以施展一種全新的公民力量，讓個人可以在支配公共資源，行使國家權力，以及保護個人權益等方面，扮演更重要的角色。

以下謹說明電子化政府實際的建設成果，如何直接及間接推促公義社會的建立。

一、促成政府資訊公開

政府資訊公開及透明化程度，是檢驗一個國家民主程度的重要指標；政府資訊公開也是推動責任政治，提昇公民能力，促成公民參與公共事務的基石。基於民眾及社會知的權利，政府機關在不違反國家機密及保護民眾隱私等有關法規下，應依據行政程序法及行政資訊公開辦法（政府資訊公開法當時仍在立法院審議中）等相關規定，推動政府資訊公開。

依據行政程序法第四十四條規定：行政機關持有及保管之資訊，以公開為原則，限制為例外。另依第四十四條規定：除涉及國家機密者外，行政機關持有或保管之法規命令、行政指導有關文書、許（認）可條件之有關規定、施政計畫、業務統計及研究報告、預算及決算書、接受及支付補助金、合議制機關之會議紀錄，

---

[3] The Harvard Policy Group on Network-Enabled Services and Government at John F. Kennedy School of Government, Eight Imperatives for Leaders in a Network Word：Guidelines for 2000 Election and Beyoud, Cambridge, Massachusetts，March 2000，相關研究成果可至 www.ieg.ibm.com 下載。

[4] 參考 Andrew L. Shapiro 原著，劉靜怡譯《控制權革命》，The Control Revolution：How the Internet is Putting Individuals in Charge and Changing the World We Know（民 90 年），頁 234-236，台北市：城邦文化公司發行。

應主動公開。行政機關資訊之主動公開，應以刊載政府公報或其他適當之方式，適時公布。

　　依據行政程序法相關規定，網際網路及全球資訊網資訊快速流通、多方連結、無所不在的、方便存取的特性，應是公布政府資訊最經濟、簡便、有效的管道。政府、產業及社會全面e化的結果，讓民眾可以更方便、更快速地公開取得及利用更豐富、完整、平衡、多元的各種政府資訊，不僅有助於人民了解政府的施政，也有助於強化民眾對於政府施政成效的監督。

　　為了澈底落實政府資訊公開的政策，行政院研考會建置的政府入口網站於三年內將所有與服務民眾有關的資訊、法令、申請書表等全面上網，公開供民眾查詢及下載使用。同時，行政院研考會將推動政府全面設置網站，充實政府網站內容，以因應民眾對於高品質資訊的需求。依據行政院研考會於九十年九月二十五日至十一月三十日進行的「公務員對電子化政府的看法」民意調查報告結果[5]，86.5%受訪公務員表示該機關有連結至網際網路（其中屬二十四小時固接網者占77.4%），顯示政府機關網路化的程度已相當普及。

　　政府透過網路將大量的資訊公開，將有助於個人深入瞭解政府的公共政策、法令，將其政策主張、意見、價值及需求以電子郵件等更便捷的方式，輕易地表達給民意代表及政府的決策人員，並追蹤採行結果，澈底改變過去依賴民意代表及公務人員的專業知識及經驗制定公共政策、決定社會需求及分配公共資源的運作模式，進而體現以民意需求為依歸的責任政治及公民參與社會。依據交通部九十年三月「台灣地區民眾使用網際網路狀況」調查結果，有近六成（59.7%）的受訪者曾上過政府單位的網站，而上政府單位網站的目的以瀏覽或蒐集資訊比例最高，佔89.5%；上過政府單位網站的上網者中，有78.8%表示滿意（含非常滿意及還算滿意），表示不滿意（含非常不滿意及不太滿意）的有16.8%。至於民眾不滿意政府網站

---

[5]　本項調查訪問以行政院屬機關之公務員約 144,400 人為調查對象（排除特任官），共寄發 4,006 份問卷，回收有效問卷 2,465 份，回收率 61.5%，詳細調查結果資料請至研考會網站下載，網址為 WWW.RDEC.GOV.TW。

的原因以「服務項目或資訊內容太少」比例最高（47.4%），其次是
「資訊提供不即時（更新太慢）」（41.4%），再其次是「資料檢索
或查詢功能不完善」（24.2%）。此外，「網頁服務項目建構未完成
即上網」（17.9%）與「回覆民眾意見速度太慢」（17.0%）亦造成
民眾不滿。

　　為了進一步充實政府網站的內容，提昇服務品質以滿足民眾知
的需求，行政院研考會於九十年五月首次辦理政府網站評獎，以獎
勵方式評選五十三個績優政府機關，向社會大眾推薦及公開展示。
今後，行政院研考會將定期辦理政府網站評獎工作，並將政府網站
的服務品質，列為為民服務考核的重點項目。

二、行政程序透明化

　　為了保障人民權益，提高行政效能，增進人民對行政之信賴，
政府機關在做成行政處分、提供服務、締結行政契約、訂定法規命
令與行政規則、確定行政計畫、實施行政指導及處理陳情等行為，
應遵循公正、公開與民主之程序，確保依法行政之原則。因此，建
立行政程序公開及透明的治理文化，才能實踐公義社會。政府網路
化的結果，讓政府更有能力提供民眾正確及完整的資訊，促使服務
程序動化，並且保有完整的民眾與政府互動、交易過程的紀錄。民
眾也可以經由政府資訊公開及透明化，加深對政府施政理念和方式
的認知，使人民得以真正主導行政，真正落實「人民有權、政治有
能」的理想。

　　以行政院研考會建構中的政府入口網站為例，政府除了公布所
有與民眾相關的服務項目、法令、申請書表之外，將進一步整合各
機關的資訊系統，提供民眾透明化的及跨機關的申辦服務。民眾可
以進入網路上的單一窗口，隨時上網查詢申辦案件的處理進度、過
程及預定完成期限。再以財政部推動的通關網路作業為例，通關資
料全面上網，可以提供廠商物通關流程即時狀況；進出口人可隨時
以提單或報單號碼，查詢進出口貨物通關狀況，如有問題，可即時
與各關稅局單一窗口電話聯繫解決。

從上述實務作業的說明，政府網路化的結果，促成行政程序的透明化，不但有助於建立標準化作業程序，提昇作業效率，也有助於減少貪瀆不法情事。

三、強化民意自由表達能力

在現代化的民主社會，由於民智的提高，加上新興資訊科技賦予個人自由發言的能力，以及免於言論審查的疑慮，過去以精英政治及行政官僚為基礎的治理制度，將隨著網路時代的來臨而產生變革。

在今後的電子化政府運作中，民眾不僅是政府施政及服務的「接受者」，同時也是政府施政及服務的「共同決定者」。網際網路發達的結果，任何人、任何組織、任何團體都可以透公私組組設立或自設的網站，以極為低廉的成本，輕易地透過電子郵件、民意論壇、公共論壇等方式，表達及宣揚個人及團體的意見、需求及價值主張。網際網路提供了類似「網路肥皂箱」的機制，可以發揮個人言論自由廣場的功能。

例如，以關係國家資源是否合理分配的政策及法案制定為例，透過法務部的全國法規資料庫及立法院提供的即時立法資訊，民眾及企業不但可以得知各項法案的審查進度及法案內容，還可針對特定的需求，訂製個人化的電子報，並且透過網路論壇及結合社群，自由表達意見，對政府及立法部門形成壓力。

網路普及化增進民眾意見表達能力的結果，對於增進民眾對於公共事務的認知及關心，了解政府政策、施政理念及國家未來發展方向，並進行民眾價值及意見的溝通及相互認知，凝聚社會共識，落實主權在民的理想有相當正面的效益。

四、擴大民眾參與公共事務

透過民主的程序，把國家和政府的權力交還給人民，是當前民主改革的精髓所在。現階段的台灣社會，充滿活力的民間力量蓬勃發展，「大有為」政府的職能及角色已不斷在改變及調適。政府已從過去的「領導者」「管理者」變為「支援者」及「服務者」。政

府不是一切問題的答案，人民才是經濟發展與社會進步的原動力。因此，開放各種公共領域的事務，讓廣大的民眾參與，同時提供人民充足、多元的資訊及便捷的終身學習環境，提昇人民的自主能力，進而激發社會成員多元化的價值思考，塑造全民參與的公民社會，將是台灣向上提昇，進入二十一世紀的重要工作[6]。

從網際網路的發展及普及趨勢來看，「分散化」、「去中心化」、「多元化」及「個人化」的結果，可以讓人民為自己做出更多的選擇，進而打破人民與治理者之間資訊不對稱、能力不對稱及權力不對稱的關係。有些樂觀的學者甚至認為：網路可以促成「電子直接民主」。事實上，新興科技的確也帶來民意直接表達及參與公共事務的新契機。例如，在美國已經有些資訊服務業者研發網路投票的技術，並且在某些州（亞利桑納州）試行由公民直接網路投票抉擇公共事務。這項網路投票技術與並非一般常見的網路民意調查，而是以密碼技術所發展的電子投票及計票系統（e-voting），在技術上可以保證做到像傳統投票及驗票一樣的資料真確性、安全性、保密性、身分鑑別。是以，前述哈佛大學研究報告指出二十一世紀數位時代領導者的另一挑戰為：建構健全的環境，促進電子民主的發展。

以公共建設的興建為例，為了避免資源浪費，達成公平正義，假如主管機關能在計畫規劃階段即將有關的計畫內容、時間、地點、所需資源、預期效益、利弊分析、對於環境及景觀的可能影響及衝擊等相關資訊，公諸於政府網站，讓民眾可以輕易的獲得，公開表達自己的需求及價值主張，甚至進行政策辯論，對於政府公共建設規劃的妥適性、資源分配的合理性、執行進度的監督，將有正面的作用。目前，行政院研考會已經將有關行政院列管的重要政府施政計畫資料、計畫執行現況及實地查證報告、民意調查結果等資

---

[6]　參考黃武雄先生於八十九年總統府　國父紀念月會「公民社會與教育改革」專題報告資料。

訊公布在行政院研考會網站，希望有助於民眾了解政府的重大施政，並發揮民意監督的力量。

為了提供民眾參與公共事務的機會及管道，政府除了廣設網站、民意信箱之外，正大力推動提昇公務員使用電子郵件及全球資訊網的能力，進而提昇政府與民眾互動溝通的效率。依據前述行政院研考會的調查報告，82.8% 受訪公務員會使用E-mail，81.7% 受訪公務員會使用瀏覽器，顯示大部分的公務員已經成功轉型為現代的「網路公務員」，對於提昇政府與民眾互動溝通的效率將有相當助益。

五、建立廉能政府

建立廉能政府是追求公義社會的重要指標。要達到廉能政府，在消極方面政府除須加強行政公開和政策透明化之外，亦須加強制度化的監察力量，以防止不法及不當的貪瀆情事。在積極方面，政府必須加強政府改造，強化組織功能，提高行政效率，發揮政府應有的角色及功能。

政府網路普及建設及資訊發達的結果，不僅促進政府資訊公開、行政程序透明及利益迴避，配合電子簽章法制的建立及網路申辦服務機制的發展，今後網路將逐漸取代部分以人操作為主的服務櫃台，成為民眾與政府互動的重要管道；同時，進一步配合網路受理案件作業流程的透明化、任務隨機指派、線上自動審核及自動化的服務流程、透明的稽催管控，民眾不但可以得到政府一視同仁及機會均等的公平對待，進而可以減少黑箱作業及人為因素不當介入影響及干預的機會，對於決策的透明化、資源合理配置，發揮清明的作用。

以財政府部推動的海空運貨物全面通關自動化為例，進出口人或其委託之報關行、運輸業、倉儲業、快遞業者可於任何時間在自己辦公室以網路傳輸報關及通關資料、進行繳稅、查詢通關現況，同時可與經濟部及農委會等簽審機關聯線比對核銷單證，比對相符且抽中免驗者，不必再向海關提供書面報單與進出口許可或同意文

件。此項通關自動化作業，不僅大幅提高通關作業效率，透明化的作業亦可減少人為的不當影響。

六、促進市場公平競爭

公平、公正、公開的市場競爭機制，是追求公義社會的根本手段。政府每年龐大的採購市場，如何透過透明化的採購作業程序，提昇採購效率及品質，減少人為不當及不法的干預及介入，杜絕不法情事，促進市場自由、公平競爭，是建立廉能政府的首要任務。

近年來，行政院工程會為建立公平、公正及公開的採購環境，已建置完成「政府採購資訊公告系統」，並於網路上設置「政府採購資訊中心」，提供廠商透過網際網路查詢各政府機關之招標資訊，除了招標及決標公告外，尚包括拒絕往來廠商名單資料庫、公開徵求廠商提供參考資料及公開取得企劃書或書面報價等功。至九十年十一月止，各機關以公告方式辦理招標之招標公告計七十二萬餘件，平均每月上網查詢人數約三十萬人次，民眾利用本系統查詢資訊達八百四十三萬餘人次。除了採購資訊公告系統，工程會亦正建置電子領投標系統、廠商電子型錄及電子詢報價系統，對於健全採購市場秩序，促進市場公平競爭，有相當的助益。

七、推動社區營造發展

中央研究院李院長遠哲曾表示：世界的改革，要從草根性的社區做起。只要政府與民眾認同社區重建與社會發展，需要由下而上、權力下放，落實民間自主，自然能促進改革，逐步邁向一個公與義的社會[7]。近年來，民間自主力量興起，社區總體營造逐漸推展、社區大學逐漸興起，在在展現台灣社會旺盛的生命力及強大的民間力量。

---

[7] 參考李院長遠哲於民國 88 年 12 月 18 日應時報文教基金會邀請在「公與義社會－對廿一世紀台灣永續經營的主張」專題演講資料，相關資料可至 WWW.104LEARN.COM 查詢。

　　為了因應社區發展的資訊需求，行政院研考會一直致力推動讓政府資訊及服務向下紮根，深入基層社區。研考會曾試行結合民間資源推動「村村有電腦，里里上網路」計畫，推動村里便民網路服務點，建置村里便民服務站，並設立「網路新村里網站」，至九十一年已有超過六千五百個村里完成網頁基本資料建立。透過研考會建置的網站平台建立的各社區網站，使社區民眾可以獲知及交換社區事務的活動資訊，增進社區民眾主動參與社區公共事務的機會，而社區的領導者亦有機會透過社區網站，宣傳其社區發展理念，加強社區民眾對社區事務的認知、關心及參與，進而建立社區意識及凝聚社會生命同體。

　　此外，為了促進台灣各地區均衡發展，縮短城鄉之間差距，政府除了推動各項公共建設外，行政院研考會近年亦以「地域網路化」的理念，爭取擴大內需的經費，致力推動基層行政機關網路化，以提昇基層行政機關規劃、利用、管理社區內各項資源的治理能力。例如，透過國土資訊系統及地區性資料庫的建立，發展地方醫療、教育、防災、社會福利等資訊系統，以塑造一個更舒適的生活圈，達成社區內「人盡其才、地盡其利、物盡其用、貨暢其流」的理想，進而促進區域均衡發展，建立全民參與的公民社會。再如，九二一災後重建資訊網站及系統的建立，不僅有助於重建工作，亦有助於凝聚重建區的民眾意識，自行規劃解決重建工作。

八、縮短數位落差

　　政府推展網路建設的同時，對於因性別、年齡、地理、城鄉、族群、所得、教育程度不同，是否會影響人民有公平的資訊取用機會（equal access）及具備適當、足夠的資訊素養及基本資訊應用技能，公平享受資訊科技所帶來的生活及工作上的便利，以免在資訊社會中成為資訊相對弱勢，是政府建立公義社會必須嚴肅面對的重要政策課題。

　　依據交通部民國九十年三月「台灣地區民眾使用網際網路狀況」調查，目前已近834萬人曾使用過網際網路，佔全國人口的

37.5%，與上網人口數最高的美國比較，略低4%。在家庭上網率方面，有一半以上（56.1%）家庭曾經使用過網際網路，有上網的家庭，平均每個家庭有2.5個成員上網。另依據行政院研考會的委託研究結果，我國家戶電腦擁有率為72.9%，家戶網路連結率為58.8%，兩項e化的比率雖已達到一定的水準，相較歐美主要國家，亦不致落後太多，但是政府仍然特別要關注及解決台灣地區因地理區位、年齡、性別等因素導致的數位化差異。

　　為了改善及縮短數位落差的問題，行政院研考會近期正依據行政院NICI小組的決議，協調及統合各部會的相關計畫，並協調國家資訊通信發展推動小組（行政院NICI小組）爭取編列政府資訊建設計畫專案經費，整合「推動減少知識落差推動計畫」（內政部）、「加強偏遠地區中小學資訊教育計畫」（教育部）、「推動勞動階層資訊訓練計畫」（勞委會）、「推動農民終身學習計畫」（農委會）、「推動原住民接受資訊教育訓練計畫」（原民會）及「非政府組織人力運用與資訊化管理實施計畫」（青輔會）。行政院研考會將建置數位落差專屬網站，提供各界有關的訊息，並結合民間各界資源，加強資訊教育基礎建設，建立民眾終身學習管道，增加政府上網服務項目，落實網路生活化，鼓勵業界發展無障礙使用環境（如盲用電腦），普設公用資訊服務站，增加上網據及協助低收入家庭上網等工作，期能在建設綠色矽島的同時，提昇國人的資訊應用能力，積極轉化數位落差為數位機會，以提昇台灣的核心競爭力，實踐公義社會的理想。

肆、結語

　　今天台灣地區上網人口，已突破七百萬人，網際網路便捷化的結果，民眾對政府的期望也隨著「向上提昇」。推動政府資訊建設的主要意義，並不只是要引進新興的科技，讓各機關聯結成為一個可以立即傳達訊息、溝通意見、分享經驗及知識的數位神經系統，使政府組織轉型、升級成為更精巧、靈活、機動、彈性、效率、透

明化的組織運作體系，進而與企業、社會及民眾連網，以快速回應民眾的需求、有效處理瞬息萬變的新事務，強化各種危機處理能力。政府推展資訊建設更重要的意義是在：讓政府機關打破傳統的思考框架，因應公民社會的興起，以全新的視野重新思考政府的角色及職能，改變及改善政府與民眾之間的互動關係，以民眾的需求為依歸，致力建設公義的社會，豐富社會生活的內涵，增進民眾的福祉。

　　政府資訊建設的內涵及推動成果，開啟了發展公義社會的契機。但是，其推進公義社會的動力大小及變革幅度，是否誠如科技唯實論者的觀點：資訊及網路科技促成的權力關係改變及控制權革命，將有助於提昇個人的自主能力，營造社會共同生活社群，成為推促個人成長及社會進步的動力，抑或如科技悲觀論者主張的觀點：資訊過度個人化及市場化的結果，將使得社會愈來愈疏離及封閉，兩種發展的趨勢尚未得知；惟政府在推動網路建設，實踐公義社會的過程中，不可避免的仍必須扮演極重要的角色，解決網路社會發展的各種問題，才能推進社會朝公義方向發展，以增進民眾福祉。

參考書目

1. 行政院資訊發展推動小組編印（民 87 年），《八十七年度政府業務電腦化報告書：邁向二十一世紀的電子化政府》。
2. 行政院研考會（民 87 年），電子化／網路化政府中程計畫。
3. 行政院研考會（民 90 年），電子化政府推動方案。
4. 行政院研考會（民 72 年），全國行政資訊體系規劃報告。

【文章發表】

‧本文原載於《研考雙月刊》第 26 卷第 1 期，2002 年 2 月。

電子化政府的推動與展望

壹、前言

近幾年來，隨著資訊科技的進步，帶動電腦與網路的快速發展，而網際網路的普及更是對社會產生相當深遠的影響，其不但對人們的工作環境產生重大的變革，更直接改變人們的工作環境與生活方式。尤其在近十年來，全球資訊網（World Wide Web,WWW）更已在商業用途上造成一股熱潮，舉凡採購、銷售、行銷、供應鏈管理、商業訊息交換……等等商業行為，皆可透過網際網路電子商務的模式完成。除了商業上之交易之外，網際網路技術發展至今，透過網路提供多元化的服務也已逐步實現。

自從美國政府在1993年提出電子化政府計畫以來，為民眾提供電子化服務的相關計畫便不斷在世界各國政府間形成一股風潮，在寬頻網路與相關應用技術的普及下，網路快速、不限時間、不限地點的特性，提供了現代政府服務民眾的最佳管道，政府結合網路並利用資訊科技建構高效能的電子化政府，則已成為世界的趨勢；而全面實施政府e化、利用網路提供各種便捷、豐富多元且即時的資訊，創新政府服務流程，加強與民眾的溝通互動，降低服務成本，提昇施政決策品質，也以成為先進國家推動政府改造，提昇國家競爭力的主要策略。

為因應此一趨勢，行政院於八十六年起全面實施「電子化／網路化政府中程推動計畫」，計畫期間自八十七年至八十九年度，透過各機關之通力合作，順利完成階段性的基礎建設任務。為持續推動電子化政府建設，行政院研考會會同各機關於九十四年研定「電子化政府推動方案」（九十至九十三年），提報行政院九十年四月

十一日第二七二九次會通過實施。該方案勾勒出電子化政府的發展願景為：

(一) 運用資訊與通訊科技，一方面提高行政效能，提昇便民服務品質，支援政府再造，邁向知識型政府，另一方面公務處理將借助現代資訊及網路通信科技大幅改造，使得政府的組織更為精巧靈活，服務的速度更為快捷，時間更為延長，據點更為普及，選擇更為多樣，成本更為降低。

(二) 電子化政府要讓政府機關、企業及社會大眾可以在任何時間、任何地點、透過多種管道很方便地得到政府的各項服務，包括查詢資訊、申辦等，並且要提供政府創新的服務，例如「免書證謄本」、「免填申請書表」、「無紙化申辦」、「單一窗口」、「多據點、多管道、二十四小時服務」、「服務到家」等。

貳、電子化政府涵義

一、電子化政府之總體概念

電子化政府是指「透過資訊與通訊科技，將政府機關、民眾及資訊相連在一起，建立互動系統，讓政府資訊及服務更加方便，隨時隨地可得；電子化政府是建立一個與各界網網相連的資訊網路，把政府的公務處理及服務作業，從現在的人工作業及電腦作業轉為數位化及網路化作業，便利各界在任何時間、任何地點都可以經由網路查詢政府資訊、及時通訊，並且直接在網路上申報。」

電子化政府之總體概念如下：

(一) 就功能而言：

電子化政府是政府機關運用資訊與通信科技形成網網相連，並透過不同資訊服務設施（包括電話語音、自動提款機、網際網路、

公用資訊站等），對機關、企業及民眾在其方便時間、地點及方式下，提供自動化之服務。

（二）就業務而言：

電子化政府是延續過去業務電腦化、辦公室自動化及國土資訊之發展。

（三）就政策而言：

電子化政府是我國歷年推動行政革新、政府再造及綠色矽島等政策中重要之一環。

二、電子化政府演進

就如同網際網路服務之發展一般，電子化政府的演進可分為下列四個階段：

（一）階段一：政府資訊上網

政府機關藉由全球資訊網站的設置，將各類資訊於網站上呈現，而民眾則可直接於線上瀏覽、查詢或下載政府所提供的各類資訊（如政策、法令、相關行政與作業程序、採購資訊……等等）。本階段服務屬政府對民眾之單向作業，民眾無法直接透過線上方式與政府進行互動。

（二）階段二：透過網路與民眾進行互動

政府除了資訊之提供外，另提供與民眾互動之機制，如會員申請、線上意見提供等機制，本階段之電子化政府服務提供民眾簡易之線上申請作業，惟整個交易的完成仍須離線進行。即政府網站上

已提供申辦書表供民眾進行線上填寫與申請作業，惟民眾於線上申請完畢之後，仍須親臨櫃檯辦理相關後續之作業。

（三）階段三：透過網路進行單項業務之交易

本階段政府所提供之電子化服務為具交易性質之服務，民眾可以透過政府所提供之電子服務，於線上完成單項業務之申辦作業，而不必另外再親臨櫃檯辦理相關作業。本階段民眾可以透過線上完成單一機關業務之交易，但每一次僅能就該機關所負責之業務進行單項業務申辦之交易。

（四）階段四：電子化政府之整合服務

本階段政府所提供之電子化服務除具交易性質之外，所提供之服務亦為整合性之服務，民眾於線上進行申辦作業後，若該項申辦作業牽涉不同的政府機關，則將由系統根據流程自動派送至相關機關，民眾不必分別至各機關進行申辦作業，亦即民眾可以透過線上完成整合性之跨機關業務交易。

三、範圍

目前「電子化政府」之應用方向主要係應用資訊網路新科技推展資訊上網、電子申辦服務、電子報稅、電子商務、電子採購、電子支付、電子資料庫及政府數位出版、公用資訊站（kiosk）等應用，其主要範圍包含：

(一) 政府對人民（Government to Citizen, G2C）：以民眾需求為中心，提供民眾質量俱佳的網路申辦服務。

(二) 政府對企業（Government to Business, G2B）：以企業需求為中心，透過電子服務以協助企業之發展。

(三) 政府對政府（Government to Government, G2G）：藉著各政府機關跨機關（Cross-Agency）資料的分享與業務的協同合作，

以增進網路政府效能與效率，並得以對全體民眾、企業與政府單位提供高附加價值、整合式主動性的電子服務。

參、各國電子化政府之發展

一、美國

　　美國政府對聯邦政府預算及跨機關間運作管理執行之監督工作主要由美國總統執行辦公室內部之預算管理局（OMB）負責，自從美國政府於1993年提出電子化政府計畫以來，便持續針對電子化政府議題進行各項計畫之推動。例如：1995年預算管理局內主管資訊及法規事務辦公室，從減少紙張作業法案及資訊科技管理改革法案中得到特別授權，以監控各種聯邦政府資訊之相關活動；1996年7月16日預算管理局執行美國總統所下達編號13011之行政命令，成立資訊主管（CIO）協調委員會當作跨聯邦政府間之運作主體，以解決橫向之資訊相關事務。2001年8月預算管理局成立一跨聯邦政府機構之專案任務小組（Task Force），召集四十六個機關八十一位代表，規劃訂定電子化政府之願景與策略，並針對布希政府對電子化政府之初始規劃訂定行動方案，該計畫主要重點在對政府的業務流程進行檢驗，其並發現各機關不必要且重複的業務，是造成以民眾為中心之電子化政府服務之最大障礙，而聯邦政府只要以十八至二十四個月期間，專注在二十四項高效率、跨政府機關間且能整合機關業務的e化資訊投資，便能夠明顯改善服務，該二十四項服務包含：

1. USA服務（USE Services）
2. 休閒娛樂一站式服務（Recreation One-Stop）
3. EZ報稅（EZ Tax Filing）
4. 線上資格認定協助服務（Eligibility Assistance Online）
5. 線上貸款服務（Online Access for Loans）
6. 線上立法管理（Online Rulemaking Management）
7. 電子報稅（Expanding Electronic Tax Products for Businesses）

8. 聯邦資產交易（Federal Asset Sales）

9. 國際貿易流程精簡（International Trade Process Streamlining）

10. 商業法規一站式服務（One-Stop Business Compliance Information）

11. 整合健康保健資訊（Consolidated Health Informatics）

12. 地理空間資訊一站服務（Geospatial Information One-Stop）

13. 電子證照（E-Grants）

14. 災難協助與危機反應（Disaster Assistance and Crisis Reponse）

15. 無線公共安全互通通訊計畫（Wireless Public Safety Interoperable Communication Project）

16. 電子化重要紀錄（e-Vital）

17. 電子化教育訓練（e-Training）

18. 招募一站服務（Recruitment One stop）

19. 整合人力資源與e-機密資訊（Integrated Human Resources and e-Clearance）

20. 電子化薪資／人力資源（E-Payroll/HR, Payroll Processing Consolidation）

21. 電子化旅遊（e-Travel）

22. 資訊取得環境整合（Integrated acquisition Environment）

23. 電子化記錄管理（Electronic Records Management）

24. 電子認證（e-Authentication）

其他推動重點包含：

25. 達成連結所有民眾之目的：支援單一入口 FirstGov.gov 以存取整合超過兩萬聯邦政府的網站。

26. 達成跨政府間運作及創新：如推動聯邦政府公鑰基礎建設（Public Key Infrastructure, PKI），建立電子憑證機構橋接認證授權、建立知識管理機制、電子文件標準等等。

27. 建立存取安全信賴之資訊基礎建設：資訊科技安全評估最佳安全典範隱私權需求電腦事故及反應……等等。

28. 投資管理政策、實務與載具以促使改進政府之服務：資訊
　　經費規劃自行評估工具、資訊績效衡量基準、資訊經費規
　　劃最佳實例……等等。

二、新加坡

　　新加坡政府於2000年，發表了第一次新加坡e政府計畫（e-
Government Action Plan）以加強對公眾服務的服務效率及對服務的
擷取性作為計畫實施目的。從2000到2003年，約三年多的時間，新
加坡政府推出超過一千六百項線上公眾服務系統（public services
online）。透過新加坡政府單一入口網站eCitizen（http://www.ecitizen.
gov.sg/），共提供六十五項跨機關整合性e化服務及三百三十項單一
e化服務。其遠景在於建構單一政府入口網的服務平台「Many
Agencies, One Government」；透過電子化政府提供的整合性服務，
市民可享受方便、全面、不間斷（全年二十四小時無休）、快速及
有效率的線上服務。

　　摒除了過去各政府機關業務獨立（Agency-centric）的思維，新
加坡政府採用了顧客導向（customer-centric）的方法重新設計了線
上各項服務，並且整合了各機關的行政業務流程，提供了跨機關
（cross agency）、一站式（one-stop）的線上服務及入口網。如
OASIS（Online Application System for Integrated Service）及Online
Consultation Portal.

　　新加坡電子化政府第一階段執行計畫的基本架構以民眾
（G2C）、企業（G2B）及員工（G2E）為中心，並展開五大行動方
案及六大計畫：

（一）五大行動方案

1. 政府革新（Reinventing Government）
2. 提供整合性的服務（Delivering Integrated electronic services）
3. 主動及快速反應（Being proactive and responsive）

4. 使用電腦通訊建構服務新功能（Using ICT to build new capabilities and capacities）

5. 創新電腦通訊（Innovating with ICT）

（二）六大計畫

1. 建構知識環境（Knowledge-Based Workplace）
2. 提供電子服務（Electronic Services Delivery）
3. 引用新技術（Technology Experimentation）
4. 作業效率的提昇（Operational Efficiency Improvement）
5. 適合且實用的資訊通訊網路基礎建設（Adaptive and Robust Infocomm Infrastructure）
6. 資訊通信教育（Infocomm Education）

在新加坡電子化政府第一階段執行計畫達到具體成效並於2003年完成後。新加坡電子化政府第二階段執行計畫（2003-2006）持續被推動執行，其三大訴求如下：

（一）讓顧客高興（Delighted Customers）

以企業顧客至上的精神，強調電子化服務中顧客的便利性與容易使用。一方便除了繼續改善電子化服務的品質同時鼓勵更多的民眾上網來使用服務。

（二）連接市民（Connected Citizens）

新加坡政府希望藉由網路能讓民眾參與政府的施政計畫，表達市民的心聲。這樣的訴求不但使得民眾更容易瞭解政府的各項計畫，同時也達到政府與民眾互動的效果，更容易讓政府知道民眾的心聲與需求。

（三）網路政府（Networked Government）

　　藉著各政府機關跨機關（Cross-Agency）資料的分享與業務的協同合作，以增進網路政府效能與效率，並得以對全體民眾、企業與政府單位提供高附加價值、整合式主動性的電子服務。

　　以下為新加坡電子化政府第二階段執行計畫主要的推動策略及達成方法。

（一）快速及有效率的建構電子化服務

　　推動「大眾服務基礎建設PSi（Public Service infrastructure）」計畫。在此計畫中，共通元件如付款機制、認證授權、網路安全、資料登入將不必由各個政府機關自行興建，而編列於Psi計畫中統一建構。

（二）促進網路服務標準

　　新加坡政府推動廣義服務技術架構（Service-Wide Technical Architec,SWTA），作為達到網路政府（Networked Government）的重要關鍵基礎。此架構包含了業界網路標準、政府資訊通訊政策、規範及作業準則，以幫助各政府機關設計、獲得及管理各個ICT系統，並且幫助各個跨機關運作（inter-operability）及不同業務機關間資料的溝通與分享。

（三）提供一站式的網站與跨機關整合服務

　　在過去，若是企業欲設立公司，申請流程可能需經過不同的六個機關核發執照，在不同的機關填寫許多相同的基本資料與文件，耗時約八週才能完成。未來透過一站式的企業服務系統OSPEC （http://www.spinet.gov.sg/ospec）企業設立公司、申請證照與服務可透過單一的入口網（Portal），輸入一次資料及電子表單即可將過去八週的作業時間減少到兩週內。未來大型跨機關整合服務（Cross-agency integrated e-service）將陸續規劃建置，預計到2006年將推出至十二項。

三、芬蘭

芬蘭推動電子化政府的成功，近年來備受世界各國政府矚目。除了在世界經濟論壇（WEF-World Economics Forum）的準備成熟度指標（NRI-Networked Readiness Index）自2001-2002年的第三名，一躍而為2002-2003年的第一名。芬蘭在分項環境、準備度及使用度的指標，並分別名列第二、第二與第一。此外，芬蘭已被評鑑為世界上最具競爭能力的經濟體。以下為芬蘭推動電子化政府之相關做法：

（一）電子化政府基礎

芬蘭在朝向電子化政府邁進時，已具有一項特殊便利的條件基礎資料庫，其擁有一套包含人民、具體資產、公司與交通工具……等資料的基礎資料庫系統。這些資料庫經由流程再造與流程自動化，加速了芬蘭推動電子化政府的腳步。

（二）政府具體支持

1994年芬蘭政府將對電子化政府政策落實為行動計畫，1995與1999兩屆聯合政府將電子化政府納入其施政計畫之中。由於在1994年芬蘭政府決定推動電子化政府後，其政策能具體落實為行動計畫並貫徹實行，以致芬蘭電子化政府累積出長期的經驗與豐碩的成果。

（三）採取相對寬鬆的法規

在1980年代的後期，各類法規經過有系統的審查、刪除、甚至簡化之後，使得各類作業，已朝向降低證照的方向進行，在法規簡化的過程中，許多交易作業透過利用現有的授權資訊所取代，大為減少電子化政府作業量。

（四）消除數位落差

確保電子服務與通訊連接以延伸覆蓋所有地區與人民是極重要的，每一個人民都有接觸與存取這些電子化資訊服務的權利。基於此一觀念，芬蘭推動電子化政府最根本的目標就是避免在不同地區出現數位落差。

（五）提供架構分析之流程模式

採用業務生命期間內的企業流程再造（Business Process Re-engineering, BPR），以描述政府與顧客關係間的價值。

（六）增加應用系統開放性、相容性

增加軟體相容性是芬蘭國家技術局（the National Technology Agency of Finland, Tekes）對目前芬蘭相關軟體研究計畫之推動方向。其主要目的，是對軟體公司與客戶所使用之應用軟體介面，開發開放、無專利權的標準，透過增加應用系統開放性、相容性，以加速電子化服務之發展。

（七）有關與協助芬蘭技術發展之訊息

芬蘭在電子化政府之推動成果上包含：

1. 電子公共採購

在2001年10月，芬蘭公共投標資料庫正式開放。這項新服務的目標要求投標者對標案線上提出低於底價的金額，尤其是對市政部門標案。政府由所擁有的公共採購公司Hansel，執行一套電子招標採購系統。這項服務，在當時歐洲的歐盟國家中是最進步的一項服務。

2. 無紙化會計

在2001年的試用後，芬蘭各機構正在建置一套無紙化會計系統，州財政廳並已經購置此套系統，這套系統提供各機構的會計系統連結到他們處理付款發票之電腦。各機構除了教育訓練之外，不需要做其他投資，他們只需要在使用系統時付費。在2002年秋天，大約二十家機構將開始使用這套系統。預期在三年內，所有政府機構將以無紙化處理會計作業。目前，電子發票作業也正持續進展，並由Verkkolasku.com的工業協會正進行共通電子發票規格的制定。

3. 公共部門入口網站

Suomi.fi（www.suomi.fi）是在2002年4月開始啟用。新版的電子表單服務正與Suomi.fi緊密的整合。假如交易需要，新版電子表單服務將支援PKI和銀行身分辨識。

4. 公司使用入口網站

www.yrityssuomi.fi也是在2002年春天開始啟用。這個網站是由七家機構努力完成的，提供企業發展（包含研發、出口、投機資本等）服務。網站同時提供各公司行政責任等資訊。

四、加拿大

加拿大政府為提供民眾更好的服務，其線上政府（Government On-line, GOL）方案不但要將現有的服務與資訊上網，更要重新設計

服務、藉由Internet提高施政透明度與效率，促進民眾參與政府決策，提供意見，該方案將於2004年完成，主要策略包括：
(一) 聯邦機關完成約兩百項關鍵服務上網。
(二) 健全基礎設施，以電子平台解決認證及安全問題，設立統籌機關，協助整合服務。
(三) 制訂涵蓋隱私、安全、認證、資訊管理與採購等政策。
(四) 評估線上服務效益與使用者期望。
(五) 合作辦理線上服務所需人力資源培訓。
　　其重點工作包含：
(一) 提供單一窗口直接服務。
(二) 提供清晰、緊密銜接的政府服務。
(三) 提昇資料附加價值、避免控制保護心態。
(四) 持續訓練公務人員善用科技。
(五) 採用標準化、開放性系統環境之設備。
(六) 共用自動化軟硬體減少支出。
(七) 共用電子化資料避免重複輸入。
(八) 重新設計作業流程建立無紙作業環境。
(九) 共同性的電子商務資訊基本架構及服務。
(十) 共同性的訊息服務系統。

五、整體趨勢

　　綜合上述各國推動電子化政府計畫之發展情形，各先進國家未來之電子化政府整體發展趨勢可歸納為下列幾項：

（一）建立電子化政府單一入口網

　　不論電子化政府提供的服務內容為何、提供服務機關數之多寡，民眾與企業皆可透過單一入口網取得所需之資訊與服務，透過單一入口網整合相關之服務資源、提供劃一之操作介面，將使民眾與企業可透過方便、快速、有效率的方式取得政府之資訊與服務。

（二）政府服務上網

政府之服務能透網際網路線上提供者，將儘量透過線上方式提供，政府服務上網除從業務本身之電子化為出發點之外，應考量如何將現有業務上網，以提供民眾線上服務功能。

（三）進行跨機關合作與業務流程再造，提供一站式之整合服務

摒除了過去各政府機關業務獨立的思維，電子化政府必須以顧客導向的方法重新設計各項線上服務，透過跨機關間行政業務流程的整合再造與機關間之相互合，提供跨機關、一站式（one-stop）的線上服務。

（四）建立電子化政府共通作業架構與共享元件，提昇投資效益

電子化政府需以更容易、更具成本效益的方式來建立，故電子化政府必須鼓勵解決方案／服務元件的分享，舉凡付款機制、認證授權、網路安全……等具共通性的服務模組，皆應建立共享元件庫。同時電子化政府也將建立共同標準及全國性基礎架構之平台，以解決機關間工作連結之問題。

（五）提供安全之資訊基礎環境

愈來愈多的電子化政府資訊應用服務，採用電子認證與數位簽章技術，以消除民眾對電子服務安全與隱私上之疑慮，而智慧卡則將逐漸成為個人資本資料儲存及線上身分辨識之重要載具。

（六）縮短數位落差

　　電子化政府的推動必須避免造成資訊富者愈富、貧者愈貧的失衡現象，故必須普及城鄉寬頻網路建設與資訊教育，讓資訊的應用普及到社會每個層級與地理上的每個角落，並且照顧到弱勢族群，減少知識落差。

（七）建立電子服務多元存取管道

　　政府電子化服務將不在侷限於網際網路部分，未來電子服務之提供必須兼顧無法使用網際網路之族群，應考慮多元之存取管道，如：電視、行動設備、電話、傳真、KIOSK……等等，以擴大電子服務之成效。

肆、我國電子化政府推動情形

一、第一階段（1996~2000）

　　為因應世界電子化政府之趨勢，行政院於八十六年十一月二十日以台八十六經字第四四八七二號函實施「電子化／網路化政府中程推動計畫」，計畫期間自八十七年至八十九年度，其總體目標如下：

(一) 建構「電子化／網路化政府」基礎網路，提供各界便捷的資訊、通信、線上申報及其他服務。

(二) 推廣網際網路的普及應用，推動政府人員上網並使用電子郵遞等基礎服務。

(三) 健全政府資料流通機制，便利民眾查詢利用；促進政府資料加值運用，帶動資料庫產業發展。

(四) 增進各機關公文處理效率，推動電子交換作業，提昇政府機關行政效能。

(五) 整合政府資訊，延伸政府服務據點，延長服務時間，提供「一處交件、全程服務」。

(六) 建立可信賴的資訊與通信安全環境，便利政府資訊作業順利運作，保障民眾權益。

　　「電子化／網路化政府中程推動計畫」共有十項子計畫，依據上列目標，「電子化／網路化政府中程推動計畫」實施迄今所獲得的成果重點如下：

(一) 統籌建置「政府網際服務網（GSN）」，至八十九年十二月底已有一千二百個機關以區域網路專線連接上網，加速政府機關聯線上網步伐，奠定政府機關網際網路應用發展基礎。

(二) 推動「村村有電腦，里里上網路」，試行推動村里便民網路服務點，建置村里便民服務網站，已有超過六千五百個村里完成網頁基本資料建立，並建置偏遠地區上網據點一七四個，對普及網路應用，消除數位落差有具體助益。

(三) 推動「課股有信箱，訊息瞬間通」，配合公文電子交換推動，已建立公務機關電子郵遞服務基礎環境，並結合電子憑證簽章，確立可信賴之訊息傳遞機制。

(四) 推動網際網路行政應用，已自八十九年七月一日起試辦公文電子交換，預定至九十年十二月完成全部行政機關公文電子交換；完成電子採購政府招標資訊公告系統及電子型錄、電子報價及推動電子法規、電子人事、電子計畫管理、電子政府出版等，提昇政府行政效率。

(五) 推動網際網路便民應用，已試辦各類所得扣（免）繳憑單資料網路申報、綜合所得稅結算網路申報繳稅、營利事業所得稅暫繳及結算網路申報繳稅、營業稅網路申報繳稅，以及各稅查（核）定稅款網路繳稅；「電子公路監理」已提供違規罰鍰及汽車燃料費、機車失竊註銷、汽車住址變更等十七項監理業務線上申辦及繳費；推動電子就業，完成求才求職資料庫建置；推動電子公共安全、電子工商、電子保健、電子公用事業服務等，提供二十四小時「不打烊」的便民服務。

(六) 建立網際網路電子認證機制，提供網路身分識別服務。已建置
　　政府憑證管理中心（GCA），發放十萬張電子憑證，提供網路
　　報稅、電子公路監理、電子支付、電子採購及公文電子交換所
　　需之電子認證服務。

(七) 推動網際網路資訊安全稽核，已訂頒「行政院及所屬各機關資
　　訊安全管理要點」及「管理規範」，辦理資訊安全及電腦稽核
　　人才訓練。

(八) 推動「網網相連電子閘門」，促進跨機關資訊整合，期能達成
　　「一處收件，全程服務」理想目標。已推動戶役政資訊系統試
　　辦與警政、稅務及法務實施連線資料查驗作業，推動公路監理
　　與稅務、法務試辦連線資料查驗作業，對簡化作業流程，減少
　　書證謄本使用，提昇行政效率有所助益。

(九) 配合擴大內需方案，加強推動辦公室自動化及服務上網，完成
　　全部基層公所網路建置及連線上網。

二、第二階段（2001~2004）

　　「電子化／網路化政府中程推動計畫」在國內網路化程度日漸
普及的大環境下，歷經五年多的努力，在建立政府網網相連的環
境，促進政府資訊公開及流通，提供便捷的服務，加強政府與民眾
的互動及溝通，降低行政成本，提昇施政決策品質等，具有相當的
進展。而對知識經濟時代的來臨，我國致力於建設綠色矽島，而電
子化政府之推動更是其中不可或缺的關鍵性工作，因此在既有的電
子化政府推動基礎之下，行政院於九十年四月訂頒電子化政府推動
方案（九十至九十三年）分函各機關據以辦理，以「充分運用資訊
和通訊科技，一方面提高行政效能，創新政府的服務，一方面提昇
便民服務品質，支援政府再造，邁向全民智慧型政府。」為願景；
以「支援『效能型政府』、『計畫型政府』、『競爭性政府』及
『團隊化政府』，促使政府轉型，達到政府『服務現代化』、『管
理知識化』」為電子化政府之的總體目標。

　　而參照未來資訊與網路應用發展趨勢，電子化政府之具體推動措施主要將以「服務效能提昇」、「辦公效率提昇」及「決策品質提昇」三個主軸，從健全「基礎環境建設」，加強「資訊應用發展」，普及「資訊流通共享」，推廣「上網應用服務」等四個層面推動各項具體措施，各項推動措施並顧及政府長期以來推動資訊之延續性與整體性。電子化政府推動方案之計畫實施內容如下：

（一）健全電子化政府基礎環境建設

1. 強化GSN骨幹網路系統服務
2. 建立行政機關電子認證及安全制度
3. 普及公務員電子化教育訓練，使人人具備電腦網路應用能力

（二）加強電腦化推廣，提昇政府資訊應用層次

1. 普及各項業務電腦化，加強推動資訊應用的深度與廣度
2. 推動辦公室自動化
3. 結合運用國土資訊系統，發展施政規劃應用

（三）加強政府資訊流通共享與整合應用（G to G）

1. 推動行政業務資訊流通，整合創新政府服務
2. 推動行政事務資訊流通，提昇政府內部作業效率
3. 推動國土資訊系統資料流通共享，發揮整合應用效益

（四）推動政府上網服務應用發展，普及資訊服務（G to B, C）

1. 推動政府對企業電子商務應用
2. 推動政府便民服務上網，提供網路申辦服務
3. 普及資訊服務，縮短數位落差

4. 推動政府資訊上網公開，落實政府資訊公開法
5. 推動國土保安上網，加強民意互動

三、第三階段（2005~2007）

　　為加速推動電子化政府建設，行政院研考會在行政院科技顧問組蔡政務委員清彥支持下，會同行政院經建會及各業務主管機關共同規劃大型行政資訊系統，評估將需優先推動之標竿型系統，規劃以旗艦計畫方式由公共建設經費之支應。後經行政院科技顧問組擴大為「e-Taiwan」，納入行政院「挑戰2008：國家發展重點計畫」，期透過「六百萬戶寬頻到家」、「e化生活」、「e化商務」、「e化政府」、「e化交通」等五大構面計畫整合產官學研各界資源，以建設台灣成為高科技服務島，並於民國九十六年成為世界前五大有效率及具創意之政府。

　　本階段之電子化政府建設之主要策略為：
(一) 結合政府公共建設經費資源推動政府資訊建設
(二) 以前瞻性資訊技術（如Web Services）規劃未來政府資訊建設
(三) 結合各界資源推動電子化政府，帶動國內資訊服務產業發展
　　 至於實際計畫的內容包含：
(四) 整合單一窗口整合政府資訊服務：建置電子化政府共通作業平台，以各機關資訊系統間之互通與資訊共享的問題；建置電子化政府整合服務單一窗口，以整合服務資源；引進先進資訊通信科技，開發共同服務元件，以節省各機關重複開發的成本；制訂標準規範，使各機關可在一致化的環境中發展各項服務，並使各機關的資訊服務資源可以在最短的時間內整合，迅速回應民眾需求。
(五) 線上政府服務e網通：透過戶政e網通、地政e網通、稅務e網通、監理e網通、工商e網通、企業經營e網通、衛生局所網路便民服務、智慧財產權e網通等與民眾企業密切相關之創新標竿政府資訊應用服務，提供跨轄區之創新服務，節省洽公時間、人力及交通費用支出；支援政府業務流程再造，逐步推動以自動

化網路服務取代櫃檯服務，降低書證謄本數量，以提昇政府效
能與服務品質。

(六) 公文交換G2B2C計畫：開創公務電子化環境，推動公文電子交
換到民間企業，以創新與民眾企業溝通互動之新模式。故政府
公文網路將從政府內部的流通，進一步延伸到企業、社會與民
眾，讓政府與各界隨時隨地透過電子公文之往返，提昇民眾企
業申請案件公文傳遞交換效率。

(七) 政府機關視訊聯網計畫：整合推動行政機關建置視訊會議系
統，擴充運用政府網際網路既有之骨幹視訊會議設備，架設終
端視訊會議設備與之串連上網，使虛擬會議室延伸至基層機關
及民間企業。

(八) 開放政府數位資訊：整合及建置政府運籌管理之基礎資料庫，
包含國土資訊系統、全國檔案資訊系統、防救災資訊系統計
畫、公共工程資訊系統、建築管理資訊系統、營建知識管理系
統，一方面落實政府擴大資訊公開，另方面開放民間做各種加
值使用，以提昇政府資訊之加值服務並有效支援政府決策。

(九) 防救災緊急通訊系統整合建置：建立防救災基礎通訊網路骨幹
系統，便於緊急救難時，確保防救災體系安全與指揮通訊暢
通，以提昇災害防救體系各層級之統一協調、支援與調度能
力，提供人民更快速的緊急危難救援服務，使民眾生命、財產
的損害減至最低。

(十) 跨機關整合線上服務：針對民眾與企業之需求，透過單一窗口
提供跨機關、跨系統之創新服務。目前所規劃的三十六項創新e
化整合服務將橫向再造各機關服務流程，跨越機關藩籬，提供
民眾質量俱佳的網路申辦服務環境。

伍、我國電子化政府未來發展重點

依據我國電子化政府推動方案所揭示，未來我國電子化政府之
方向、工作重點建議如下：

一、未來我國電子化政府之方向

(一) 以民眾／企業為中心,提昇電子化政府之滿意度。

(二) 改善政府效率與效能,降低政府成本。

(三) 整合現有資訊服務元件,避免重複投資。

二、未來工作重點

(一)加強政府線上服務

呼應我國電子化政府一千五百項政府申辦服務上網之目標,目前電子化政府計畫之服務e網通部分已提供可讓民眾直接上網申辦之功能,未來各項電子化政府計畫除了從業務本身之電子化為出發點為,應考量如何將現有業務上網,以提供民眾線上服務功能。

(二)電子化政府入口網站之整合

我國目前已建置「我的e政府,電子化政府入口網」,目前電子化政府入口網主要提供有目錄服務查詢、線上申辦服務、資訊提供等功能,未來配合共通作業平台之建置與創新e化服務之推出,針對政府相關之資訊內容、各項電子服務(包含跨機關之創新e化服務)、共通作業平台功能模組皆應整合之電子化政府入口網,至於電子化政府入口網是否提供個人化的功能,則可進一步評估。

(三)加速共通作業平台之建置推廣

共通作業平台之建置為未來電子化政府之基礎建設,共通作業平台之建置將促使未來電子化政府計畫在一致的架構下進行發展,此對系統間之整合有非常大的助益,目前電子化政府相關計畫與共通作業平台屬平行發展之狀況,惟各計畫皆已認知共通作業平台之

概念，未來則應加速共通作業平台各模組之建置與推廣，俾利各電子化政府計畫之介接與使用。

（四）提供多元之電子化服務管道

我國目前之政府電子化服務部分較著重於網際網路部分，而網路的使用人口相較於其他之設備，如電話（含行動電話）、電視……等等尚屬少數，故未來為照顧無法使用網際網路之族群，電子服務之提供應考慮多元之存取管道，如：電視、行動設備、電話、傳真、KIOSK……等等，以擴大電子服務之成效。

（五）加速創新e化整合服務之推出

跨機關創新e化服務之推動為世界各國電子化服務之重點，此項工作除涉及跨部會整合之外，另將涉及既有業務流程之整合與再造工程，故其困難度相對於一般資訊技術而言為高。不過創新e化整合服務之推出也為將是透過資訊和通訊科技技術，達到支援政府再造之最佳方式，對民眾而言，創新e化整合服務之推出，也將讓其最能感受電子化服務之效果。本項工作在世界各國皆是具相當挑戰性之工作，我國更應加速推出，以成為全球數位化政府之領先群。

（六）電子化政府之推廣

根據泰勒尼爾森（Taylor Nelson）針對民眾使用電子化政府服務進行之評比，2002年我國之使用政府線上服務之人口百分比為30%，其中又資訊蒐尋佔大多數（25%），有交易者僅佔5%。由此可推論此一方面代表政府在線上服務之提供尚未普及，另一方面則表示在各項電子化政府之宣導可再加強，故未來在各項e網通計畫與創新e化服務計畫陸續推出之後，後續必須進行電子化政府之推廣與宣導活動，以普及電子化政府之服務。

陸、結論

　　在資訊科技快速發展的環境下，世界各國莫不將電子化政府的推動作為提昇國家競爭力之主要工作，電子化政府的實施，讓政府可以澈底改變並進一步創新政府服務民眾的方式，也讓政府組織運作更為精巧靈活，以快速回應民眾的需求，強化政府各種危機處理能力。

　　我國自「電子化／網路化政府中程計畫」推動以來，電子化政府之發展已從基礎建設與運用，提昇至「主動發覺人民需求」、提供「跨機關一站式整合」等之服務，故在全世界各國家均積極推動電子化政府計畫之際，我國電子化政府之成績亦維持在世界前五名之內。今後我國各級政府機關均應全力支持電子化政府工作，檢討流程再造並進行法令鬆綁，以持續進步，並保持競爭力。未來電子化政府仍必須持續加強下列工作：

(一) 建議各機關首長強力支持與領導電子化政府工作，列為重要施政項目，優先分配資源，並指派副首長統籌督導所屬全力推動。

(二) 運用資訊與通訊技術加強流程再造，持續加強線上服務，並更新整合戶政、地政、稅務、監理、工商服務、企業經營、醫療衛生、智慧財產權等與民眾企業密切相關的政府服務系統，發展各項整合性創新服務。

(三) 建立電子化政府隱私與安全影響評估政策，降低民眾使用電子化服務之疑慮。

(四) 建立多管道存取環境，擴大電子化政府之服務範圍。

(五) 普及電子化政府服務，縮短數位落差，改善偏遠地區寬頻網路環境基礎建設，建立民眾終身學習管道，持續建置普設公用資訊服務站，協助資訊弱勢族群上網。

【文章發表】

· 本文原載於《電子化政府》，行政院研考會，2004 年 1 月。
· 英文稿曾發表於 Asia Tech Summit 2003 Conference Keynote Speech，2003，India。

電子化政府的網路服務與文化

壹、前言

　　資訊及通訊科技的普及應用，對於政府組織、領導管理及為民服務工作，都帶來相當的衝擊與影響。台灣要脫胎換骨發展知識經濟，提昇國家競爭力，政府網路服務的速度、深度及廣度，是主要的關鍵；政府資訊及服務上網，不僅可以大幅革新行政作業，提供民眾更便捷的創新服務，更可建立更靈活、精巧的政府組織體系，有效節省人力，降低行政成本；同時，政府網路化釋出的大量資訊，也可提供民間資訊產業再加值利用，進而帶動國內知識產業的發展。近些年來，政府網路服務效能之提昇，已成為先進國家推動政府改造，躍升國家競爭力的主要策略，也是國際間衡量國家競爭力的重要指標。

　　我國於八十六年起全面實施「電子化／網路化政府中程推動計畫」（八十七至八十九年度），開啟了政府資訊建設的新頁，奠定網路化政府服務的基礎。為因應世界潮流，賡續推動政府資訊服務，於九十年四月策訂「電子化政府推動方案」（九十至九十三年度），將透過健全的網路基礎環境，致力推動政府與政府間（G2G）、政府與企業間（G2B）及政府與民眾間（G2C）的網路服務。行政院於九十一年五月通過「挑戰2008：國家發展重點計畫」，進一步以e化政府計畫作為核心，結合六百萬寬頻到家、e化生活、e化商務、e化交通等計畫共同打造「數位台灣」，並與「e世代人才培育」、「文化創意產業發展」、「國際創新研發基地」、「產業高值化」、「營運總部」等重點投資計畫緊密結合，於2008年建設台灣成為亞洲最e化國家，實現高科技服務島的願景。

我國現階段電子化政府之推動，在基礎環境、「政府對政府」（G2G）、「政府對企業」（G2B）、「政府對民眾」（G2C）等方面已初具成效，同時也獲得國際間的重視。值此國家永續發展之關鍵時刻，電子化政府的服務要與經濟發展脈動更緊密結合，提供行政革新與政府改造必要的動力，並且以民眾需求為依歸，方可有效凝聚二千三百萬民眾之向心力。

本文透過電子化政府網路服務發展趨勢與服務內涵之分析，探討我國電子化政府網路服務推動策略，供各界參考。

貳、各國電子化政府網路服務理念與發展趨勢

一、網路服務基礎理念

網際網路的發展，源於美國國防部的第一套電腦網路系統－ARPANet 所引進的「開放架構網路」（Open Architecture Networking）的觀念，所謂「開放架構網路」就是相互連接的網路系統，在設計與架構方式上不受限制，每一個網路系統可依環境及使用需求，而有不同的設計，而這也是Internet的基本觀念。普遍應用網際網路（internet）的技術，開展了人類前所未有的視野，它不僅是資訊傳播的一種機制，更可能跨越空間成為人與人、團體與團體、機關與機關、政府與政府、國家與國家互動的重要媒介。

台灣網路系統發展的三大主軸，從1990年「教育部」以網際網路為藍圖的「台灣學術網路」（Taiwan Academic Network，TANet）為始，至為配合政府推展國家資訊基礎建設（NII，National Information Infrastructure）政策，於1994年由中華電信公司完成以網際網路相關技術所建置的網路系統，並成為台灣最大的民營網際網路服務供應商（ISP，Internet Service Provider）HiNet。而HiNet除了提供網路連線服務，網路加值服務外，也配合當時電子化／網路化政府計畫提供各級政府網路連線服務，並接受行政院研考會委託執行各項網路相關計畫。再者，源於1988年由「經濟部科技顧問室」

科技發展專案經費支持的SEEDNet（Software Engineering Environment
Development Net的縮寫，中文直譯為「種子網路」）也在1992年正
式提供國內企業界網路連線服務。

　　而政府網路系統的發展，源於美國1993年提出國家資訊基礎建
設（National Information Infrastructure）的整體規劃，作為政府機關
為民服務工作朝向電子化與網路化應用的重要方向時，世界各國紛
紛提出類似的國家型的電子化政府整體發展方案，譬如美國的Access
America計畫，新加坡建構一個智慧島的Singapore One（One Network
for Everyone）計畫，加拿大的「應用資訊科技創新政府服務建設藍
圖」（Blueprint for Renewing Government Services Using Information
Technology）、英國的Government Direct計畫、澳洲的「網住澳洲的
未來」（Networkinf Australia's Future）、荷蘭的「回到未來」（Back
to the Future）及日本的打造e-Japan戰略計畫，和韓國建設高速高能
量的政府及公共資訊網路的「新韓國網路」計畫等[8]。我國近期配合
「挑戰2008：國家發展重點計畫」研擬的「數位台灣計畫」，則強
調資訊應用與創新服務的原則[9]。

　　近年來，有關電子化政府網路服務的基礎理論，似可從全球各
國電子化政府的發展及成效評估，一窺端倪，在此僅簡略介紹三個
由跨國專業機構對各國的電子化政府發展現況及成效的評比指標作
為參考，依序分別為網路整備指數（Networked Readiness Index，以
下簡稱NRI）、標竿電子化政府（Benchmarking e-Government: A
Global Perspective，以下簡稱BEG），以及全球電子化政府調查
（Global e-Government Survey，以下簡稱GES）[10]。

[8]　陳祥，《電子化政府整合型入口網站服務功能之研究》，行政院研究發展考
　　核委員會委託研究報告，2002，頁19-30。
[9]　行政院經濟建設委員會，《挑戰 2008 國家發展重點計畫 2002-2007》，台
　　北，行政院經濟建設委員會，2002。
[10] 蕭乃沂、鄭嘉豪、李惠如，〈各國推動電子化政府之比較：整體資訊建設指
　　標之觀點〉，服務、創新與績效——二十一世紀電子化政府的願景研討會論
　　文集，行政研考會，2002。

（一）　網路整備指數（Networked Readiness Index，NRI）

　　NRI指標是由哈佛大學（Harvard University）和世界經濟論壇（World Economic Forum）共同規劃執行，以評比各國運用資訊和通訊科技的能力，並推論各國對於資訊化網路化社會的準備程度。其內涵主要包括兩大組成指數：整體網路使用程度（network use）及資訊能力因素（enabling factors）。

1. 整體網路使用程度：整體網路使用程度由五項衡量資訊通訊科技使用的量化變數所構成，此五個因素分別為：電腦上網比率（percentage of computers with Internet connection），每戶上網人數（Internet users per host），每百人上網人數（Internet users per 100 inhabitants），每百人行動電話數目（cellular subscribers per 100 inhabitants），使用公共網路的便利性（availability of public Internet access），其中前四項變數由統計資料取得，而最後一項則透過對民眾或公私部門的問卷得知。

2. 資訊能力因素：資訊能力因素則由網路存取（network access）、網路政策（network policy）、網路社會（networked society）與網路經濟（networked economy）等四大類次因素所構成，而這四大類次因素又細分成由統計資料及對民眾或公私部門的問卷的細分變項。首先，網路存取次因素（network access）又細分為資訊基礎建設次指標（information infrastructure micro-index）與軟硬體支援次指標（hardware, software and support micro-index）兩個次類。網路政策（network policy）次因素亦區分為資訊通訊科技政策（ICT policy）與商業經濟環境（business and economic environment）兩類次指標。網路社會（networked society）次因素也包含網路學習（networked learning）與社會資本（social capital）兩類次指標。最後，網路經濟（networked economy）次因素則

區分為三類指標：即電子商務（e-commerce）、電子政府
（e-government）與一般基礎（general infrastructure）。

以上內容，雖為評鑑網路服務的指標，但其實卻也提供了各國
推展網路服務的基礎理念、指導作為或工作策略方向，使各國政府
在不斷創新網路服務的過程中，提供一個共同的願景方向。

（二） 標竿電子化政府（Benchmarking e-Government，BEG）

這是由聯合國公共經濟與公共行政機構（United Nations Division
for Public Economics and Public Administration，2001）委託美國公共
行政學會（American Society for Public Administration）規劃執行，
針對其聯合國會員國的電子化政府構建程度所做的指標研究。BEG
的指標可區分為三大類：資訊通訊基礎（ICT infrastructure）、人力
資本發展（human capital）、與政府機關網站發展（Web presence
index）。

其中「資訊通訊基礎」包含六個相關基礎設施統計量，即每百
人個人電腦數（PCs per 100 individuals）、每萬人網路主機數
（Internet hosts per 10,000 individuals）、上網人口比率（percentage
of a nations population online）、每百人電話線路普及率（telephone
lines per 100 individuals）、每百人行動電話普及率（mobile phone
lines per 100 individuals）與每千人電視比率（televisions per 1,000
inhabitants）等，這些基礎建設指標與上述NRI的「整體網路使用程
度」有相同的概念。

「人力資本發展」指標包含三項由不同跨國機構所製作的指
標，一是人力發展指標（Human Development Index），由聯合國衡
量的綜合教育水準、經濟狀況與健康照護的指標；二是資訊存取指
標（Information Access Index），則是合併了國際透明組織
（Transparency International）與人權自由組織（Freedomhouse
International）兩項主要衡量各國人民與其政府民主互動機制、政府

資訊取得與散佈、及政府部門的貪污情形的之指標；最後一項則是城鄉人口比率（urban / rural population ratio）。

BEG最後一大類的資訊建設指標統稱為「政府機關網站發展」（Web presence index），則是由研究團隊於瀏覽各國政府網站之後，針對網站的設計與功能性，彙整分析為新興型（emerging）、進階型（enhanced）、互動型（interactive）、交易型（transactional）和無縫隙型（seamless）等五個發展階段，以代表各國電子化政府的整體績效。

處於新興型的國家，只有少數政府機關有架設網站，且資訊內容限於基本相關資訊，並不一定即時更新，通常這些國家也是世界中較貧窮的國家。相對而言，進階型國家的政府機關網站內容是定時更新的，民眾也可透過網站瀏覽政府相關法規。互動型階段的國家，網站使用者可下載資訊或官方文件，且某些國家已提供單一入口網站方便民眾搜尋相關資訊，但尚未完成網路申辦服務的功能。最後，交易型國家的政府機關網站使用者，即可取得實際的線上服務與安全的線上付費機制。這也清楚地說明了政府網站發展的方向與趨勢。

（三） 全球電子化政府調查（Global e-Government Survey，GES）

GES指標研究是由世界市場研究中心（World Market Research Center）和布朗大學（Brown University）共同檢視全球一百九十六個國家的二千多個政府機關網站，評估各國電子化政府成效的研究報告[11]。具體而言，這份報告即是評估各國提供以下二十幾項資訊服務內容的情形，首先是有關政府相關資訊的取得，包括：電話聯絡方式（phone contact information）、郵寄地址聯絡方式（address contact information）、政府出版品（publication）、統計資料庫（database）、

---

[11]　請參閱 Global E-Government Survey, World Markets Research Centre, 2001。

語音服務（audio clips）、影像服務（video clips）、其他相關聯結
（links to other sites）與索引服務（index）。再者，進階的網站服務
包括線上申辦（online services）、單一入口網站（link to portal）、
信用卡交易機制（credit cards）與電子簽章機制（digital signature）。
此外，也提供與民眾之間的溝通管道，如電子郵件（e-mail）、網站
搜尋（search）、線上評論（comment）、線上廣播（broadcast）與
電子郵件更新服務（e-mail updates）。除了上述的網路服務之外，
GES指標也包含是否提供非本國語言（foreign languages）、是否提
供英文（English）、隱私權的保護與聲明（privacy）、網路安全的
保護與聲明（security）、對殘障使用者的特殊設計（disability）等
內容。

　　綜合上述三種指標研究，NRI包括了經濟面、政策面和社會面
的觀點，以較完整的角度來衡量各國電子化政府建構的整備水準；
BEG的特殊之處在於也衡量人力資本發展與政府網站發展的相關程
度，GES則著重在政策面的探討。因此可以說，各式的指標都嘗試
提出政府網路服務發展的思維與做法。

二、發展模式

　　歸納電子化政府服務在國際間相關評比表現優異之國家，如加
拿大、新加坡、美國、澳洲、丹麥、芬蘭等國家，分析其在電子化
政府推動上，主要的發展模式說明如下[12]：

（一）清晰明確的願景

　　清晰明確的願景在各國電子化政府發展的過程中，提供重要的
指引方向與座標。政府領導階層的支持與承諾在各國電子化政府發
展中扮演另一重要角色，例如，丹麥成立Digital Taskforce團隊，致

---

[12]　行政院研究發展考核委員會，《創新e化整合服務規劃案第二階段查核報告
　　初稿》，台北，行政院研究發展考核委員會，2002。

力於推動電子化政府相關方案與計畫。各領先國家均建立強而有力的領導團隊並展現政府對於未來電子化政府發展與建置的承諾，可作為我國在未來推動時的借鏡。

（二）因應不可避免之挑戰

對於電子化政府持續面臨的多項挑戰，即使是經驗豐富的領先國家，仍然在尋找解決方案。在推動政府服務電子化的過程中，所需要面對的挑戰是多面向的：來自法律、行政、管理、社會、政治以及各種力量結合成為更棘手的問題，都必須在現行政府過渡到電子化政府的過程中獲得妥善的處理和解決。因為面臨各式挑戰與障礙，各國政府建立電子化政府必須針對建置優先順序提出具體可行之方案。近幾年來，各國民眾對政府的期望越來越廣泛，例如儘快解決人口老化問題、增加政府服務效能、安全考量、人力資源危機、民營企業的競爭和國家財務經濟壓力等。這些期望迫使政府想盡辦法利用有限的資源，並達成更多的目標。流程整合的電子化政府服務持續在建置中，並將成為電子化政府在二十一世紀提供公共服務，政府改造的最佳利器。尤應提供下列幾項要件：

1. 為電子化政府設定願景與建立參考案例（Business case）。
2. 建立民眾對於隱私權、安全性及絕高機密度的信心。
3. 發展使用者友善設計與新興科技之應用。
4. 建立單一窗口管理機制以達到其最佳服務品質及效能。
5. 衡量電子化政府服務內製及外包的利弊得失。
6. 建立投資計畫的控管機制及風險管理機制。
7. 瞭解將部分電子化服務轉變為收費機制時所可能產生之影響及風險。
8. 組織變革管理與政府改造。

（三）重視客戶關係管理

　　客戶關係管理（CRM）在企業界已經是共通的專有名詞，但電子化政府使用該項技術仍處於初始階段。2001年，政府對於客戶關係管理的認知仍稍嫌陌生，但2002年可算是別具意義的一年，許多電子化政府領先國家開始應用客戶關係管理以強化服務效能。客戶關係管理以下列方式呈現：

1. 民眾需求導向的服務發展。
2. 服務匯集和分類方式以民眾使用便利性為依歸。
3. 滿足民眾對電子化政府效能及效率的要求
4. 客製化個人性服務提供方式。

　　客戶關係管理擁有多項潛在優勢，包含幫助政府簡化服務程序，提高效率，增進各部門間資訊分享，提供民眾更多自我服務選擇。建置共通平台和單一入口設計將創造遠超過以往服務的優勢，但客戶關係管理的內在潛力卻因跨部門之間合作的障礙，而無法完全發揮。在早期電子化政府發展階段中，許多國家受到政府管理組織僵化及官僚體制的阻力，因此雖然全面推動電子化政府為政府改造成功的必要條件，但要確保跨部門合作的成果卻非常困難。然而，領先國家的例證顯示這些障礙正開始逐漸突破，各國開始意識到不完整的系統和重複收集資訊導致服務成本過高，應該儘速解決。

（四）創新科技的廣泛應用

　　科技在電子化政府之建置和執行上扮演重要的角色。先進科技在協助政府建立或加強電子化政府效能提供極大助益。就架構方面而言，政府必須設定公開標準以促進各政府部門和機構中不同層次的系統整合。這不但有助於服務連貫性和未來系統升級能力的考量，也加強系統整合架構與服務共通平台，提供和私人企業服務方面連結的彈性。友善與簡便的使用者介面也是建立使用者滿意度與

增加服務使用度的重要因素。以下是目前建置電子化政府影響深遠的創新科技：

1. 無線通訊傳輸（WAP、GPRS, GPS、3G通訊）。
2. 客戶關係管理與服務管道整合（數位電視、手機、PDA、電子郵件、網際網路等）。
3. 認證機制（數位簽名、雙重識別等）。
4. 虛擬實境（3D展示、影像投影等）。
5. 無障礙環境（文字電話、聾人專用電話設備等）。
6. 安全性與隱私權之保護（資料、防火牆保護、反駭客保護、資料庫收集和防毒措施等）。
7. 虛擬金流（虛擬與數位貨幣、安全線上交易等）。

（五）u-Government提供無所不在的服務

u-Government儼然成為電子化政府的下一波趨勢，主要係指透過新興科技，例如無線電、電視、voice and silent commerce所延伸出來的電子化政府服務新模式。透過無遠弗屆（ubiquitous）的特性，藉由將電子化服務擴展到每一個電話與電視機座，政府能夠將服務傳送至每個家庭和事業單位。屆時，電子化政府之服務將可達到隨時隨地透過任何管道（anytime, anywhere, any device）服務民眾。此項機制對於目前網際網路基礎建設不足的國家特別具有價值：這些國家可以直接建立行動通訊網路基礎建設，或透過互動數位電視以提供電子化政府服務。如此可以直接讓電子化政府的效能大幅提昇，並節省重複建置的成本。

三、整體趨勢

各先進國家電子化政府服務的發展趨勢，可歸納為下列幾項[13]：

---

[13] 請參閱「電子化政府推動方案」（http://www.rdec.gov.tw/home/egov.htm）

（一）政府服務上網

政府將廣為應用網際網路提供民眾更便捷的線上服務，包括預約、線上換發證明文件、線上報稅、線上繳交罰款、線上申辦等，民眾將逐漸習慣使用瀏覽器（browser）以自助的方式上網取得政府資訊及服務。同時政府也將廣為運用設置於公共場所的「公用資訊站」（kiosk），以及自動櫃員機（ATM）等自動化服務設施，提供單一窗口及多元化的服務。

（二）智慧卡之應用

智慧卡（smart IC card）將逐漸作為個人基本資料儲存及線上申辦身分辨識之重要媒介，政府將推廣應用智慧卡提供民眾身分識別、網路安全認證、醫療保險憑證、駕駛執照等各種服務。

（三）知識經濟發展

資訊通訊科技將成為影響各國經濟發展榮枯的重要因素，以知識為本位的經濟即將改變全球經濟發展型態，電子化政府將是支持知識經濟發展的關鍵。由於網路上安全認證技術之採用，以網際網路為基礎的電子商務將普為政府、企業及民眾利用，藉由資訊與通訊科技，電子化政府將大幅提昇資訊公開和流通的效率，促進知識經濟發展。

（四）縮短數位落差

電子化政府的推動必須避免造成資訊富者愈富、貧者愈貧的失衡現象，必須普及城鄉寬頻網路建設與資訊教育，讓資訊的應用普

及到社會的每個層級和地理上的每個角落,並且照顧到弱勢族群,減少知識落差。

(五)邁向知識管理

知識管理的目的是要提高機構智慧或企業智商,也就是為了要使機構的「生產力」、「應變力」、「工作職能」及「創意力」的再提昇。而機構智慧的高低,取決於該機構是否廣泛分享資訊,以及如何善用彼此的觀念成長。配合知識經濟的發展,知識將成為生產力提昇與經濟成長的主要驅動力,隨著資訊通訊科技的應用發展,電子化政府也將由資訊管理邁向知識管理,成為知識型、智慧型政府。

參、網路服務的文化內涵

一、擴大民眾參與

隨著網際網路的盛行,民眾運用網路來參與公共事務的途徑日益多元,其參與途徑包括電子民意信箱、網路論壇、網路意見調查等三項,謹分述如後:

(一)電子民意信箱

依據「行政院暨所屬各機關處理人民陳情案件要點」第三點第一項規定「人民陳情得以書面為之,書面包括電子郵件及傳真等在內[14]。」也就是民眾書面陳情的途徑,除了一般信件外,尚包括電子郵件。至於陳情的內容則分為四類,依行政程序法第一六八條規

---

[14] 中華民國九十一年十一月廿二日行政院院臺秘字第○九一○○五八五四○號函修正第六點、第八點、第十三點,九十一年十一月二十八日會研字第○九一○○二四九二五一號函分行,並定自民國九十二年一月一日起施行。

定：「人民對於行政興革之建議、行政法令之查詢、行政違失之舉發或行政上權益之維護，得向主管機關陳情。」運用電子郵件陳情的比例有日益增加的趨勢。

　　電子民意信箱濫觴於陳水扁總統於台北市長任內所設「阿扁電子信箱」，民國八十四年十一月開辦後，剛開始時為BBS系統，並自八十七年三月改版為網際網路版本。「阿扁電子信箱」開辦後啟動各機關設立電子信箱的風氣。

　　以九十一年全年資料統計，院長電子信箱共收到民眾電子郵件計16129件，平均每月約1344件。其中，屬於第一類跨部會案件，占29.9%；屬於第二類存參案件，占26.6%；第三類為單一機關可處理案件，占43.5%。（詳如表1）

　　處理時限，第一類為五個工作天（各機關須在三個工作天內回復院長信箱，由專案小組綜合答覆），第三類則依各部會及縣市政府所訂處理時限直接回覆。

表 1　行政院院長民意信箱陳情案件統計表

年別＼類別	第一類	第二類	第三類	各類
87	10,190	2,723	0	12,913
88	21,378	5,602	0	26,980
89	7,649	4,779	554	12,982
90	6,822	4,547	131	11,500
91	4,813	4,297	7,019	16,129

*　　87 年的資料為 87.6 至 87.12。87.3-87.5 為試辦期，資料未併入計算。

**　　91.7 起放寬單一機關處理案件程序，由原來的一文一回信，改為一文多回信，所以第三類信件數遽增。

***　88 年因為逢九二一大地震，故該年電子陳情案件較多。

資料來源：自行整理。

在處理情形方面，「院長電子信箱」除強化後續列管情形作業外，並維持著年輕化的特色，用字遣詞以接近年輕人、網路族群的習慣，摒除官式文章的例稿形式，讓民眾與政府的溝通更為順暢[15]。

另外，為讓民眾能迅速查詢到各機關電子信箱位址，行政院研考會業於「我的e政府‧電子化政府網站」建立各機關電子信箱目錄服務區[16]，包括：總統府、五院、二十五個縣市，計有1061個電子信箱。

（二）網路論壇

目前設有意見論壇的政府機關網頁很多，且幾乎各縣市政府網頁上均設置有留言版或民意論壇專區，提供民眾發表意見或建言的管道。其類別有二，第一種是意見論壇，為公開的討論園地，論壇討論主題可分為不限議題或特定議題，但均由專人負責管理民眾應興應革建議事項，如：台北縣政府的「縣民開講」、台北市政府「市民論壇」的「專題討論區」、雲林縣政府的「縣民留言板」、台中縣政府的「縣民留言板」、嘉義市政府的「市民廣場」等。第二種為留言版，原則上沒有專人管理，也不會主動處理，供網友發表對縣市政建設看法、建議，並互相討論、溝通的公開園地，各機關也可以藉此蒐集民眾意見作為施政參考。

雖然各縣市政府首頁大都設有留言版或民意論壇專區，但是由於缺乏專人管理，加上有關人身攻擊案件、揭人隱私案件充斥其間，使得不少縣市政府將此類園地關閉，改為「首長電子信箱」來處理，或是需要有密碼才能查詢，減少了公共討論之功能。

---

[15] 全國行政革新會議「民意與政策制定」議題報告，台北：行政院研考會，2001，頁13。

[16] 請參閱 http://search.www.gov.tw/info/MailIndex.jsp。（查閱日期 2003.1.10）

網路論壇的經營有其執行上的困難，留言者的真實性、留言內容的正確性以及可能的立即傷害性，在查證不易的情況下，應謹慎設計運作機制，以提供民眾更優質的服務

（三）網路意見調查

網路意見調查和一般調查最大的不同，在於問卷的呈現方式不再僅侷限於文字的表達，透過聲音、動畫的輔助，使問卷的內容更生動活潑，且不受時間及空間的限制，再加上資訊即時傳遞的特性，大大減低了資料處理的時間及資源的使用，這是網路調查最大的好處。

但從網路調查所獲得的資料，是立意調查而不是抽樣調查，往往讓人對於其樣本的代表性有很大的質疑，因為無從得知是誰填了這份問卷，因此網路調查的實用性僅侷限在輔助的角色。

對於重複投票者的限制與否，也會影響到問卷調查的結果，過濾的條件愈嚴謹，愈能減少人為的灌水現象。通常網路調查只能應用於網站使用情形滿意度調查。至於一般公共議題的贊成度、支持度則不宜用網路調查來蒐集意見，以免誤導真正的民意動向。

二、革新行政文化

政府應用網際網路提供民眾更便捷的線上服務，包括預約、線上換發證明文件、線上報稅、線上繳交罰款、線上申辦等，民眾將逐漸習慣使用瀏覽器（browser）以自助的方式上網取得政府資訊及服務。同時政府也將廣為運用設置於公共場所的「公用資訊站」（Kiosk），以及自動櫃員機（ATM）等自動化服務設施，提供單一窗口及多元化的服務。對於政府而言，有大幅降低作業成本的效益，對民眾而言，更能降低取得政府服務的交通及社會成本。

另一方面，電子化政府的目標在於提昇政府組織的反應能力、提昇行政決策的品質、簡化行政程序、有效運用人力資源、創新便民服務措施、擴大民眾參與公共事務、公開政府資訊，建立透明程

序等，促使政府轉型，達到政府「服務現代化」、「管理知識化」的總體目標。因此，在便捷服務之外，政府的網路服務同時也內含革新行政文化的意涵，這是政府在推動網路服務時的重要價值。

（一）網路服務的革新動力

網路服務對行政文化的革新動力可以概述如下：

1. 活化思維，簡化流程政府提供網路服務，可以促使機關因應環境及技術的變遷，配合檢討及修正作業程序與相關法規，有助活化政府思維。

2. 構建資料庫，提昇決策品質網路服務促使機關必須構建各項申辦案件的資料庫。資料庫中的資料經系統分析，有助於機關精緻管考作為，提昇決策品質。另外，機關資訊的透明化，使得機關間得以互相觀摩；與各國的連線，也便利擷取及交換國際資訊，有助於擴大視野，創新服務。

3. 靈活政府組織，促進跨界合作現代資訊科技可以做到即時通信、同步處理或平行處理，透過各機關資料庫的分享，可以促進機關合作，打破部門界限、組織層級、地理位置或行政轄區的限制，成為「流線型政府」（Streamline Government）與「無縫隙政府」（Seamless Government）[17]。

4. 掌握輿情，積極回應民意政府各機關透過建立電子信箱、民意論壇及線上民意調查等機制，輿情得以快速傳達，政府的決策更可轉而從民眾的角度來思考，積極回應民眾的需求，使政府變得更精巧靈活，更快速的推動社會的進步發展。

5. 加速作業，提供貼心服務政府的網路服務可以從顧客需求著眼，提供各式各樣的快速服務，以及「即時性」的服務，縮短顧客等待的時間，建立政府服務流程改造的標竿。還可以

---

[17] 行政院研考會，《電子化政府創新便民服務》，2002，頁 12。

尊重民眾的選擇權，結合顧客管理（CRM）技術，依民眾的個別需求與特性，提供客製化（customization）的服務。

6. 延長服務時間，滿足民眾需求電子化政府利用資訊通信科技，可以使政府的服務達到「二十四小時、全年無休」，轉變「朝九晚五」的傳統政府服務時間觀，滿足資訊時代各行各業與民眾的需求。

7. 結合社區，延伸服務據點政府的網路服務可以利用便捷的網路系統深入民間與社區，延伸服務據點，提供類似便利商店的服務，讓民眾到處都可以得到政府的服務，甚至可以提供服務到家，民眾享受各種便利的政府服務。

8. 促進知識經濟，提供加值服務透過電子簽章及電子付費機制的運作，政府網路服務也成為整體知識經濟體系的一環。在此基礎上，政府也有機會增進與企業界的合作，提供各類加值型服務，進而擴大服務領域。

9. 運用知識管理，提昇決策品質網路服務以經過整理的資訊為基礎。為有效導引民眾使用政府網頁上的資訊，政府人員必須將平日內隱的行政及專業素養，轉化為可以與同仁、大眾分享的外顯知識，公務員更能養成系統化文件處理（documentation）的習慣。而透過知識管理（knowledge management）機制，機關更有機會發展為學習型組織，帶動機關人員積極進取。

（二）網路服務的問題

由上所述可知，政府網路服務對於革新行政文化具有極大潛力，但仍有下列問題。電子化政府也會衍生相對的問題，例如：

1. 服務歧視部分服務工作可能過度追求數位化服務，弱化了非數位使用民眾獲取傳統服務的機制，而導致制度性和個別性的服務歧視。這部分除有賴繼續加強及改善傳統服務機制之

外，也有必要透過教育訓練，提醒決策單位及公務員避免服務歧視。

2. 資訊品質與安全當政府擴大提供網路服務，服務之遞送都仰賴資訊系統，民眾及政府電子資訊的安全問題也會隨之提高，稍有技術的差錯或人為的疏失，即可能危害民眾權益，我們仍有必要從資訊安全政策、法規、技術，行政流程、網路規範、使用倫理及人員觀念等層面，應再賡續加強推動，俾能有效建立資訊安全機制，並時時確保資訊設施之完善。

三、數位化學習

在知識社會裡，「工作就是學習，學習就是工作」。知識工作者的基礎是建立在「學習」之上，而不是「經驗」之上。新數位科技引發的知識爆炸及社會變遷加速的結果，知識工作者必須經常接受挑戰。是以，「終身學習」乃成為知識經濟時代國民的必備條件。國民具有充分的資訊應用知能與國家是否具備完善的網路學習環境，則是知識經濟時代國家發展的基礎，塑造完善的網路學習環境與豐富的網路學習內容更是先進國家資訊政策重要的一環。配合「挑戰2008：國家發展重點計畫」之「e世代人才培育計畫」，我國將以「建構全民網路學習系統」為主要推動目標。

拜現代數位科技之賜，數位學習的技術也日愈成熟，與學習相關的活動流程搬上網路，一來讓學習者具有更大的彈性安排自我學習，二來可克服時空限制，突破傳統訓練模式，擴大學習的效果。學校教育透過數位學習技術與工具延伸至社會大眾，政府擁有的題材授權網際網路內容服務業者（Internet Content Provider, ICP）業者加值製造線上學習內容，助益數位內容產業之發展。

美國聯邦政府於2001年10月3日批准了未來二年內完成二十四項電子化政府的提議，教育訓練電子化（e-Training）即是其中一項，將於2003年11月前分階段提供政府相關訓練課程上網及完整的虛擬教室、課程管理等機制。新加坡2000年提出的Infocomm 21五年計畫中，擬將新加坡塑造為通訊資訊人力資本市場，其中更以電子化學

習（e-learning）為發展樞紐，提供電子化學習的優良園地，期許於2005年分別位居亞太地區通訊資訊人力資本及電子化學習的前二名。「數位韓國」（Cyber Korea）計畫於1999年3月啟動，政策重點在於加速網際網路發展，利用網路大學（Cyber University）培育資訊科技人才更是其特色。

　　我國「數位學習國家型科技五年計畫」，預定投資四十億元台幣，明訂下列工作目標：發展電子書包、建立學習網咖、提供普遍的終身學習管道、建立數位學習平台及網路科學園區促使業者投入開發數位學習教材、設法平衡城鄉數位落差、培育數位學習人才、研究最有利於學習的數位學習方式。

　　為利數位行政文化的建立，透過數位學習平台的設置，讓公務員「在學習中成長，在成長中學習」。目前行政院研考會「電子化政府網路文官學院」，行政院人事行政局「e等公務園」等數位學習網站均已設立，提供全國所有的公務員終身學習的環境。

四、網路化社會

　　網路化社會的內涵是將網路應用融入人民各生活層面中，包括教育、工作和家庭生活等。目前許多先進國家均已著手擘劃網路化社會或資訊化社會之發展願景及策略，網路化社會更已成為知識經濟時代社會發展的重要議題。

　　綜觀各國在網路化社會政策重點，多以寬頻網路環境構建為基礎，並設法加速資訊科技、網際網路及電子商務應用、電子化政府及服務。此外，尚致力於縮減數位落差、電子交易安全、網路犯罪防範、資訊人力資源發展等議題。

　　電子化政府服務在網路化社會發展過程中擔任關鍵性的角色。政府是規模最大的服務業，隨著政府e化，改善服務品質，建立創新應用典範，對於民眾、產學研各界具有鼓勵的效果，可以加速ICT的普及應用與發展。政府也是最大的資訊擁有者，政府資訊建立並開放給民間加值利用，不但可促進數位內容生產、利用與流通，也可加速網路服務內容的豐富與創新，進而帶動網路化社會的擴展。

　　政府推展網路建設的同時，對於因性別、年齡、地理、城鄉、族群、所得、教育程度不同，是否會影響人民有公平的資訊取用機會（equal access）及具備適當、足夠的資訊素養及基本資訊應用技能，公平享受資訊科技所帶來的生活及工作上的便利，以免在資訊社會中成為資訊相對弱勢，是政府建立公義社會必須嚴肅面對的重要政策課題。為了使絕大多數國民都能享受到資訊技術帶來的便利，縮減數位落差（bridging digital divide）已成為許多國家網路化社會政策所致力的目標，例如美國提出數位均等（Digital Equality），要「創造平等的數位環境，使人民無論所得、教育、居住地區或種族都能透過電腦和網路改善其生活品質」。透過「挑戰2008：國家發展重點計畫」之數位台灣計畫，將以普及偏遠地區政府資訊服務以及無障礙資訊網站推廣建置，作為建構台灣優質化社會的主要策略之一。

肆、我國電子化政府網路服務規劃與推動

　　行政院於九十年四月函頒「電子化政府推動方案」，推動政府網路寬頻化、服務e化、資訊公開、書證謄本減量及顧客導向的創新服務。九十一年五月提出「挑戰2008：國家發展重點計畫」之「數位台灣計畫」，將政府資訊建設視為策略性的國家公共建設，進一步落實電子化政府推動方案。

一、發展願景與目標

　　依據「電子化政府推動方案」，現階段我國電子化政府發展的願景為：

1. 運用資訊和通訊科技，一方面提高行政效能，提昇便民服務品質，支援政府再造，邁向知識型政府；另一方面公務處理將借助現代資訊及網路通信科技大幅改造，使得政府服務的組織更為精巧靈活，服務的速度更為快捷，時間更為延長，據點更為普及，選擇更為多樣，成本更為降低。

2. 電子化政府要讓政府機關、企業及社會大眾可以在任何時間、任何地點、透過多種管道,很方便地得到政府的各項服務,包括查詢資訊、申辦等,並且要提供政府創新的服務,例如「免書證謄本」、「免填申請書表」、「無紙化申辦」、「單一窗口」、「多據點、多管道、二十四小時服務」、「服務到家」等。

電子化政府要能支援「效能型政府」、「計畫型政府」、「競爭性政府」及「團隊化政府」,促使政府轉型,達到政府「服務現代化」、「管理知識化」的總體目標,其總體目標如下:

1. 建立暢通及安全可信賴的資訊環境。
2. 政府機關和公務人員全面上網。
3. 公文電子交換全面實施,推動公文電子交換到民間及企業。
4. 推動一千五百項政府申辦服務表單上網且可供下載,六百項服務可透過網路申辦,三十項跨機關流程一貫創新整合服務。
5. 戶籍地籍謄本完全減量。

二、推動現況

(一)基礎環境建置

由行政院研考會委外統籌建置「政府網際服務網」作為政府的骨幹網路,節省機關上網的成本,加速政府網路化的步代,至九十一年底,全國三千一百個行政機關(不含地方民代會、幼稚園、體育場、零售市場等)已全部連接網際網路;依據行政院研考會九十年九月至十一月問卷調查,院屬一、二級機關及直轄市政府之網站設置普及率82%、公務人員使用電子郵遞普及率83%、使用瀏覽器普及率82%;政府憑證管理中心(GCA)於九十一年底已簽發四十三萬餘張憑證,供網路報稅、公文電子交換、電子支付、電子公路監理等業務使用;建立各機關網路安全通報及防護機制,發送資訊安全通報;推動公務人員網路學習,由行政院人事行政局、行政院研

考會及行政院主計處分別建立線上學習（e-learning）相關網站。政府憑證總管理中心已於九十一年十月設置，工商憑證管理中心及自然人憑證管理中心於九十二年起四月提供憑證服務。

（二）行政管理應用

推動各機關實施e化管理，已實施電子採購、電子施政計畫管理、電子人事、電子出版、電子公文、電子支付等，提昇行政效率。以電子公文為例，各級機關學校、事業機構已全面實施利用網路傳送公文，其中院屬一級機關公文電子交換比率達64%、縣市政府達53%。以往，行政院的政令逐級傳達到最基層的鄉鎮公所，最快可能要二個星期，現在只要數十分鐘。以電子採購為例，行政院工程會「政府採購資訊公告系統」，至九十一年底線上公告招標資訊近九十七萬筆，提供近一千五百萬人次查詢，對於政府採購作業的公平競爭、資訊透明化有相當助益。

（三）政府資訊流通整合

初步建立戶政、地政電子閘門實驗系統，提供跨機關線上查驗地籍謄本、戶籍謄本等相關資訊。目前以線上查詢的數量約為謄本使用量的一成，對減輕民眾申請書證謄本的社會成本及政府的服務成本，有相當助益。擔任資料提供端（Information Provider, IP）的稅務電子閘門系統已於九十一年底建置完成，試辦提供法務機關依法進行線上查詢查驗服務。

（四）政府服務上網

已經初步整合各機關的網路資訊及服務，建置電子化政府入口網，提供民眾網路服務的單一窗口，提供各種便捷的目錄服務、生活資訊及網路申辦等服務，至九十一年底計提供近1245項表單下載

及235項網路申辦服務；財政部九十年度綜合所得稅結算網路申報計348156件，係八十九年度37621件之9.25倍（約佔報稅人口7.4%）；交通部提供電子公路監理網線上申辦及繳納違規罰鍰及汽車燃料費服務。其他重要服務系統上包括求才求職資料庫、全國法規資料庫及電子公用事業線上服務系統等。

　　經歷多年努力，我國電子化政府推動成果已逐漸獲得國際注意及肯定。九十一年九月由布朗大學針對全球一百九十八個國家所做的全球電子化政府評比報告中，台灣排名第一名。該評比主要針對中央機關政府網站服務內容與功能。九十年九月由泰勒尼爾公司（Taylor Nelson Sofres）針對二十七個進步國家，民眾使用電子化政府服務情形的調查，我國排名第九。九十一年二月世界經濟論壇（World Economic Forum, WEF）與美國哈佛大學共同發表世界網路成熟度指數（Networked Readiness Index），我國電子化政府在七十五個國家中排名世界第七。

伍、面臨的挑戰與推動策略

　　我國電子化政府的推動雖然稍有進展，同時也開啟「政府服務不打烊」、「衙門變超商」、「DIY-服務自己來」、「客製化服務」、「加值服務」及「社群服務」等創新服務的契機。但是，檢討目前電子化政府的推動，仍有諸多挑戰尚待克服，包括：

一、環境面

　　發展電子化政府服務在環境面須配合的因素包括基礎建設、經費、民間資源等，過去我國在環境面條件並不充裕的情形下，仍能贏得國際間不錯的口碑，誠屬不易。面對國際間強勁的競爭，以及民眾更精進的需求，不宜輕忽我國環境面的弱勢因素，應及早採取下列因應策略：

（一）加強基礎建設

發展電子化政府，除了提昇服務品質及層次，加強線上交易功能外，整體提昇我國資訊基礎建設更對電子化政府之發展有決定性之影響。

目前行政機關雖已全部完成連線上網，惟仍有一成八未有網站設置，公務人員尚有17% 未具網路使用能力。依據行政院主計處調查，民國九十年底行政機關人機比為0.7，尚未達每人一機。

另外，宜建立各機關首長建立e化政府之共識，加強政府資訊人員委外專案管理訓練，普及公務人員資訊能力，秉持「由上而下的觀念溝通，由下而上的能力提昇」策略，透過人員e化訓練、網路學習等措施提昇公務員的e化能力，依據電子化政府推動方案目標於九十二年底塑造全面e世代公務員。

地方政府服務與民眾關係特別密切，鑒於過去經費或人力不足等因素，造成其e化程度不足。目前行政院研考會透過九十二年度「公共服務擴大就業方案」及「擴大公共建設方案」，將地方e化設施全面普及，達到一人一機，並將政府資訊業務委外，列為首要的推動策略。

（二）健全政府資訊組織與人力

為加速e化政府推動，政府資訊組織人力應優先強化，解決資訊組織法制化問題，調整資訊人員的角色，以快速引進民間技術及管理資源，因應日益增加的e化服務需求，行政院已於九十一年十二月函頒「行政院所屬各機關資訊組織及人員設置參考原則」，主要為配合行政院組織調整，健全資訊組織設置，加強資訊人才進用，各機關資訊人力以資訊應用規劃、創新e化服務為著眼，結合資訊作業委外，並建立資訊長（Chief Information Officer，CIO）機制，結合

資訊與業務資源，將「資訊力」融入施政規劃決策過程，大幅提昇政府機關資訊應用能力與條件。

（三）擴大政府資訊預算投資

　　針對電子化政府業務需求，各機關必須在資訊預算經費上獲得支持，方能使各項計畫有效推動。為了加速推動電子化政府，透過「數位台灣計畫」九十二年度起首次突破經費編列的困難，由公共建設經費增加挹注，優先推動數項標竿型計畫，估計e化政府計畫十九個子項計畫共需於九十二至九十六年度間投入新台幣約一百五十億元。這項以公共建設預算擴大政府資訊建設經費之模式，將有助於加速e化政府建設，進而提供發展我國資訊服務產業的市場機會。

（四）普及政府資訊服務，提供多元管道

　　為創造輕鬆連網的環境，透過社區、鄉鎮公所、學校、圖書館等公共場所上網據點設置，將可發揮更大效益。另外，規劃導入無線通訊科技於政府服務流程及內部行政運作，提供民眾便捷的、主動的、貼心的行動網路服務。對於非網際網路的使用者，宜提供更多方便的電子化管道，使其也能夠享用方便的電子化服務。

　　對於地理位置偏遠之地區，積極協調與整合相關機關與民間資源，選擇適當地點建置上網據點，提昇網路連線速度，開拓擷取資訊的多重管道，提供基礎的電腦訓練及上網服務，「化劣勢為優勢」，以無形的時空突破有形的疆界，配合地方上的產業與資源，注入新意，建立專屬而具特色的網站服務，將「數位落差」轉為「數位機會」，促進當地的經濟發展、觀光行銷、文化保存和改善生活環境等目標。

（五）積極鼓勵民間資源投入

多年以來，台灣已建立資訊硬體與半導體產業的厚實基礎，惟整體的產業結構仍以附加價值較低之硬體製造及生產為主，遠低於全球軟體產值的發展趨勢。

目前，我國面臨資訊產業獲利率降低，以及大陸磁吸效應的影響，亟待積極轉型發展附加價值高、替代性低之資訊應用服務產業。面對全球化知識經濟的衝擊及資訊產業升級的壓力下，如何以高科技資訊服務提昇產業之附加價值，使台灣由製造為主轉型為製造與服務整合之產業，是數位台灣計畫的重要目標。

資訊產業發展提供電子化政府所需動力，電子化政府的推動加速帶動資訊產業發展，二者經常互為因果。未來電子化政府建設應積極結合民間資源，善用民間企業的經營管理能力與創新能力。行政院於九十一年十一月函頒「行政院所屬各機關資訊業務委外服務作業參考原則」，旨在引導各機關在「政府採購法」的架構下，以積極創新思維，從民間資訊服務業者取得必要的軟硬體、通信、技術及人力等各種服務，加速政府資訊化，展現政府便民服務的績效，經由政府與資訊廠商良好互動中，達到雙方共存共榮的「夥伴關係」，確保政府資訊委外服務品質，創造政府、廠商及民眾三贏局面。

二、制度面

現階段各機關推動電子化單一窗口網路服務的實際過程，普遍存在一些制度面的問題尚待突破，建議未來推動策略如下：

（一）強化法制面基礎

1. 機關同步配合進行法規修正或鬆綁，或是賦予現有法規更彈性的解釋空間

法制是機關推動業務的重要基礎，機關在推動網路申辦服務時，相關法規往往無法及時配合檢討修正，致常因欠缺法源依據而失去正當性基礎。因此，為因應e化趨勢，機關必須同步配合進行法規修正或鬆綁，或是賦予現有法規更彈性的解釋空間，否則網路申辦的推動必將窒礙難行。

2. 補強基礎法規領域，完整建立配套法令

如果說資訊科技是電子化政府的硬體，那麼其必要的軟體，就是配套法令。綜觀許多先進國家的推動經驗，凡電子化政府所涉及項目，不直接影響人民權利、義務者（如資訊安全、網站資訊編排等），概以行政命令為之；其涉及人民權義者（如電子簽章合法化、資訊公開與隱私保護等），則以法律明確規定[18]。

以美國、加拿大、澳洲為例，為實現電子化政府的理想，莫不致力於相關法令之訂立及內容之持續補強。例如美國有「政府文書消除法」（Government Paperwork Elimination Act of 1998, GEPA）、「全球及國家商務電子簽章法」（Electronic Signatures in Global and National Commerce Acts, E-SIGN Acts, 2000）、「隱私法」（Privacy Act of 1974）等；加拿大有「個人資訊保護暨電子文件法」（Personal Information Protection and Electronic Documents Act, 2000）、「隱私法」（Privacy Act, 1985）等；澳洲亦有「資訊公開法」（Freedom of Information Act 1982）、「隱私法」（Privacy Act of 1988）等。

就我國而言，目前已制定的相關法令包括「電子簽章法」（2002/04/01）、「行政院所屬各級機關推動民眾申辦案件電子化單一窗口作業原則」（2001/10/12）、「電腦處理個人資料保護法」（1995/08/11）、「電子化政府共通作業平台規範」（2002/12）等。其實我國在技術法規領域（例如電子簽章法）並不落後，但在

---

[18] 湯德宗，《電子化政府與行政程序法之施行期末報告》，行政院經濟建設委員會委託研究，2002，頁 27。

基礎法規領域（例如資訊公開與隱私保護）方面，則明顯較為落後，不僅配套法律迄未制定，相關法案的內容亦有補強的必要[19]。此點在美國布朗大學九十一年九月發表之「2002全球電子化政府調查報告」中亦提及類似意見，指出我國在資訊安全政策宣告部分仍待改進[20]。

（二）解決組織面問題

1. 先推動較單純之網路申辦業務

在政府e化服務相關軟體、硬體及共通作業平台等各方面條件尚未十分成熟時，各機關推動網路申辦業務宜先從較單純的案件做起，否則常會因付費機制未建置、相關書證謄本不易或無法檢附的問題，產生困難並遭受阻力。

因瞭解複雜申辦案件推動網路申辦不易的問題，行政院研考會建議各機關可先挑選「簡易申辦案件」，亦即單一機關可處理，且不須繳付費用、不須檢附書證之人民申辦案件優先推動，以降低初期推動的難度與阻力，未來俟環境技術發展更臻成熟，網路申辦之推動應會愈加順利。

2. 加強首長重視程度

機關首長的大力支持及全面參與推動，是推動網路申辦成功的重要關鍵。網路申辦的推動工作要能成功，必須有財力、人力、物力各方面的積極投入及配合；若機關首長對政府e化的趨勢、推動目標及做法缺乏認知與支持，在推動的過程中勢必無法順利整合各方資源，且容易發生事倍卻功半的問題。

---

[19] 湯德宗，《電子化政府與行政程序法之施行期末報告》，行政院經濟建設委員會委託研究，2002，頁95。

[20] 行政院研究發展考核委員會，全球電子化政府2002年評比結果分析，行政院第二八一〇次會議報告資料，2002。

　　　為加強首長對電子化政府的支持，行政院研考會將透過電子化政府首長高峰會，凝聚各機關共識；另將電子化政府推動方案、網路申辦、電子化政府入口網等推動情形定期或不定期提報行政院院會，促請各部會首長重視及督促所屬貫徹實施電子化政府。

（三）加強線上申辦項目之深度及廣度

1. 加強線上申辦項目之深度

　　　截至九十一年十二月底統計結果，行政院所屬各機關民眾申辦項目可提供「申辦表單（含申請書表、申請程序、填表說明）上網且可下載項數」服務者計有1245項，可提供「網路申辦服務（含不需檢附任何書證謄本及後需補附書證謄本）項數」者計有235項，均已超越九十一年度設定目標。目前行政院研考會正積極推動網路服務功能加強的工作，希望在九十三年底達成申辦表單及資訊上網且可下載累計達1,500項、網路申辦累計達400項之設定目標。

　　　在建置入口網多元付費機制部分，因牽涉層面相當廣泛，包括流程、法令規章、技術及管理面等皆須進行配套修正，故採漸進方式推動；目前已將線上信用卡、金融卡、小額付款等機制納入電子化政府共通平台，將於未來持續積極推動。至於身分認證的機制，政府憑證管理中心將分別建立自然人、公法人、私法人及測試憑證中心，與一般民眾關係密切的自然人憑證中心，內政部也正規劃建置中，預計於九十二年四月開始提供憑證服務。

　　　此外，為推動跨機關的整合型服務，行政院研考會並進行「創新e化整合服務」規劃案，希望能規劃及推動民眾最需要的三十項流程一貫的服務，提出可減少公文往返，並節省民眾時間的創新e化思惟與做法，進而透過電子化政府共通作業平台於九十二年度提供兩項先驅性服務。

2. 加強線上申辦項目之廣度

　　除了強化網路申辦的深度，擴大服務內容的廣度需要積極推動地方政府共同參與；更長遠的規劃，還希望立法、司法、考試及監察院的申辦服務也能整合納入，以帶給民眾更大的便利。行政院研考會在九十二年上半年前對所有縣市政府進行宣導與說明，並再繼續擴大推廣到鄉鎮市區公所的民眾申辦項目都能納入電子化政府入口網，推動中央與地方政府以夥伴關係共同來建構完整的網路服務單一窗口。

（四）推廣網站並加強維護

1. 利用各類媒體及管道加強宣導

　　為了讓民眾及公務員知道而且能多利用政府的網路服務，未來應利用各類媒體及管道加強宣導，包括電子視訊牆、網路、電視、廣播、電影院、報章雜誌、參與資訊展、舉辦各類推廣活動等，提高民眾使用率。

2. 提高各類族群使用率

　　電子化政府入口網之行銷策略除了要能打動經常使用網路族群的心（主要特性為年輕、高學歷、中上收入等），對於其他具有開發潛力的族群（例如家管、退休人員等），也應思考如何才能引導其運用，列為整體行銷策略的另一重點。

3. 發揮創意，集思廣義，永續經營

　　創意為現代行銷策略成功之重要關鍵，集思廣義更是政府服務未來必然趨勢，行政院研考會於九十一年十二月二十八日舉辦「我的e政府－電子化政府入口網」網友諮詢委員會成立大會暨研討會，邀請各界學有專精之網路志工共同參與政府入口網建設與維護工作，針對入口網之服務內容提供建言，並參與部分服務項目之維護，該次活動受到民眾熱烈響應，對於打造一個「以民為尊，屬於全民」的電子化政府服

務園地大有助益；未來行政院研考會將加強舉辦類似活動，除了可以發揮宣導功能外，更讓民眾能直接參與，廣納民意，獲致更大效益。

三、技術面

我國各主要大型行政資訊系統，均係獨立之專屬系統，為打通資訊藩籬，前已推動電子閘門計畫，訂定電子閘門系統規範，以建立點對點資料交換機制，由各大型資訊系統擔任資訊提供者角色，透過網路提供資料給需求機關；此一機制解決了資料交換的問題，但也帶來資訊需求端要面對多個資訊提供端的問題，而資訊提供端也同樣面對眾多資訊需求端的問題。隨著電子化政府服務深度及廣度的不斷增加，許多國家同樣面臨專屬系統之整合議題，亟待克服。

近年來，建構於XML標準之上的新一代網路服務（Web Services）架構已逐漸發展成為整合各種網路服務平台的共通標準。在此一開放架構下，政府可以在網路上以標準化方式描述其服務內容與相關資訊、查詢所需要的服務或資訊，並且不假人手以自動化的方式——系統對系統的方式進行交易。可以讓各機關的應用程式自動地透過網路相互溝通，直接串連交換，進而增加跨機關、跨組織的程式整合溝通能力。例如，企業可以在電子化政府入口網很順暢地從頭到尾自動完成新設公司所必須的公司執照、營利事業登記、優惠補助、信用貸款、進出口簽審及人員僱用等流程，不必像過去必須在不同的政府機關或網站逐一完成申請手續。

訂定以XML為基準的政府資訊交換相關標準，發展以網路服務（Web Services）為平台的共通平台架構，將是我國電子化政府跨機關服務流程整合及創新的關鍵。目前已經完成電子化政府共通作業平台規範，九十二年度行政院研考會進一步規劃建置電子化政府共通作業平台，作為整合電子化政府服務的基礎。然為發揮共通平台協同運作功能，尚應建立發展跨機關合作提供創新服務的組織協

調、績效評估、人員激勵及經費編列機制，促進跨機關創新服務系統的全面建置。

陸、結語

今天台灣地區上網人口，已突破九百萬人，網際網路便捷化的結果，民眾對政府的期望也隨著「向上提昇」。推動電子化政府建設的主要意義，並不只是要引進新興的科技，而是要讓各機關聯結成為一個可以立即傳達訊息、溝通意見、分享經驗及知識的數位神經系統，使政府組織轉型、升級成為更精巧、靈活、機動、彈性、效率、透明化的組織運作體系，進而與企業、社會及民眾連網，以快速回應民眾的需求、有效處理瞬息萬變的新事務，強化各種危機處理能力。政府機關及公務員應打破傳統的思考框架，因應公民社會的興起，以全新的視野重新思考政府的角色及職能，改變及改善政府與民眾之間的互動關係，以民眾的需求為依歸，致力建設公義的社會，豐富社會生活的內涵，增進民眾的福祉。

參考書目

1. 經濟部技術處委託財團法人資訊工業策進會，《2002 網際網路應用及發展年鑑》，民國九十一年十一月。
2. Stan Liebowitz，〈數位經濟真實之力〉（ Re-thinking the Network Economy），大師輕鬆讀第十一集，商智文化事業股份有限公司出版，民國九十二年一月。
3. 經濟部商業科技發展九十一年度委託研究報告，《Web Services 的發展與電子網務應用》，九十一年十二月。
4. Cass Sunstein，黃維明譯，《網路會顛覆民主嗎？》（repunlic.com），新新聞文化事業股份有限公司，民國九十一年五月。
5. 數位時代雙週刊，〈電子化政府專刊，各位頭家，我把政府變方便了：電子化政府的願景、策略、行動、機會與挑戰〉，數位時代雙週刊，民國九十一年七月。

【文章發表】
· 本文原載於《國家政策季刊》第 2 卷第 1 期，2003 年 4 月。
· 英文稿曾發表於 Microsoft Summit，2002，Seattle，U.S.A.。

電子化政府典範轉型之省思

壹、前言

　　資訊科技的進步，促使政府組織行政效率提升以及組織轉型。然而，在各國推動電子化政府已逾十年的經驗中，卻逐漸發生學理預測的現象，實務方面卻是愈往後發展，田野真實性愈降低。其中原委值得探究。本文先對目前全球電子化政府發展階段進行探討。其次，評析我國電子化政府發展階段，重點放在2008-2011年的發展。第三，重新省思每個階段，資訊科技精神的不同，組織轉型也應搭配，才能體現科技精神，達到欲訴求的服務旨趣。最後進行小結。

貳、電子化政府的發展階段

　　在進入本世紀初期，許多學者或研究單位，紛紛對電子化政府的發展階段進行預測，所用的名詞，包括：「電子化政府的發展階段模式」、「電子化政府的成長模式」，或是「電子化政府的演化」概念為主。不論是「發展」、「成長」，或是「演化」，基本上皆隱含隨著時間的演進，組織本身會變革（change）、進步（develop）趨於成熟（maturity）。相關學者對發展階段的看法整理如表一。

一、階段論

　　四階段論者多認為，第一階段是網路呈現（web presence）、目錄（cataloging），第二階段是互動（interactive）、溝通（communication），

第三階段是交易（transaction），第四階段是轉型（transformation）（Sharma, 2003； Grant and Chau, 2005）。轉型有不同定義，如Layne and Lee（2001）認為，第三階段是垂直整合（vertical integration），在該階段，類似功能的低階系統與高階系統連結（中央與地方連結），第四階段的發展強調水平整合（Horizontal integration），在該階段，跨組織不同功能的系統整合，提供民眾一站式服務。另一四階段論者，例如West（2004）則認為，最後一階段是互動式民主。五階段論者，最後階段有些注重無間隙的服務（seamless service），有些則特別著重公民參與（e-participation）與民主（e-democracy）的關係（Belanger et al., 2001; Moon 2002）。六階段論者，則是將電子化政府發展初期階段的「網路呈現」再細分為二（前期階段及第一階段）。

表一　全球電子化政府發展模式（E-Government Development Models）

學者	前期階段	第一階段	第二階段	第三階段	第四階段	第五階段
Layne and Lee (2001)		目錄化：Catalogue	交易：Transaction	垂直整合：Vertical integration	水平整合：Horizontal integration	
Sharma (2003)		呈現：Presence	互動：Interaction	交易：Transaction	轉型：transformation	
Ronaghan (2002)	初期的呈現：Emerging presence	加強的呈現：Enhanced presence	互動：Interactive	交易：Transactional	無間隙：seamless	
Belanger et al, (2001)		資訊散播：Information dissemination	雙向溝通：Two-way communication	整合：Integration	交易：Transaction	參與：participation
Wescott (2001)	電子郵件及內部網路：E-mail & internal network	強化跨組織與大眾取用資訊：Enable interorganizational and public access to information	雙向溝通：Two-way communication	交換價值：Exchange of value	數位民主：Digital democracy	合作式政府：Joint-up government

Moon (2002)		資訊散播／目錄化：Information Dissemination/cataloguing	雙向溝通：Two-way communication	服務及金錢交易：Service and financial transaction	垂直及水平整合：Vertical and horizontal integration	政治參與：Political participation
West (2004)		佈告欄：Billboard	部分服務傳遞：Partial service delivery	單一入口-可完整執行及整合的服務傳遞：Portal stage (fully executable & integrated service delivery)	互動式民主：Interactive democracy	

資料來源：調整自 Coursey and Norris（2008）資料。

　　這些階段的演變，並不一定是線性（linear）發展，或是逐步地（stepwise），不同政府追求的先後次序也不同，（有些可能將「公民參與」階段優於「交易整合」階段），或是各階段的發展也有可能同時地進行，不完全是逐步進展。端視各政府的環境限制、可運用的相關資源，或是組織的企圖而定。有些學者認為，階段論只是描繪出一個發展的梗概，或指引管理者一盞明燈，作為制定政策時的參考，重點是提供我們了解電子化政府服務（產品）演化的本質（Moon, 2002）。Janssen, et al.（2006）也認為，發展階段的提出，有兩種意涵，第一，定位（positioning）目前的相對位置；第二，建立藍圖（roadmap），朝向最終想達到的目標前進，每一個階段的建立及改進，皆奠基於前人努力的結果。即使如此，Layne and Lee（2001）指出，這些階段的提出，代表當政府一方面隨著朝向「科技促成政府（electronically-enabled government）的進步」所帶動的結構轉型（structural transformations），另一方面也呈現出以網路為基礎的政府，如何與傳統公共行政組織混合（amalgamated），成為虛實合一（click & motor）的組織型態，隱含著政府組織形貌（form）底層的變革。

二、發展模式的省思

隨著科技的進步，可促使行政效率提升。若干從技術角度，探討如何透過業務流程（business process）整合的方式，將科技的潛力完全發揮，達到資訊的相互操作性（interoperability）的研究，指出隨著Web services架構的發明，資訊可跨系統流通的願景的障礙逐漸降低。此類研究主要探討跨機關異質資訊系統，如何透過流程整合的方式讓資料流通。這些固然是讓資訊能跨組織流通的必要條件，但是許多理論可行的東西，組織實施方面，若是相關條件無法有效配合，使得資訊系統的引進成功，則一切是空談（林東清，2008）。

因此，學者開始對這些論述提出反思，他們認為發展論者泰半抱持「科技決定論（technology determinism）」的預設立場，預設科技會依獨立自主的邏輯發展，而對社會環境會造成巨大的衝擊，隨著科技愈精良、愈能解決複雜的問題及替代人力，主要的管理工作，乃是協助社會大眾「適應」不可逆轉的科技發展。Coursey and Norris（2008）批評在電子化政府發展初期（2000年左右），學者們所預測的發展模型，認為科技導入就會引發組織變革，或是變革的方向是成熟、進步的表徵；這些發展階段模型太臆測性（speculative），學理上有趣，並未有資料的證實。從發展論模型，並未告訴我們這些階段如何發生，或要花多久時間才可完全展現（fully unfold）；不同階段政府，如何克服財務、法律、人與人知識移轉、組織、技術與政治等障礙。政府建置資訊應用系統，卻沒有仔細思考民眾真正需求，以為建置好，透過適當地宣傳，民眾就會採用。兩位學者對美國州政府的研究，發現網路呈現、交易、線上溝通確實發生，如同學理的預測，但往後的發展似乎就趨緩，甚至停滯（halted）；表示學理所預測的現象，田野真實性方面，愈往後發展愈急劇下降。Bekkers and Homburg （2005）也認為，採用「功能性」的觀點來檢視電子化政府的發展，是假設科技的進步及工具性，科技會使政府成為更新更好的政府。兩位從資訊生態（information ecology）

觀點，認為有關的利害相關人（relevant stakeholders），在採用過程中都有自己的想法去詮釋科技的採用，最後演變結果通常並不是科技設計者原先所設想。

　　學者開始質疑，政府組織採用創新科技就會使政府成為更新、更好的政府；電子化政府發展到後期階段，理論預測逐漸與實務脫節，許多預期組織變革現象卻未出現，這些對發展階段論的批判，促使我們再去反思。尤其在後期發展階段，政府組織轉型，如何在資訊科技與相關行動者互動中萌生。

參、我國電子化政府發展階段（2008-2011）

　　我國自進入二十一世紀，迄今推動四個階段的計畫。前兩階段分別是：第一階段的整體規劃基礎建設（1997-2000）之電子化／網路化政府中程推動計畫；以及第二階段的個別機關應用發展90-93年計畫，後續併入挑戰2008計畫之「挑戰2008：國家發展重點計畫」（2002-2007年）：跨機關整合創新。這兩階段的計畫內容，在此不另贅述。

一、第三階段 優質網路政府計畫（2008-2011年）

　　1. 整體目標及計畫內容：

　　　　計畫總經費需求：四年一百億。為確保資金挹注以全面推動，積極尋求依前例納入有關國家發展的上位計畫，透過政府重大公共建設經費支應，確保經費的穩定。2006年底的NICI第18次會議通過「國家資訊通信發展方案」（96-100年），三年衝刺五大套案，套案四：公共建設——「環境美」，「優質網路政府計畫」即納入「環境美」中「發展優質網路社會」。詳如表二。

表二　優質網路政府計畫

願景	總體目標	五大策略	十大旗艦計畫
增進公共服務價值、建立社會信賴與連結	1. 發展主動服務、創造優質生活 2. 普及資訊服務、增進社會關懷 3. 強化網路互動、擴大公共參與	1. 推動資訊改造、有效運用資源 2. 整合服務流程、展現政府一體 3. 革新資訊法制、加速創新應用 4. 建立分眾服務、落實需求導向 5. 加強應用推廣、提高使用滿意	優質網路政府基礎服務計畫
			國家資通安全技術服務與防護管理精進計畫
			便捷資訊交換整合服務計畫
			充實基層機關資訊設施及應用計畫
			企業 e 幫手計畫
			民眾 e 管家計畫
			安適 e 家園計畫
			社會 e 關懷計畫
			政府 e 公務計畫
			公民參與 e 計畫

資料來源：行政院研考會

2. 內容評析

　　在優質網路政府計畫，以「提升政府資通環境效能」的預算最高，四個計畫（前四個計畫）涵蓋資訊基礎建設提升、資安防護改善、強化跨機關交換的整合，以及汰換基層縣市政府機關的資訊設備等，四年投入44.6億。2008年11月26日的NICI第二十三次會議，「優質網路政府計畫」修正為「智慧台灣計畫」經會議決議通過。經過微幅調整，續階計畫更將社會網絡應用（social network）視為應用核心，以符合Web 2.0科技精神。

　　行政院研考會推出「願景2020網站」就是顯例，該網站主要是匯集公民對未來十年發展的想像。行政院研考會每數年，均會連動式地對未來十年社會發展提出預測；別於以往「2010年社會發展策略」擬撰方式，此次是由學者專家、相關公務機關，依不同議題組

成的團隊合作方式，由專業主導國家對於未來遠景的想像，例如由知名作家、民間人士等擔任部落格主，就不同專業匯集民眾對於未來教育文化、生活環境等議題提出看法。

二、第四階段 全程服務階段（2012-2016）

此計畫於2010年底前定案，特色乃是跨機關整合的基礎上，為民眾或企業需求提供全程化的服務；並將各項政府服務，延伸到可攜式行動裝置與社交網絡技術，提供一種從「端到端（end to end）」的全程服務。該會表示，將會檢討現行流程後，重新建立標準作業程序，執行新舊流程銜接，從受惠者或服務對象的全程化角度來規劃。

肆、公共服務價值

一、公共服務內涵

公共組織導入資訊科技，願意付出相對應的投資，以及隨之而來的種種組織變革成本，應是冀望提升公共行政價值。目前有關公共組織所創造的價值，概念或名詞定義均頗為分歧，需要加以釐清。

公共行政價值，係指政府透過服務提供、法律及條例的制定與其他作為，所創造出來的價值（Kelly and Muers, 2002）；這些也可作為評估政府績效表現的重要指標。這些行動所產生出的附加價值，會使民眾為了最終所享受的福祉，決定犧牲一些東西，將資源及權力賦予政府（Kernaghan,2000）；對政府而言則是增進合法性（legitimacy）與支持度（Liu, et al., 2008）。

既然公共行政價值是評估政府表現的重要指標，也是政府決策的重要參考，但是其範圍太為廣泛；本文專指公共行政組織藉由資訊科技的導入，透過服務提供所創造的價值，尤其是指滿足個人利益的價值。

二、科技精神與公共服務內涵之轉變

隨著電子化政府的演進，在交易階段所提出的公共服務，其特色乃是政府利用資訊科技，將既有公共服務上線或進行線上交易。這類的公共服務，本質上對民眾而言多屬「義務型」需求，若是不服從可能有罰則（報稅義務）；政府利用資訊科技，僅是將傳遞方式以更有效率或方便的方式進行，公共服務的本質並無多大改變。這類電子化服務，只需改變服務傳遞方式，對主政者而言，較易實施。

在整合階段提出的公共服務，較以民眾角度，將政府資訊跨機關整合流通，其特色是利用資訊科技，提出新的公共服務。這類公共服務，對民眾而言，多屬「慾望型」需求，民眾可不受約束地選擇，不用該服務也不會受到責難。例如政府利用無線射頻技術（RFID），將加工製品的生產歷程公開，以保障國人的食品安全，或是高速公路電子收費服務（ETC）。這類電子化服務改變政府內部跨組織職權劃分及溝通機制，增加協調成本，除非強而有力且有願景的執行者，否則不易推動。

資訊科技的發展，使政府部門科技設計者，對公共服務發展的理想成真；但是演化的歷程，科技設計者卻忽略「公共服務」的本質，對最終服務使用者而言，已非以往的「本質上需求」（傳遞方式更好，使用量就會增加），類似B2B探討的「慾望型需求」（傳遞方式更好以降低使用成本，了解此公共服務滿足民眾的哪些個人化核心利益，並對其產生價值）。

科技不是依獨立自主的邏輯發展，對社會產生巨大衝擊，而要社會要去「適應」科技。個人認為科技正促使公共服務的「服務」本質，正從以往的公共化逐漸朝向滿足個人化價值的趨勢，因此科技設計者對於以往推動科技促成的「義務型」公共服務的舊思維，甚至是成功經驗，也應因應科技促成的新的公共服務，須有所調整。只是對於這類屬於科技精神促成以滿足民眾慾望性需求的公共服務，如何促進民眾利益，及對於民眾使用該服務後所賦予該服務價值之研究，目前尚付之闕如。

　　對科技的認識，除了功能性（functional）與技術（technical）的層次外，要更注意科技根本的意義，此稱為科技精神（technology spirit）。這是設計者或發明者在開發科技時，在其社會情境背景影響下的人造物，反映出科技內嵌本質及組織應有的標準作業流程或認知（Latour 1987；DeSanctis and Poole, 1994；Soh and Sia, 2004）。Brakebill（2007）研究即指出科技精神對公民的服務意涵，在過去十年來，有些演化，分別是從服務方便（service availability）——指政府執行法定上功能，但是並不特別關心公民表達或未表達的需求。服務傳遞（service delivery）階段——指政府符合民眾共同且合宜表達的需求，此類服務的宗旨，是讓愈多公民使用愈好。服務價值（service value）——指政府符合民眾未表達的目前需求，常需以客戶為中心進行跨政府部門合作，進行服務的深化。最後是服務信任（service trust）——指政府符合民眾潛意識或情感上的需求，基於民眾現在或未來的情境，並將民眾的家庭及社群考慮進去，強調公民參與。前三階段屬於Web 1.0的科技精神，第四階段屬於Web 2.0精神，最近的雲端科技的政府雲，其科技精神是「信任」——促使擁有最大資料庫的政府，將資訊公開使用，俾助資源配置更有彈性，資料交換效率更為流暢。這些對民眾的價值內涵，愈往後面，對使用的民眾及企業的價值愈高，隨著電子化政府的發展階段，從線上資訊公開呈現、交易服務、整合服務，到達促進民眾參與的電子化民主的階段。最近的雲端科技的出現，IT精神的內涵不同，管理內涵有所調整。詳見表三。

表三　全球電子化政府的發展與「IT 精神（spirit）」的轉變

發展階段	建立電子化政府（Web 1.0）	使用電子化政府（Web 1.0）	客戶服務（Web 1.0）	強化信任（Web 2.0）	信任（政府雲）
服務產品	公開呈現	交易服務	整合服務	公民參與	政府資料公用
服務目標	許多服務可上網	民眾及企業的使用率提升	政府提供多元管道及跨部門的單一窗口（one-stop）服務	公民相信政府	政府與公民互信
時期	1999-2001	2001-2005	2005-2008	2007 至今	2010 開始
主要挑戰	網路能力	公民使用	跨政府部門合作，服務整合	服務內容，不是只有服務提供	目前科技尚未成熟
執行花費時間	2-3 年	2-5 年	5 年以上	7 年以上	未知
服務意涵	服務方便	服務傳遞	服務價值	服務信任	信任公民
IT 精神	政府主導（master）科技	傳遞資訊，增加便利度	整合資訊，以公民為中心的觀點	使用者（users）創造內容，形成社會網絡（social networks）	資源配置更有彈性及效率

資料來源：本研究整理，修改自 Brakebill（2007）

伍、結語

　　針對不同資訊科技發展階段，公共服務內涵有所轉變，為使科技價值極大化，也正考驗主事者勇於挑戰既有政府內部運作邏輯的勇氣。

　　政府擁有公權力及最大資源，所以隨著資訊科技的演進，政府若想實現新科技對公共服務價值的提升，不應再以內在運作邏輯，要求利害相關人配合，更應看看外面競爭的世界，以及了解科技精神，檢討改變政府內部思維及運作方式。過去政府策略重點在於服

務上網、培養民眾網路使用能力、增加網路服務的普及性與提供整合服務。進入雲端科技時代，科技精神是讓資源配置更有彈性及效率。 政府擁有最大的資訊資源，如何配置及運用，政府內部思維模式應需調整，不僅要了解民眾及企業需要公共服務，滿足他們的需求，更要讓使用者，在所處的社會情境下，更容易去接觸這些公共服務，以持續性地創造公共服務價值。例如，目前民間許多跨機關的驗證制度，因資訊科技的進步，都已進入無紙化時代，但是政府的會計制度仍停留在以「書面正本」為依據的時代，與民間的競爭活力相比，形成一些落伍現象。以上所述，均考驗著政府與時俱進的新思維及執行力。

參考書目

1. Bekkers, J. J. M. and Homburg, V.(2005). The information ecology of e-government：E-government as an institutional and technological innovation in public administration. IOS Press.

2. Belanger, F., Hiller, J. and Smith, W. (2001). Trustworthiness in electronic commerce: the role of privacy, security and site attributes. Journal of strategic Information Systems, vol. 11, pp. 245-270.

3. Brakebill, J. (2007). Outcomes that matter: developing customer service as a lever for high performance government. In E-Participation and E-Government: Understanding the Present and Creating the Future. New York: United Nations.

4. Coursey, D. and Norris, D. F.(2008). Models of e-government: are they correct? an empirical assessment. Public Administration Review, vol.68, no.3, pp.523-536.

5. DeSanctis, G. and Poole, M.S. (1994). Capturing the complexity in advanced technology use: adaptive structuration theory. Organization Science, vol. 5, no. 2, pp. 121-147.

6. Grant, G. and Chau, D.(2005). Developing a generic framework for e-government. Journal of Global information Management, vol.13, no.1.

7. Janssen, M., Gortmaker, J., and Wagenaar, R. W.(2006). Web service orchestration in public administration: challenges, roles, and growth stages. Information Systems Management, vol.23, no.2, pp.44-55.

8. Kelly, G. and Muers, S., (2002). Creating public value: an analytical framework for public service reform. London: Cabinet Office Strategy Unit.

9. Kernaghan, K. (2000). Moving towards the virtual state: integrating services and service channels for citizen-centered delivery. International Review of Administrative Service, vol. 71, no. 1, pp. 119-131.

10. Layne, K. and Lee, J.(2001). Developing fully functional e-government: a four stage model. Government Information Quarterly, vol.18, pp.122-136.

11. Latour, B. (1987). Science in Action: How to follow scientists and engineers through society. Cambridge, MA: Harvard University Press.

12. Liu, J., Derzsi Z., Raus M., and Kipp A. (2008). E-Government project evaluation: an integrated framework. In Wimmer M.A., Scholl H.J. and Ferro E. (eds.): EGOV.LNCS 5183, pp. 85-97.

13. Moon, M. J.(2002). The evolution of e-government among municipalities: rhetoric or reality?. Public Administrative Review, vol.62, no.4, pp.424-433.

14. Sharma, S. K.(2003). Assessing e-government implementations. E-government Journal, vol.1, no.1, pp.1-18.

15. Soh, C. and Sia, S.K. (2004). An institutional perspective on sources of ERP package-organization misalignments. Journal of Strategic Information Systems, vol. 13, no. 4, pp. 375-397.

16. West, D. M.(2004). E-government and the transformation of service delivery and citizen attitudes. Public Administration Review, vol.64, no.1, pp.15-27.

15. 行政院研究發展考核委員會。

16. 林東清（2008）。《資訊管理》。台北市：智勝。

17. 拉圖‧布魯諾（Bruno Latour）（2004）。〈直線進步或交引纏繞？人類文明長程演化的兩個模式〉。《科技渴望社會》，吳嘉苓、傅大為及雷祥麟主編。台北市：群學。

18. 程麗弘（2011）。從科技契合歷程探討電子化政府發展的轉型：以台灣跨機關整合服務為例。國立政治大學科技管理研究所博士論文，未出版，台北市。

第四篇　知識型政府

政府部門的研究發展機制及其評估

壹、背景說明

近年來，亞太經合會各會員體為提昇國家及經濟產業的競爭力，莫不致力於推動研究發展工作，舉美國、日本及南韓等已工業化國家為例，這些國家1999年全國研究發展經費占其國內生產毛額（GDP）的比率，分別達到2.64%、3.04%及2.46%的水準，顯示工業化程度愈高國家，所投入的研發經費及其國內生產毛額（GDP）的比率也相對愈高。

我國發展歷程也頗為類似，在1996年時，全國各界投入研究發展經費總額為新台幣1,380億元，當時僅占國內生產毛額（GDP）的1.80%。近幾年來，隨著經濟及產業發展的需要，整體研究發展支出經費已呈現明顯成長的趨勢；舉2000年為例，當年度全國研究發展支出總額已達1,976億元，占國內生產毛額的比率已上升至2.05%，其中政府投入占37.5%，民間投入占62.5%（如表1）。另一方面，政府部門也已公開揭示，2010年時研發經費占GDP的比率要達到3%的目標，期望屆時擠入先進工業化國家之列。

表 1　研究發展經費概況

年別	金額 （新台幣億元）	GDP 占比 （%）	政府出資占比 （%）	民間出資占比 （%）
1996	1,380	1.80	41.6	58.4
1997	1,563	1.88	40.2	59.8
1998	1,765	1.97	38.3	61.7
1999	1,905	2.05	37.9	62.1
2000	1,976	2.05	37.5	62.5

資料來源：「中華民國科學技術統計要覽」2001 年版

近幾年來，隨著政治民主化的發展趨勢，民眾關切政府部門預算運用成效的呼聲日益高漲，加以政府財政壓力與日俱增，政府所投入的研究發展經費可否獲致原先所預期的成果目標，常為各界關注的焦點；再者，政府的研究發展經費多投入在「基礎研究」及「應用研究」二者，這二方面的研發風險（risk）本來就非常地高，如何降低研發失敗風險及提昇研發的成功機率，亦為社會各界關心。政府部門為回應民眾及輿論的要求，對各類研究發展預算使用及其績效評估，推動了多項作為。

貳、研究發展工作推動現況

我國政府部門每年投入的研發經費大略可劃分為「行政及政策研究類」、「科學及技術研究類」及「科技專案研究類」等三大領域。其中行政及政策研究類方面，係各機關依其業務需要而辦理各項研究計畫，研究成果多作為政府機關業務改進或政策研擬參考，並由行政院研考會（RDEC）擔任中央主管機關；科學及技術研究類方面，各機關係基於提昇國家科學或技術發展目標，編列科學及技術研究預算所從事的各項研究計畫，中央主管機關為行政院國科會（NSC）；至於科技專案研究類方面，係經濟部（MEA）為提昇產業技術升級及國際競爭力，於每年度開始時所編列科技專案預算，委託所屬財團法人研究機構從事產業技術之專案研究開發計畫，並將各項研發成果移轉民間業界，以增進產業界的技術創新優勢。

按現階段政府部門內職掌分工，國科會係負責發展科學技術業務、審核輔導研究計畫；主計處負責審議各機關研究經費之編列、監督各機關研究經費運用；研考會負責各機關研究發展工作之規劃、協調及推動；經濟部技術處負責應用科學技術研究發展成果之推動、評估；經濟部工業局負責工業創造、研究、改進、推廣之獎助；教育部則負責促進大學及研究所教育及研究、監督學術研究機構。此外，尚有其他機關也推動與本身業務相關的研發工作。

一、關於行政及政策研究類

　　本項研究業務係由研考會（RDEC）擔任中央主管機關，各機關每年度均參照國家發展政策、施政規劃或重大社會議題等因素，編列預算辦理與施政議題相關的委託或補助研究計畫，研究期程以一年內為主，經費多在新台幣一至三百萬元間，目的在提供政府決策或擬定政策之參考；以研考會為例，自民國五十九年起即進行委託研究，每年均審度國家社經發展情勢，經多方徵詢意見後，選擇專業性較高、影響層面較為廣泛的政策議題，委託學者專家進行政策性的專案研究，均深入探究並研提政策建議，作為各機關決策參考。

二、關於科學及技術研究類

　　係各機關為提昇國家科學技術而辦理的研究計畫，中央主管機關為國科會（NSC）。一般而言，科學及技術類研究計畫的金額較高，主要係從事基礎或應用研究，對提昇整體研究或產業競爭力有相當助益。對照起來，國科會的科技研究預算主要用於推動「基礎研究」，而經濟部的預算則集中在推動「應用研究」及「技術發展」，主要依靠科技研究機構及大學院校來執行。另外，政府部門中尚有交通部、原能會、農委會、教育部、衛生署、環保署等，亦經常透過轄下或其他科技研究機構執行科技研究計畫。進一步分析，各個科技研究組織研究經費主要集中在「應用研究」及「技術發展」類，占比率分別為42.6%及40%；大學院校集中在「基礎研究」及「應用研究」，占比率分達47%及44.9%；民間企業部分其研發經費幾乎完全投入在「應用研究」及「技術發展」二者，占比率分為22%及77.5%。

　　整體而言，各機關在實際辦理各類研究發展業務時，多半係採取委託研究及補助研究二種方式；例如，國科會及教育部比較偏重於採取補助研究計畫的做法，至於研考會及其他機關等，多半採取委託研究方式辦理。可見，政府部門現行在推動行政及政策類的研

究工作，主要係藉由委託或補助特定研究機構或個人方式進行，至於委託研究與補助研究二者有何不同，可從表2瞭解其中的差異。

表 2　委託研究與補助研究之差異

項目	委託研究	補助研究
目的	研擬政策建議。	促進學術發展。
資金來源	各機關基於政策研訂之必要所編列之業務費。	主要以國科會之學術補助及教育部的大學學術追求卓越計畫為主，但並非每個機關均有編列。
主題選定	由委託機關決定。	由申請者決定。
辦理方式	由委託機關依採購法選定委託對象，簽訂委託契約。	由申請者於每年一月底前提計畫書，經資深學者專家組成審核小組審核通過後給予補助。
適用法規	「行政院所屬各機關委託研究計畫管理辦法」及各機關所定委託研究作業規定。	國家科學技術發展基金作業手冊及國科會所訂定各項補助及獎勵辦法。
成果提出	需依契約要求之內容及規格提出期末報告，較著重現況調查及政策建議。	僅對報告訂有簡要規格，較著重理論建構及學術成果之發表。

資料來源：行政及政策類委託研究計畫審議及查核制度之建立，行政院研考會自行研究報告，2000年。

三、關於科技專案研究類

　　經濟部為提昇產業的技術及研發水準，並藉此促進產業的國際競爭力，自1979年起，每年度均編列一筆科技專案預算，委託所屬財團法人研究機構（如工研院所屬各研究所、經濟部輔導成立的專業研究中心等）從事產業技術之專案研究開發計畫，並將所獲得的各項技術創新成果移轉民間業者，協助業者保有技術創新優勢，持續保有國際的市場競爭力。

　　總括起來，政府部門編列研究發展預算及實際推動研究發展工作的機關頗多，計包括中央研究院，以及行政院轄下的經濟部、交通部、國科會、研考會、原能會、農委會、教育部、衛生署、環保署等（註：不含國防科技經費）。惟由國科會及經濟部負責推動的研究預算比例最多，各占政府總研發預算的36.2%及38.7%，二者合計達74.9%，可見，國科會及經濟部在推動研究發展方面扮演著極重要的角色。近年來，政府更積極推動科技研究之整體發展，1998年通過「科技化國家推動方案」，整合各方面資源，以具體的措施、分工及時程，期逐步推動邁向科技化國家之途程。1999年通過立法正式公告實施之「科學技術基本法」，可謂奠定以研發為本的產業科技政策基礎。2001年更通過「國家科學技術發展計畫」，確立推動產業科技發展及相關支援業務的最重要工作亦即推動產業科技研究發展專案計畫。

參、研究發展評估機制

　　為提昇政府部門的科技研究成效及避免資源浪費，對接受政府部門委託或補助辦理研究計畫的機構或個人，以及執行科技專案研究的機構組織等，均已建置配套的評估機制，據以追蹤執行期程及控管研發成效，以下謹將研考會、國科會及經濟部建置及運作的評估機制分述如後。

一、研考會的委託研究計畫評估機制

　　研考會於1969年訂定「行政院所屬各機關研究發展實施辦法」，內容包括定義研究發展工作範圍、規範研究發展辦理方式、獎勵原則及相關業務協調注意事項。1993年，研考會與國科會共同研擬「行政院各機關委託研究計畫管理辦法」，據以規範行政及政策類委託研究由行政院研究發展考核委員會擔任中央主管機關；至

於國科會負責的委託研究計畫部分，該會對各機關辦理委託之程序、執行進度之管制、研究成果之應用等事項，已另行訂定規定。

研考會於2001年初研訂「行政院所屬各機關行政及政策類委託研究計畫先期作業實施要點」，規範機關應自2003年起辦理委託計畫先期審議作業，各提報計畫機關均依審議結果據以辦理預算編列及規劃年度研究計畫，以強化行政及政策類委託研究計畫預算有效運用。另外，依據「行政院各機關委託研究計畫管理辦法」第三條規定，研考會為行政及政策類委託研究計畫之中央主管機關，為瞭解行政院所屬各部會行政及政策類委託研究計畫管理情形，分別對行政院所屬半數一級機關執行之行政及政策類委託研究計畫辦理實地查核，並針對查核發現檢討及規劃委託研究管理機制。

現階段，為判定各機關行政及政策研究類計畫的成果，係依據其研究計畫所提建議事項的採行率為準，當單一研究計畫所提建議採行比率愈高時，亦即代表其研究成果也愈高。根據研考會一份近十年各機關研究發展成果落實在政策應用情形的統計發現（見表3），近三年研究計畫獲致研究成果的比例在九成五及以上，且成果落實政策應用的比例亦有三成，顯示各機關的行政及政策研究類計畫，對政府的政策規劃或決策形成確已發揮很大的作用。

二、國科會的科技計畫評估機制

國科會則於2002年訂頒「政府科技計畫績效評估作業手冊」，據以辦理科技計畫成效的評估作業，謹簡述本項作業機制如下：

（一）評估對象

依據國科會的界定，凡運用政府科技經費從事研究發展之計畫，均納入本項績效評估的對象。依據計畫的性質不同分為：「基礎研究類」、「應用研究類」、「技術發展類」、「宣導、推廣及管理類」等四種。

表 3　歷年研究發展成果

年度別	研究項目	研究成果	已採行項數	績效率（%）	採行率（%）
八十年度	1,958	1,622	479	82.8	29.5
八十一年度	2,750	2,401	932	87.3	38.8
八十二年度	5,912	5,605	1,358	94.8	24.2
八十三年度	5,756	5,466	1,524	95.0	27.9
八十四年度	4,723	4,574	1,354	96.8	29.6
八十五年度	4,363	4,016	1,519	92.0	37.8
八十六年度	4,322	4,028	1,589	93.2	39.4
八十七年度	4,020	3,809	1,541	94.8	40.5
八十八年度	4,289	4,130	1,590	96.3	38.5
八十九年度	5,670	5,494	1,545	96.9	28.1
合計	43,763	41,145	12,044	94.0	29.3

註1：「績效率」之計算方式，係（研究成果項數／研究項目項數）100。
註2：「採行率」之計算方式，係（已採行項數／研究成果項數）100。

（二）績效評估量表

　　本項計畫績效評估係採「指標評量」方式進行，為兼顧計畫「質」與「量」平衡要求，本機制的評量指標也因此分為「量化」及「非量化」兩部分。其中，非量化指標部分包括「學術成就」、「技術創新」、「經濟效益」及「社會影響」四類指標，量化指標部分則包括三項子指標系統，諸如：

　　1.計畫成果指標系統：包含「學術成就」、「人才培訓」、「技術產出」及「知識服務」等四構面，其下再區分「期刊論文發表數」、「研討會論文數」、「著作權數」、「研究助理培訓人數」、「碩士培訓人數」、「博士培訓人數」、「發明專利申請數」、「新型新式樣專利申請數」、「新技術／品種引進項數」、「研討會／說明會次數」及「研究報告數」等指標。

2. 技術擴散與服務指標系統：包括「專利授權」、「技術移轉」及「專業諮詢服務」等指標。

3. 衍生效益指標系統：包括「合作廠商配合款金額」、「合作廠商參與計畫人數」及「相關經濟效益」等指標。

三、國科會及經濟部的科技研究組織評估機制

　　我國整體科技研發預算主要由國科會及經濟部來執行，國科會及經濟部均建置本身對各類科技研究機構（含大學院校附設的研發機構）的評估體系。在國科會方面，為評估各研發機構的研發能力及績效，該會已於2002年訂定「科技組織績效評鑑作業手冊」，實施這項科技組織績效評鑑，謹簡述本項作業機制如下：

1. 國科會實施本項評鑑機制的目的，係在承接過去藉由公務機關行政管制的評鑑做法外，建立一種新的科技組織績效認可制度。實作上，期望能夠建構一種重「品質」，而非重「聲望」；強調「改進」，而非強調「驗證」的組織評鑑機制，最後，並期獲致科技研發組織能夠自我管制及自我評鑑的境界。

2. 國科會為實施本項評鑑機制，特設置「科技組織評鑑諮詢委員會」，並在該委員會下分設「基礎研究型組織評鑑委員會」、「應用研究型組織評鑑委員會」及「技術發展型組織評鑑委員會」，另設「科技組織評鑑專案作業小組」負責實作相關事宜，上述委員會及作業小組成員除來自相關政府部門，亦廣聘許多學界人士。

3. 本項評鑑機制係採「自由登記」原則接受各科技組織的評鑑申請，評鑑採「自我評鑑」、「書面評鑑」及「訪視評鑑」三階段辦理，外國科技組織亦得申請接受評鑑；本項評鑑結果採「認證期限制」，亦即評鑑結果有效期間為三年。未來國內、外科技組織若想承包政府的科技研究計畫案，均須先具備本項評鑑認證的資格。

4. 本項評鑑作業將研究組織分為「基礎研究」、「應用研究」及「技術發展」三類，選定「計畫發展」、「管理制度」、

「人力素質」、「合作發展」、「智財儲量」、「技術價值」、「創新能力」、「聲譽認可」等八大構面所含之績效指標，據以辦理科技研發組織的評鑑工作。

　　另一方面，經濟部為確保科技專案計畫研發成果，已於1998年完成訂定「科技專案績效考評作業手冊」，建置一完整的績效評估機制，對接受委託執行科技專案的研究機構進行績效評估，並將評估結果作為後續策略規劃及督促研究機構改善研發成效的參考，謹簡述本項作業機制如下：

1. 經濟部內部設置「經濟部科技專案績效考評委員會」，這個考評委員會成員由政府、產業及學界等專業領域人士十五至二十人組成，設置宗旨為負責評估執行經濟部科技專案之研究機構績效，評估結果做為經濟部後續科技專案策略規劃及改進研究機構執行績效之參考，目的在確保各項科技專案計畫研發成果能夠推廣到產業界，提昇產業的競爭實力。

2. 本項考評雖重視長期績效面的考評，但也非常重視短期效益的控管作業，對各研究機構執行科技專案期間的經費支用、執行進度等，均訂有嚴謹的控管機制，譬如定期報告、查證訪視及驗收等作業。

3. 本項機制作業主要係透過召開「專業領域委員考評會議」、「專業領域總結會議」、「總評會議」及「專業領域業界座談會」等形式會議，讓考評委員真正瞭解實況及審慎評估，另外，並透過「廠商問卷調查」的方式，瞭解廠商對各受評研究機構執行科技專案的評價，最後，完成綜合考評結果。並採「三年一循環」為辦理原則，對各個研究機構規劃辦理考評事宜。

4. 本項考評運作上係按「推動創新前瞻」、「提昇核心關鍵技術」及「環境建置」等三項效益目標的達成度，據以辦理受評研究機構的績效評估工作。

肆、未來展望

一、加強國際間學術研究機構交流

展望未來全球化的政經發展趨勢下，全球的國別、民族、地區、種族及文化等差異雖然存在，但未來國際間的互動與交流將更形頻繁，因此，必須仰賴國際間積極的整合及合作機制，始能解決未來更形嚴峻的挑戰或困難。有鑑於此，我國未來的研究作為將不以滿足自身繁榮發展為單一目標，將積極致力於國際間的學術研究交流工作，希望能藉由本身成功的經驗，來協助亞太經合會的其他會員體，共同邁入經濟繁榮發展的境界。

二、加強研究資源整合與運用

政府部門目前負責推動研究發展業務的機關頗多，每年度編列及實際支出的科技研究經費亦相當龐大，致使委託或補助研究經費編列及運用浮濫不實的情形，亦無法完全避免。政府部門的當務之急，係透過現一套更具整合性的研究發展推動及管控機制，除落實對各項研究的先期評估工作外，亦須落實研究期間的管控措施，避免發生經費編列不實、執行不力、資源配置扭曲等負面情形，以提昇科技發展水準，有效運用研發資源。

三、提昇智慧財產保護與移轉運用

雖然，政府部門推動研發工作具有公益特性，研發的成果不單以商業或財務報酬為目標，惟政府部門對相關智慧財產權及移轉運用等，亦應建置良好的保護或配套機制。政府部門各研究發展相關主管機關應定期檢討目前研發推動法規，配合國內研發發展現況及需求，就智慧財產權的保護及研究成果的移轉等規劃配套措施及方案，建立良善之管理機制，俾期兼顧智慧財產權保護及合理移轉運

用的平衡目標。特別是，由政府出資之委託研究計畫成果，尤應對所涉及智慧財產權建立妥善的管理及運用機制。

四、擴大研發成果及商品應用

政府從事科學及技術研究的經費相當龐大，尤以國科會及經濟部所動用的經費最多。未來，政府部門為籌措執行後續科技研究所需之財源，並紓解日益吃緊的財政壓力起見，必須積極結合國內相關產業的發展趨勢，力求擴大各項科學及技術研發成果的技術移轉，讓各項研發成果能經由商品化過程產生龐大的經濟效益，不僅提昇國內產業的國際競爭優勢，對促進經濟發展及增加政府財政收入，亦可產生積極的回饋功能。

五、落實研發機構績效評估機制

政府相關部門已對執行政府研發計畫的研究組織及個人，已建置相配合的執行管控及績效評估機制，譬如，經濟部對執行該部科技專案研究機構的績效，已有一套績效評估機制；國科會除對該會科學及技術研究類計畫早已有一套評估機制外，今年也開始推動對科技研究組織的績效評鑑機制；至於研考會方面，針對各機關委託研究計畫所建置的評估機制，亦已運作多年。自2002年開始，除上述績效評估機制繼續沿用外，亦將開始實施一套新的整合績效評估及資訊通報機制，希望藉由這套新機制的運用，將現行各類科技研究組織整合在同一套績效評估機制下，避免發生各機關評估標準不一致，或者對特定機構重複評估的不合理現象應持續落實各項評估機制，務期能擴大科技研發成果。

【文章發表】
‧本文原載於《研考雙月刊》第 27 卷第 1 期，2003 年 2 月。
‧英文稿曾發表於第四屆 APEC R&D 論壇領袖會議「知識經濟時代研究及科技組織面臨的挑戰」，2002，泰國普吉。

知識型政府的意涵與發展

　　近數十年來，全球化的浪潮逐漸席捲整個地球村，知識經濟及網絡社會正刻劃出21世紀的新世界版圖，知識成為產學界最風行的話題核心，而資訊科技的高度發展更使得知識成為經濟活動的根本生產要素，知識的力量正產生前所未有的巨大衝擊，並已成為國家創造持續經濟成長，企業塑造競爭優勢及累積附加價值的主要驅動力。因此，「經濟合作開發組織」（OECD）對國家開發程度的衡量也蛻變為知識創新、知識累積、知識分享及知識擴散等指標，進而形成知識經濟化高、中、低度國家的區別。

　　知識經濟時代的興起轉化了政府施政的外部環境，衝擊著政府的施政作為，使得傳統型政府在網絡社會中的運作難度逐漸增加，政府施政也不可避免地面臨內外在環境變遷所造成的困境。由於知識在未來的經濟活動中將有增無減地扮演重要的角色，為因應知識經濟時代的動態性、複雜性與多元性，政府組織型態與結構功能轉型為「知識型政府」已是時勢所趨，而其意涵及未來發展重點則是相當值得探討的課題。

壹、傳統政府的挑戰

　　資訊科技的快捷進展及全球化運動的形成，促使世界經濟發展邁入知識經濟時代，整個地球村的面貌正在迅速改變，知識、學習及研發創新已逐漸成為主流價值與核心，傳統型政府的運作模式已遭遇前所未有的困境，面對內外在環境的複雜、動態與多元性，政府在型態上與功能上均須有所因應。

一、知識經濟時代來臨

近年來，知識成為學界與業界最風行的話題核心，然知識並非在資訊科技高度發展後才成為經濟發展之要角，Adam Smith早已提及新經濟專家——善於理論與思索之人的出現；Friedrich List亦曾強調透過知識創造與散佈所建構之基礎建設和制度將有利於生產力之發展（轉引自OECD，1996）。但知識之重要性確實隨人類產業而發展，資訊科技高度發展更使知識成為一切經濟活動之本，成為根本之生產要素。傳統農業、工業時期以勞力或機器操作為主的經濟型態已被澈底顛覆，生產的原料由原本有形的、物質的原料逐漸朝向虛擬的經濟型態發展，知識資本快速流動，不受傳統組織與地域疆界的限制。快速流動的資訊使經濟活動的平衡狀態正逐漸改變當中，由以往的物質製造業移至資訊處理、知識蓄積和知識製造的產業，知識取代土地、勞力、資本成為當前企業最重要的生產要素。

知識經濟具備知識是經濟增長的重要資本與資源、以知識作為資源的經濟具有不可耗盡與不斷複製、創造的特點、知識具有邊際效用遞增的現象、資訊科技的推波助瀾等四項特質說明知識經濟。以下五項特點為知識經濟的特質：

(一) 知識為組織根本生產要素：Peter Drucker（1993）指出，知識經濟時代中，知識的地位並非與勞力、資本與土地並列為組織生產要素之一，而是成為組織唯一有價值的資源，知識為當代各產業組織於經濟競爭環境中生存的關鍵，且全然以知識生產為手段、目的的知識產業持續增加，知識因而取代傳統土地、勞力、資本成為當代經濟生產唯一要素。

(二) 符號商品增加：電腦發明後，資訊儲存擺脫時空限制，得以大量的收藏與保存，時至今日，電腦資訊技術幾乎使所有的實際社會現象、議題、物品皆可轉換為資訊、資料儲存下來，以符號的方式呈現。當愈來愈多的實際存在轉為符號時，經濟活動

交換的商品不再受限於實際物質，符號商品亦為經濟活動交換的對象之一。

(三) 虛擬工作場域的重要性提昇：組織操作層次可分為實際運作與虛擬工作場域。實際工作場域意指組織實際生產、銷售與員工實際工作的地方；虛擬操作場域則為員工知識學習、創造與分享的虛擬存在。透過資訊科技，知識學習、創造與分享的範圍可擴及全世界，當知識成為組織最重要的生產要素時，虛擬工作場域的重要性因而大為提昇。

(四) 數位化之經濟型態：新經濟型態下之資訊皆得以數位化方式呈現，資訊傳遞跨越時空的枷鎖，可依不同個人需求設計資訊傳遞管道、時間、地點。資訊科技對當代經濟活動的影響，係其所帶來的轉化作用，不單轉變人類溝通的過程，亦轉化經濟活動運作方式，呈現出科技－經濟的典範觀（techno-economic paradigm）。

(五) 組織層級縮減：資訊科技的發展衝擊大型企業存在的因素，層級節制的組織方式受到空前挑戰。知識經濟下的產品製造不再仰賴大量的物質資源與操作、管理人力，而是以知識為生產要素，透過資訊科技的連結，許多小單位的組織，甚至是個人，無須規模龐大的企業組織支持，即可完成產品製造過程各階級的工作；而資訊科技加速資訊流通速度與廣度，成本降低許多，大型企業層級節制的管理體制反而成為組織生存阻礙。

綜合上述的經濟現況得知，當代經濟型態受資訊科技與其他相關社會因素的影響，整體經濟活動運作方式產生根本轉變，知識取代傳統生產要素成為當代組織生存的根本，牽動組織生產、運作、資訊傳遞與組織運作方式，當代經濟活動從生產到銷售各階段都以知識為基礎，知識成為組織存續的根基。

二、網絡社會之崛起

20世紀末期高度發展之資訊科技，無疑為現代社會帶來另一波大革命，幾十年間以驚人的速度影響現代生活，電子郵件、網際網

路、視訊會議、電子商務似乎已成為一般人生活的一部分，資訊技術以數位化方式提昇溝通連結的強度、人工記憶（照片、影片等）內容重製的層次，重新整合溝通的時間空間結構，使溝通全然不受時間與空間的限制，改寫人類舊有的溝通形式，直接衝擊個人與個人、個人與組織、組織與組織間的互動方式，三者間的關係逐漸朝向網絡化發展，建構於資訊科技上的新社會型態正逐漸浮現，以「網絡社會」的觀點，說明當代社會經濟、職位需求、文化、時間與空間的實際景況。

(一) 經濟方面：資訊科技與經濟活動的結合，一方面提供市場關係中的製造者與顧客溝通連結的管道，使兩者的關係逐漸朝向網絡化，一方面資訊成為商品製造的原料，促使經濟型態面臨新一波的轉變，傳統的製造業經濟正逐漸轉為以電腦、網路為主的新經濟型態，其特徵包括：1.資訊取代天然物資成為主要的生產原料；2.經濟活動透過資訊科技的連結，以全球為活動範圍；3.資訊科技成為企業獲利與國家競爭力之關鍵。

(二) 職位需求：經濟活動運作模式決定就業市場中的職位需求，工業革命後的就業市場則以製造業員工為主，後工業時代起，服務業員工佔就業市場職位需求的比例逐漸增加，至資訊科技成為新生產要素時，當代就業市場產生新一波的轉變，其特徵包括：1.知識工作者遽增；2.全球人力互賴關係增強；3.彈性工作者增加。

(三) 虛擬文化：媒體溝通管道由平面媒體逐漸演化至電子媒體，至今日之互動式媒體（網際網路），人們的多數知識皆得自於媒體所提供之資訊。文化受到資訊科技的影響，創造出真實之虛擬文化，多數社會行為、組織均由實際存在轉為虛擬存在。

(四) 零時差的時間：真實之虛擬文化與資訊科技結合，將以即時（simultaneity）與無時間性時間（timelessness）兩種形式轉化成網絡社會之時間面向。一方面，即時報導之全球資訊使全球事件皆能即時呈現，而以電腦為主體之通訊科技，提供世界人

民即時對話之空間；另一方面，不同時區之媒體二十四小時不間斷提供民眾自由溝通管道，使時間得以水平呈現，沒有開始，沒有結束，無次序，時間以零時差之方式呈現。

(五) 流動的空間：二十世紀末資訊科技發展打破人類行為受限於地理空間的限制，強調地域間的互動性，以速度距離取代過往時間及空間距離，形成網絡化的流動空間。

綜合而言，網絡社會由支配性的流動力量所建構，它包括了資本流動、資訊流動、組織流動與時空流動，透過資訊科技整合，使世界各個國家、組織與個人連結為一體，彼此間的互賴關係因而增強，世界社會中的各個組織份子以資料科技為媒介，跨越時間與空間之限制，建立其間複雜的網絡關係，並透過網絡快速的交換與整合其資源以利競爭。

三、當前政府任務環境

綜合上述網絡社會與知識經濟的特質，歸納出當前政府任務環境大致呈現四大特質：

(一) 個體與個體間的互動因彼此資源交換的關係而愈形緊密，逐漸朝向網絡化的互動方式前進，單一個體無法掌控完全的資源。政府亦為網絡社會中的成員之一，與其他個體一般，不具完全掌控資源的能力，需與其他成員合作才能生存，公私資源因而混合，改變原有國家與社會的平衡關係。

(二) 資訊科技改寫文化、時間與空間意義，政府面對全新的環境，尚未享受資訊科技帶來的便利性，卻先面對更多的問題。

(三) 資訊科技與經濟活動高度結合，成為組織獲利與國家競爭力的關鍵，資訊科技發展因而成為國家發展的重點計畫。

(四) 組織為求生存，須有效而快速回應顧客需求，而此需掌控資訊與創新的能力。資訊可透過資訊管理科技系統有效掌控，而創新則須有效管理之知識達成。知識既為組織生產要素之一，組織掌控知識的能力愈強，愈強化自身續存與發展的機會。

　　以民主的角度而言，政府乃人民透過自由意志託付，為人民提供服務的體制，因此，一個好的政府必須提供人民「需要」。環境的轉變，往往改變人民需要的服務，二十世紀末資訊科技衝擊使當代社會、經濟型態面臨空前的轉變，政府面對組織互動朝向網絡化發展、公私平衡關係轉變、資訊發展空前重要與知識成為根本生產要素之任務環境，必須重新思考現有的組織型態、施政模式是否能夠提供人民需要的服務，如何能在嶄新的環境中，重回施政的正軌。

貳、知識型政府的關鍵及必要性

　　知識經濟時代的「知識型政府」，應可描繪為有利知識流通、轉換、創造與整合的組織型態。知識既為組織的生產要素之一，則組織掌控知識的能力愈強，愈能強化自身永續發展的機會。政府機構本質上即為適用知識管理原則的組織，而其成敗將影響施政品質。民眾需求管理、完善資訊科技應用與有效的知識管理應是「知識型政府」所應具備的最重要能力。

一、知識政府之建構

　　二十一世紀的政府組織，相對於傳統政府而言，是失勢的，其資源減少、公共政策問題增多、公私平衡關係失衡，許多人紛紛懷疑政府存在的目的。其實政府仍有存在的必要性：1.基於憲法與社會賦予的權利，政府分配權力並向全體公民負責；2.政府仍為公民主要關注的政治實體，並是多數公民了解且願意接受，具備民主正當性的組織；3.政府由於具備穩定的民主正當性基礎，成為與其他國家或政治實體對談的代表。

　　政府於當代社會中或受社會、經濟因素影響，對於國家掌控的能力已逐漸衰退，但不可否認的是，政府於現代民主社會仍具有一定的功能與影響力，政府施政能力為何衰退、何時開始衰退，並非

政府與公民應該關注的焦點，真正的關鍵應是如何使政府恢復執政功能。

二、有效政府治理關鍵

就公部門而言，有效的知識管理或許能有效提昇政府效率，但效率提昇並非政府最終目的，知識管理畢竟只是手段，提供人民需要的服務才是政府存在的意義，因此，當代政府面對新時代的挑戰，除了強調知識管理的重要性，還須考量政府的「公共性」。當代政府於網絡社會與經濟時代中，所需具備的能力或技術有三項：

(一) 以民眾為核心：近來人們要求政府正視民眾需求，希冀政府能以企業對待顧客的態度，重新思考政府與公民之間的關係，回復政府於民主社會中應具備的角色與功能。然就公共性觀點而言，政府畢竟與企業不同，單純回應民眾需求是不夠的，政府於施政過程中，除需考量民眾需求外，還應扮演領航者的角色，以更長遠的角度，思考國家未來發展方式。

(二) 完善資訊技術應用：資訊科技將成為政府改革過程中，有效調和效率、品質與民主問題的工具，乃現代政府治理過程中不可或缺的工具。完善的資訊科技運用係藉資訊科技之媒介，使資訊更有效的傳遞。當代政府面對極速轉變的環境，必須快速掌握流動的資訊並有效整合，方能於國家長期發展的考量下，快速回應民眾需求。

(三) 知識管理：當代企業亟需知識管理的原因，與企業環境之變動具有絕對關係，其特點包括：1.企業經營之困難度降低；2.組織精簡或許能提昇員工效率，卻未必能創新；3.知識工作者之地位大幅提昇；4.顧客管理知識。

知識管理並非單指新部門的建立、聘任新人力，而是使組織內部員工皆能充分體認知識產生、分享與應用之重要性，使產品製造、銷售、服務過程中存於個人、小團體與組織整體的知識獲得有效管理。

參、知識型政府的核心職能

　　就當前整體潮流與趨勢觀之，建構知識型政府是最可能強化政策運作、改善政府施政能力的關鍵，同時並可調整政府體質，提昇政府的競爭力。知識型政府的意涵範疇甚廣，而其特質大致可歸納為學習型組織、知識管理及研發創新等三項，其中又以研發創新最為各界所重視，茲分述如下。

一、學習型組織

　　據專家分析，農業經營時代，只要七至十四歲接受教育，就足以應付往後四十年工作生涯之所需；工業經濟時代，求學時間延伸為五至二十二歲；在當今訊息技術高度發達的知識經濟時代，學習則為終身制，每個人在工作生涯中，必須隨時接受最新的教育，並不斷增強學習能力。因此，知識經濟時代的組織也必須成為學習型組織（Learning Organization）。學習型組織即是將「學習」的動機、成效，應用在「組織」上，使組織發揮最大的功能。

　　P. M. Senge提出第五項修練，成為學習型組織的經典。自我超越、心智模式、共同願景、團隊學習、系統思考等五項修練，彼此相扣，尤其以心智模式為根本。學習型組織適用於政府部門，係構成知識型政府的一環，與知識管理的推動相輔相成。

　　學習型組織是個具有生命的實體，能經由繼續學習與多元回饋的系統形成良好的組織氣候及組織文化，以帶動組織的革新與進步。同時經由組織內的學習，為組織不斷的注入活水，並培養組織因應變遷的能力，使組織成員從變遷中學習而成長，以帶動組織的進步。因此，學習型組織不僅可透過各種有效的途徑與具體措施，促進其成員養成終身學習的習慣，甚至可從學習過程中激發個人生命潛能，提昇人生價值以充分實現自我，進而帶動組織的創新與進步，達成組織順應變遷與永續發展的目的。

二、知識型政府的標竿學習

知識管理是近二十年來繼全面品質管理與企業流程改造，另一影響永恆的管理思潮變革。這股知識變革的浪潮，不僅在企業盛行，政府亦未能缺席。

2000年OECD首次將知識管理列為政府改造的重要課題，為瞭解其會員國知識管理推動現況，OECD在2002年1月針對二十個會員國的一百三十二個中央政府機關進行政府知識管理現況調查。調查結果顯示，知識管理已成為大部分政府機關的重要管理課題，大部分的中央政府機關已經制定相關策略，並致力於改善他們的知識管理實務。不管使用傳統的知識分享方法，或是使用品質管理工作圈與實務社群的方法，知識管理已經啟動機關組織文化的改變。

為了業務的需要，OECD會員國的政府機關近十年來已經逐步擴展知識的創造與流動。最大的改變是中央機關日漸依賴地方政府、大學、專業顧問公司，甚至是國際性組織提供必要的資訊或知識。政府組織跟私人部門、學術機構、顧問機構及國際性組織之間的知識互動，呈現大幅度的開放。經驗顯示，必須經常跟外界合作、向外擴展活動的政府組織，對於知識管理有更強大的需求，事實也顯示這類型的機關具有更佳的知識管理實務。

雖然政府政策愈來愈開放、透明，資通建設的投資也逐步擴大，但是推動知識管理產生結構性改變的效益，諸如提昇公務員的競爭力、打破機關本位、減少層級節制的組織結構、建立橫向合作的工作團隊、知識能力的提昇、終身學習等，尚需假以時日才能充分體現。

推動知識管理變革，除了需要新的工具及流程、正式或非正式的變革策略之外，更需要長時間的努力，才能改變公務員的慣性行為，以及重塑嶄新的組織文化。政府部門優質的知識管理實務，可能會因為公務員之間的長期互相信任行為、團隊精神及自我意識、穩定的組織文化及環境支持因素而進一步強化。

　　有些機關已經開始瞭解長期人力資源管理議題對於推動知識變革的重要性。因為政府的人力資源政策會衝擊、影響政府機關是否足以吸引知識工作族群的加入與投入，同時也會影響機關整體記憶的傳遞與傳承。知識管理被視為是政府機關因應人員退休、知識斷層的改善方法。知識管理也被視為是民主治理、去集中化及權力分散的組織環境中，擴大橫向分享知識的重大挑戰。更重要的是，知識管理是政府跟社會大眾擴大接觸與互動的絕佳方式。

三、研發創新

　　在高度競爭的知識經濟時代，研發創新是獲取競爭優勢的關鍵，美國2001年國家競爭力會議（Council on Competitiveness）在「美國競爭力2001」（U. S. Competitiveness，2001）報告中，即明確指出資訊科技的大量投資與高度的研發創新能力，是美國居於世界市場優勢的主因。另Hamel（2000）也指出啟動未來革命的策略因子，將移轉至以「創新」（innovative）為主軸的時代，認為知識經濟時代的研發創新必須培養承諾（Involvement）、智價（Intelligence）、遠見（Insight）與整合（Integration）等思維，並澈底落實組織研發創新工作。

　　有鑑於研發創新在知識經濟時代的重要性，為取得競爭優勢，世界各國皆非常重視研發創新的投入與相關環境、制度的建立，整體研發經費的支出在預算中亦占有相當重要的比例。我國政府也正嚴密關切此一趨勢的發展，除呼籲各部門應重視前瞻的研發創新與中、長期的整體規劃外，也積極改善現存缺失，未來並將推動各機關建置知識管理系統，協助機關組織進行知識的累積、交流與分享，合理運用國家研發創新資源，期使政府機關發展成為更具智慧的組織。

四、知識核心之政府型態

　　多數政府面對知識快速流通的需求，往往以架構資訊科技系統為因應，卻忽略資訊系統內部流通的往往僅是資訊，而非組織所需

的知識，加上層級節制的領導系統、法令規章、官僚組織文化對知識流通的速度的阻礙，現有政府結構為因應知識快速流通的新需求，勢必須要做出一些調整與修正。

（一）知識團隊之形成

跨部會、跨領域流通的知識，為當前政府有效完成未來政策制定與日常業務執行的關鍵要素，組織架構龐雜、層級節制、高度部門本位主義的組織架構將對政府執政造成不小的阻礙。政府知識團隊之建立能以組織整體的角度，採取整合的方式，為組織提供健全的知識管理計畫，當為加速知識流通、整合、移轉的最佳選擇。知識團隊的建立，可以設立新專責機構的方式進行，亦可以任務編組的方式為之，或設立專職知識長一職，成員以不固定的任務編組的方式組成。

知識團隊之建立可分為領導者與成員兩部分，說明如下：

1. 知識長：知識長的功能係協調團隊成員內部的工作，幫助成員了解知識管理計畫的使命及目標，使知識管理計畫能有效執行。
2. 團隊成員：團隊成員通常由四種來源組成：(1)內部資訊部門員工；(2)各部門的專業人員；(3)外部學術單位、企業體、研究機構；(4)一般公民與基層業務人員。知識團隊成員須具備專業、知識、理解、技術和洞見（insights）等職能，有效完成知識管理計畫。

（二）知識平台之建構

平台乃建立共同基礎的標準，其為多人得以互相溝通，增進能力優勢的關鍵。當前知識已成為有利政府制定未來政策與執行日常業務的基礎平台，為使知識平台順利運作，必須將政府內部知識完整且有效的儲存於政府知識庫。知識庫包含兩部分，一為實體資料

庫，內含具體儲存於檔案室、資訊室、電腦中的資訊及多數的外顯知識，另一為虛擬資料庫，儲存員工記憶、經驗、創新意念等默會知識，運作範圍包括政府整體，其中流動的並非單純的客觀資訊，而是經過員工、團隊、政府整體內化的知識。

　　知識平台之運作必須透過有效的知識流通管道，方能使存於個人腦中的默會知識及於組織全體，可透過建立知識社群以利默會知識流通管道之建立。知識社群係員工自動自發而組成的「知識分享」團體，其凝聚的力量是人與人間的交情與信任，或是共同的興趣。知識社群的建立，可由三方面著手：1.建立協助社群產生的團隊，用以創造新社群、強化組織現有社群（師徒制）、提出社群發展的策略；2.協助社群建立的結構，包括社群整合的機制與行政協助；3.管理者的支持。

（三）政府業務執行模式

　　以民眾的觀點而言，無論政府知識管理計畫多完善，內部知識平台建構多成功，都是無意義的，真正的關鍵在於政府能提供民眾快速、便利與符合需求的服務。1990年代後快速發展的資訊科技，恰巧成為增進政府效率的有效工具，透過流程再造與單一窗口的執行，使政府能以更快速、普及的方式，提供更好的服務。

　　1. 流程再造：美國政府於1993年提出跨部會資訊流通之概念，明定五項計畫，包括：以整合福利提供系統、建立機關內部溝通網路、整合政府內部稅務系統、整合政府內部服務系統、整合政府內部資訊；而英國政府於1994與1995年出版政策白皮書中首度接受流程再造之觀點，強調政府執行業務應忽視各部會現行功能與疆界，期使建立組織間跨越法定疆域之整合、資訊交換之網絡，而以顧客需求與如何妥善執行為最高指導原則。政府流程再造即以知識整合之角度，提供適應民眾而非政府法定架構之服務。

2. 單一窗口：流程再造對業務執行實際影響表現於單一窗口，
  強調政府應由單一機構提供民眾整合服務，政府執行業務不
  應受政府各部會法定職權之影響。

當代政府於網絡社會與知識經濟環境之下，知識成為當代政府維持公私平衡關係並有效施政的關鍵要素，民眾需求管理、完善資訊科技應用與有效知識管理成為政府最重要的能力，傳統以層級節制為運作基礎的政府型態被知識平台取代，政府運作將逐漸突破部會疆界的限制，建構有利知識流通、轉換、創造與整合之組織型態。

肆、知識型政府的發展

進入「唯一的遊戲規則就是要打破遊戲規則」以及「變革以光速移動」的全球知識經濟時代，無人能夠準確預知網路與知識的結合、科技與智慧的創新，對人類現存經濟、社會、文化、行為習慣等舊有系統會帶來多大的衝擊，更無法預知變遷速度、規模和方向。知識型政府在全世界仍處萌芽期，尚未有大量的成功經驗構建定型的發展模式。以下，筆者謹就個人的體驗，試提出數項未來可能的發展方向：

一、國家基礎建設──從NII到KII

知識型政府的推動，不僅是要強化政府內部的知識管理、提昇政府效率與效能、提供知識密集型的服務、強化政府政策規劃的策略能力、促進知識公開與行政透明化、擴大研發創新的效果，更要進一步以政府知識資源推進研發創新能力與施政能力，增進政府的3P──績效（performance）、專業能力（professionalism）與政策溝通能力（promotion），增進民眾對於政府的信任，進而提昇公民參與的熱情，激發創意與智慧的跨界流通環境，培育建立包容互信的社會與文化，推進知識經濟與創意產業的發展。

　　是以，展望今後國家基礎建設的重點，將從90年代奠基政府、產業及社會e化的國家資訊通訊基本建設－NII（National Information Infrastructure），推向以促進政府、產業及社會K化的「知識導向的創新基礎建設」（Knowledge-based Innovation Infrastructure）。KII的建設與NII大為不同，建設的重點包括：促進知識、智慧與創意自由跨界流通的知識平台、激發知識創造、轉換、組裝、整合、保護與利用智慧資本的國家研發創新體系建立、推動多元價值的社會發展、建立知識分享與創意的社會架構與文化、智慧資本、社會資本與創意資本的累積、政府與企業及公民社會的知識價值建立等有關創造無形知識資產高價化的基礎建設。

二、政府角色職能——從「知識機器」到「知識機場」

　　梭羅（Lester, C. Thurow）把21世紀的政府比喻成經濟上的空中交通管制員，他們負責控制本國經濟的流量。隨著全球化的來臨，不論政府規模大小，政府的經濟管制力量正在消失。雖然政府仍是知識經濟中的要角，但政府的角色必須蛻變為機場建築師，建構一個吸引全球經濟活動光臨本國的交易平台。

　　梭羅建議國家和公司一樣，都需要擁有國家級的「知識長」（CKO, Chief Knowledge Officer），負責發現及取得知識優勢，引導並規劃國家長期或短期策略與戰術。他進一步建議各國政府或許應考量成立「知識部」，負責找尋能夠幫助國家強化新科技與技術發展優勢的未來產業，應用知識使國家變得更富裕。他認為成立知識部創造競爭優勢，其重要性跟國防部一樣。

　　是以，要帶領台灣維持或贏得經濟成功，創造競爭優勢，政府的角色職能將從提供知識經濟發展動力，供應知識原料，並且管理知識流量的一部龐大的、複雜的「知識機器」，逐漸蛻變為一座能夠創造吸引國內及全球人才、智慧、創意在台灣群聚匯集自由流通、起降的「知識機場」或創意的「知識花園」，讓台灣成為嶄新的全球創意中心。

三、政府的任務——從公共事務管理到公共價值創造

知識型企業的使命是要燃燒知識與創意，創造財富價值；知識型政府的使命是要創造、蓄積、加值與流通知識與智慧，持續加強研發創新，提供知識導向或知識密集的公共服務，強化策略能力，增進人民的信任，進而為人民謀取最大的公共價值。

1980到1990年代興起的新政府運動——公共管理改造（public management reform, PMR）將企業經營管理、企業精神、成本效益分析等理念注入政府改造。儘管企業型政府的改造一時蔚為風潮，但是政府畢竟不同於企業，新公共管理獲致的服務效率的提昇，不一定等同於民眾感受到的服務品質提昇，也不等同於公共價值的提昇。例如，政策創新與決策的合法性（legitimacy）、社會公平正義、政策利益關係人的多元參與、增加與公民社會的互動、國民基本性格與文化氣息的建立等無形公共價值的創造，新政府運動似乎力有未逮。

是以，進入二十一世紀的全球知識經濟時代，知識型政府的主要任務將從公共管理轉型為利用知識創新，為社會創造公共價值的最大化——社會的互信、政策的創新、智慧型的服務、知識導向的決策，洞燭機先的策略能力及時間價值的創造等公共價值。

四、政府人力運用——從人事管理到智力管理

未來的社會日趨複雜，只有「個體」才是能克服創意、自主和彈性的瓶頸，因為沒有主觀的個人就沒有創新，思考模式也就無法脫離習慣和常規。如果不接受個體的重要性，所有的管理方法都將徒勞無功。

知識經濟就是依靠人力資本、智慧資本、創意資本創造無形資產的經濟。智慧之本在於人，腦力資源的開發與創新，正是知識經濟發展的原動力。網路與人類創意的結合，開啟了創造價值的新模式。是以，在知識型組織中，員工不是一項可控制的成本、可替換的零件，而是組織最珍貴的資產，更是知識的化身。腦力與創意，

在創新性的知識會計學中，是計量價值的要項，人力資本必須列入資產負債表。

杜拉克認為管理知識工作者，宛如管理一批義工，與管理一般受薪人員不同。管理知識工作者，最重要的是激發他們自動自發的精神。是以，邁向二十一世紀的知識型政府，長久以來的人事管理將蛻變為知識公務員的「智力管理」。政府不但要面臨資深人員退休的知識傳承問題，也要與民間競爭優質知識工作者的加入；一方面要創造吸引更多優質創意人才加入的職場文化，也要建立各種知識社群的創新互動與管理模式，並且創造、分享、說明、執行及知識社群共同相信價值觀。今後的知識型政府最大的挑戰將是如何把智力資源轉化為趨動政府變革的力量。

知識工作者的文化是一種共有的文化，知識經理人必須和工作者共同創造一個共有使命與願景的組織文化，諸如建立友善知識工作者的「5Fs」組織文化——快速（speed）、彈性（flexible）、專注（focused）、友善（friendly）、有趣（fun）的組織文化。同時，政府也要建立人員跨界流通變動所需的終身學習、多重專長轉換、創新核心能力培育、知識創造分享誘因等助益智力創造的環境，讓每一位公務員皆蛻變為具備「3Q」（IQ、EQ與CQ，C代表creativity）的新世代知識工作者，讓他們都能盡情的發揮創意，貢獻知識生產力與創造力。

五、政府組織運作——從階層組織到「知識化組織」

知識型政府是主客觀環境的產物，是政府因應大環境變化的結果。知識代表一種新的管理形式，層級式的組織結構在現代資訊網路科技的衝擊下，已經產生重大的變革。關於以知識為核心的嶄新組織型態，有學者專家以橫向組織、扁平組織、網路組織、無疆界組織、逆轉組織（inverted organization）、變形蟲組織、格狀組織等來形容，並且認為企業終將揚棄原本組織分層、階級嚴明的組織型態。但是，杜拉克卻持與當今潮流相反的觀點，他認為所謂「階級

組織」已死，根本是無稽之談。他認為不管何種組織，一定有人居高位，並擁有明確的權威。

杜拉克認為：任何已嘗試圍繞資訊來設計組織的企業，已快速降低管理層級的數目，至少裁減一半。未來的組織可能是一個類似交響樂團全平面式的以資訊為基礎的組織。二十一世紀的政府組織型態，誠如杜拉克所言，仍然是一個組織分層、階級嚴明的制式化的組織，但將是一個打從骨子裡「知識化的組織」，是一個知識社群網路林立、管理階級角色重整、知識專業人員匯集、知識與創意跨界自由流通，以知識為核心的知識導向型或知識密集型組織。

六、從知識管理到「知識治理」

知識公民與公民社會的興起，網路連結的知識擴散效應，打破了長久以來政府與民眾間資訊與知識力量不對等關係，觸動了治理的變革。Andrew L. Shapiro認為：新興科技對人類最大的衝擊就是控制權革命，他認為網路推促權力關係的大重組。新興科技賦予個人能夠將其所接收的資訊以及其身處的社會環境，根據個人需求予以個人化的能力；網際網路賦予個人得以規避許多中介的力量，進而能夠自己做出過去假手他人的決定。

「政府」（government）最主要的工作是讓社會獲取公共利益；「治理」則是一種闡述政府與它週遭環境相互連結的方法，包括政治、社會及行政。他認為治理是政府、行政與民眾三者之間，經由政治過程、政策發展、計畫設計與服務提供的一連串互動結果，包括民眾互動參與的過程（engagement processes）、行政部門與民眾之間的諮商過程（consultation processes）、政府與行政互動，將法律與政策化為行政程序與計畫的執行過程（implementation processes），這三項互動過程，建構了民眾與政治、社會及行政部門的治理關係。

知識型政府透過知識管理活動、開放性知識交換平台的建立、知識社群的建立、擴大權力的下授與民眾的參與公共政策研議、行政程序的公開與流程透明化等，將有助於「知識治理」的進一步體

現。知識型政府雖有助於嶄新治理關係的實現，但也產生了下列新的「知識治理」問題，需要政府未雨綢繆，採取預防性的對策，例如：

(一) 知識獲得與出版的治理挑戰：知識化社會誰有權獲得與公布數據、資訊或知識？公私組織會不會有選擇性公布的情事？對外公開的數據、資訊或知識的正確性與品質，該由誰把關、負責？

(二) 複雜公共政策議題之決策的治理挑戰：政府常會處理極為複雜、專業化的公共政策議題。例如，如何提供專業知識，驗證或證明健康食品的療效問題。假如政府本身對某項公共政策議題的專業知識不足，常需借重外部的專業知識，應該向哪個學研機構或專業組織徵詢？提供知識的單位需不需要負何種責任？政府是否應該應民眾的挑戰與請求，公布決策背景知識及來源？甚至要求政府與外部提供專業知識服務的組織間要保持超然、客觀的治理關係。

(三) 知識應用目的正當性的挑戰：知識管理是一項強而有力的工具，可以發揮知識創造的無窮威力。但是，如果知識的使用目的與程序及知識擷取未具正當性，未能符合社會公平正義的原則，將會造成個人隱私權益受損、知識菁英主導、知識落差等治理的問題。

伍、結語

展望未來的知識型政府、知識型產業與社會，我們面臨的是無限的機會，也面臨難以克服的挑戰。面對變遷日益加速、無形資產價值日益增加、跨界知識愈見整合的知識革命時代，我們不但要學習新的思考方式，還得學習如何以新的方法組織自己。這是一場新的革命，而成敗的關鍵就在於我們從不停止躍動的知識心靈。智慧就是有信心地冷靜思考，讓我們一起冷靜、用力地「THINK」－思考，正是知識政府的原動力。

參考書目

1. Davenport, Thomas H. & Prusak Laurence, Working Knowledge : How Organizations Manage What They Know, 2000.
2. Drucker, Peter, Howard Business Review on Knowledge Management, 2000.
3. Drucker, Peter, Managing for the Future, 2003.
4. Gary Hamel, Leading the Revolution, 2000.
5. Lester C. Thurow, Fortune Favors the Bold : What We Must Do to Build a New and Lasting Global Prosperity, 2003.
6. Nonaka, Ikujiro & Hirotaka Takeuchi, The Knowledge Creating Company, 1998.
7. OECD (2003) The Learning Government : Introduction and Draft Results of the Survey of Knowledge Management, Jtoo141042, April 2003, www.oecd.org.
8. Osborne, David & Gaebler, Ted, Reinventing Government : How the Entrepreneurial Spirit is Transforming the Public Sector, 1993.
9. Peter M. Senge, The Fifth Discipline, 1990.

【文章發表】
· 本文原載於《考銓季刊》第 48 期，2006 年 10 月。
· 英文稿曾發表於 31st Annual Symposium of the International Public Management Association for Human Resources, 2006, Barcelona, Spain.

公部門的知識管理——台灣經驗

　　本文主要討論公部門的知識管理，並以台灣的經驗加以分析。全文計分三部分：第一，對知識管理的研究發展及意義略加以敘述；第二，探討公部門實施知識管理的必要性及具體做法；第三，以台灣政府部門的知識管理為例，略做說明。

壹、知識管理的研究發展及意義

　　學術界對於知識的討論，已有一段時間，例如Descartes的理性主義及Lock的經驗主義，產生往後的歸納理論及演繹理論。知識管理的興起與組織學習、資訊科技發展有關，在1980年代末期逐漸在企業管理、資訊管理領域發展。知識管理的討論必然觸及何謂知識，以及組織知識管理的必要性及如何有效運作。

　　何謂知識？知識與資料、資訊、智慧有何不同？或許仁智互見，但綜合多數學說，仍可歸納若干共識。資料係指客觀事實的簡易描述；資訊則是經過處理的資料，對使用者具有意義，有改變使用者認知的潛力；知識則指經過分析、詮釋、推理、關係連結、抽象化的資訊；智慧則指有效地整合、選擇及利用各種不同知識的內隱能力。綜合言之，知識的特質包括：一、知識是人類心智的結果，二、人類心智模式由外在刺激、知覺、篩選、比對、決策，到反應執行；三、知識包含假設、因果關係架構、經驗法則、價值觀與規範、信念；四、知識的特性、隱性、行動取向、動態、複製再利用、無限延長性、不完全競爭性；五、個人知識反映在知覺、了解、認知、洞察力、熟悉度、邏輯推理。

　　知識管理學者，除了探討知識本質之外，對於個人知識與組織知識的區別，內隱知識與外顯知識的異同，有詳實的分析。知識管

理強調組織內部的知識創新、分享、儲存、傳播、擴散，組織由內部成員所組成，除了成員個人知識之外，組織吸納成員個人知識，經年累月也能塑造組織知識。個人知識屬於個人，可再利用，較難共享；組織知識有助於創造組織價值，易於與他人共享，例如組織文化、組織內作業標準程序、相關規則。Nonaka & Takeuchi首先提出內隱知識與外顯知識的概念，內隱知識是個人的，與特別情境有關，同時較難以形式化及溝通。外顯知識則可以形式化、制度化，語言傳遞的知識。他們兩位以內化、共同化、外化、組合等說明外顯知識、內隱知識的轉換模式。內隱轉換為內隱，即是共同化；內隱轉換為外顯是外化；外顯轉換為外顯是組合；外顯轉換為內隱是內化。這些過程構成知識螺旋，在組織內創造知識內容。

知識管理先在企業界流行，企業組織為了提昇存活能力及競爭優勢，對於存在組織內外部的個人、群組或團體內有價值的知識，進行有計畫地獲取、儲存、分享、移轉、利用與評估。人類經濟體系由勞力密集、資本密集轉化為知識密集，1996年，OECD正式宣布知識經濟時代來臨，知識成為企業重要生產因素，也是企業的資產，知識管理有助開發新產品與服務，降低成本，保持市場占有率，加速產品上市，保存核心能力，增加利潤，改善顧客滿意度。邁入21世紀，全球大企業十之八九均在公司之內實施知識管理制度，配合組織策略與願景，掌握所處產業相關知識提昇對顧客需求與市場趨勢的預測能力。Davenport & Prusak認為企業組織知識管理目的包括：建立組識知識分享文化、建立內隱知識分享環境、衡量知識創造過程、提供顧客額外知識、獲取顧客知識，由既有知識產生新收益。他們分析企業組織的知識市場，提出九項發現：一、知識市場的動能、效率；二、知識市場的買方、賣方；三、知識的仲介者；四、知識市場的價格體系；五、互利主義、聲譽、利他主義、信任；六、知識市場的訊號；七、職位、教育程度、非正式網路、實行團體；八、知識市場的缺失，例如交易的障礙、人為的不當；九、知識市場的周邊效益，例如提昇職場士氣、強化公司凝聚力、重視人才、豐富知識庫。

　　企業組織普遍認為知識管理具有多重功能，因為知識具有價值競爭，可以形成競爭優勢，知識較難模仿，知識是種綜效而非單一產品，知識能力是長期累積具演化及成長特性，知識產生槓桿作用以支援其他資源，知識可以協調、整合組織各種重要資源。知識管理經過多年的理論及實務累積，探討課題包括：知識的創造、知識的分享與移轉、知識的利用、知識的儲存、科技的運用及成果的評估衡量。至於知識管理成功的要件，包括知識導向的文化，技術與組織的結構、高層主管的支持，具有經濟效益或是產業價值，有吸引力的獎勵措施，某種程度的知識結構。

　　前已述及，知識管理的發展與資訊科技的進展息息相關，知識管理高度運用科技，尤其資訊科技，外顯知識主要科技工具，例如文件管理系統、案例推理系統、常見問題答覆系統、工作流程系統、全球資訊網、專家系統、專家網頁。內隱知識主要科技工具，例如群組軟體、企業內部網路、企業外部網路、電子實務社群、知識地圖、聊天室。知識儲存、利用、分享與移轉，不少借助科技工具，例如組織內以電腦及線上儲存某一領域相關知識、經驗、文件及專業技能，一般所稱知識物件，以及具有主題取向、整合性時間差異性、不變動性的資料倉儲，目的在於能快速支援使用者決策。科技之外，組織內部知識分享與移轉，可能透過非正式機制，例如非正式場所、自主性交流，或正式機制的知識論壇、知識博覽會。

　　知識管理的衡量重點包括整體組織知識管理投入的程度，整體組織的無形資本價值、知識管理專案投資的成本效益，每個流程之知識單位的價值，知識管理對特定目標達成度，每個流程知識單位的深入程度。知識管理雖然廣泛被企業組織所採用，但是企業必重視有形、無形的利益，因此適度的成果評估不可或缺。

貳、公部門的知識管理

　　本文所稱公部門係指政府行政機開，不包括政府所投資的國營企業、醫院、財團法人、社福單位、文教機構。公部門與企業兩者性質不同，後者以營利為目的，前者則制定公共政策，照顧人民福利，確保國家安全。但是公部門與企業組織均是由成員所組成，具有使命、願景、目標，所實施的策略、方法，有不少相似之處。新公共管理學派提出企業型政府，或許受到批評，但是服務型政府、顧客導向型政府，共識不低。組織理論所探討領導統治、人力資源、組織學習、創新研發、策略發展、資訊化、績效評估、組織文化、組織變革等，均可適用於公部門及企業組織，當然理論或分析方法各有差別。

　　知識管理首先在企業組織運用，公部門採用時間較晚，但是公部門為何也逐漸推動知識管理，不言可喻。因為公部門是一種知識密集服務業，公部門從業人員應是知識工作者。在知識經濟時代，公部門所制定的公共政策，均具有高度知識內涵，例如經濟政策、金融政策、公共衛生政策、外交政策、財政政策、環保政策、人口政策、社會福利政策等。公部門面對知識社會的公民，一方面要提供更多參與途徑，另一方面要滿足公民需求，均有賴公部門從業人員的知識提昇。處在全球化時代，國家競爭力良否，攸關國家的生存發展，國家競爭力除了私部門努力之外，公部門扮演重要角色，由WEF、IMD每年國家競爭力評比報告即可了解。

　　公部門知識管理理論及實施方式，不必全部引自企業組織的知識管理模式，但是不少理論及方法，卻可參考。公部門對於人力資源、組織學習、核心能力、內部資訊化、創新研發，均視為攸關公部門成長的重要因素，這些要件均與知識管理密不可分。以創新研發為例，公部門通常設置專責研發部門，並委託大學、私人研發機構進行專案研究，作為公共政策制定參考。如何使公部門內部成員具有研發創新能力，才是正本清源之道，知識管理、組織學習、人

力資源學說，均強調此種觀念。Senge提出五項修練：追求自我超越、改善心智模式、建立共同願景、參與團隊學習、推動系統思考，作為學習性組織內部成員共同修練項目。知識管理學說對於創新研究不少，部分可適用於公部門，例如公部門的知識學習，包括做中學、教育與訓練、師徒制、對談、腦力激盪、群組的知識創造。公部門創造知識方式，包括設置專責研發單位、模擬、對外在環境壓力的適應、組織的記憶。公部門知識創造的流程模式，包括員工企圖心、自主性的團隊、差異化的組合、寬鬆的資源。

　　OECD在2000年首次將知識管理列為政府改造的重要課題，在2002年針對二十個會員國一百三十二個中央政府機關進行政府知識管理現況調查，結果顯示，知識管理已成為大部分政府機關重要管理課題，大部分的中央政府機關已制定相關策略，並致力於改善他們的知識管理實務。由該項調查報告發現，OECD會員國的政府機關逐步擴展知識的創造與流動，中央機關日漸依賴地方政府、大學、專業公司、國際性組織提供必要的資訊和知識，政府組織與私人部門、學術機構、顧問機構、國際性組織之間的知識互動，呈現大幅度的開放。該調查同時指出，雖然政府政策愈來愈開放、透明，資訊建設的投資也逐步擴大，但是推動知識管理產生結構性改變的效益，例如提昇公務員的競爭力、打破機關本位、減少科層組織結構、建立橫向合作的工作團隊、知識能力提昇、終身學習等，尚待加強。該報告也歸納，機關首長對於知識管理創新計畫的優先支持、健全的知識管理創新計畫及溝通計畫、機關員工的高度參與、建立知識分享的誘因、配置充分的財務資源等，是知識變革的成功因素。這個發現與多數企業組織知識管理成功要件雷同。

　　公部門包括不少行政機關，雖然政府是一體的，但除非是最高行政機關下令所屬行政機關均採同樣模式的知識管理，否則各行政機關必依內部組織文化、首長的決心等因素，各自推動知識管理。公部門推動知識管理，通常由個別行政機關自行推動，其方式及程序與一般企業組織相似，首先成立推動委員會，設立知識長，推動

委員會由高級主管及熱心員工代表組成,負責規劃知識管理策略及
重大決策。知識長一般由機關首長兼任,或指定副首長擔任,負責
知識管理的決策任務。推動委員會下設數位工作人員協助知識長,
處理例行業務。設立正式知識社群,是知識管理成功的要素,通常
行政機關均有法定職權,核心任務相當清楚,正式知識社群大約依
核心任務,區分數個。知識社群不是機關內部的正式單位,也不是
任務編組,知識社群極易與正式單位混淆,因此其成員以跨單位為
原則。知識社群或許由機關同仁自由參加,也可能指定某層級以上
同仁必須加入,知識社群有負責人、執行祕書,通常由機關高階人
員出任,籌劃該知識社群的運作。每一知識社群成員平時約定時間
聚會,針對特定議題交換意見,或提出心得報告,平時也可透過機
關內部網站交換意見。每一知識社群依其成立宗旨,蒐集資料、研
議成果,經嚴謹程序審核知識物件,通過審查的知識物件即可列入
行政機關內部專設的知識管理平台,經年累月地結合,即可成為豐
富的知識倉儲,供其他同仁使用。為了使每一知識社群全心全力運
作,行政機關內部通常頒行獎勵措施,定期頒獎給某一知識社群或特
定成員,例如個人獎或社群獎。行政機關可以透過考績或實質獎勵促
進知識社群或個別成員致力知識創新、累積、傳播、利用的活動。

　　除了設立正式知識社群之外,利用組織內資訊科技,建立知識
管理共通平台,也是行政機關推動知識管理常見的做法,同仁之間
利用此平台交換意見,並將個人心得與其他同仁分享。專家網頁、
行政機關內部規則、各種與核心任務有關的知識分門別類掛在知識
平台,方便同仁參考。美國、英國均強調公部門推動知識管理,必
須與推展電子化政府相結合,電子化政府係近十年各國政府努力的
目標,利用資訊科技使政府行政效率提昇,服務民眾,強化網路民
主。電子化政府包括政府內部網站相連,例如公文電子交換、線上
簽核、電子公告欄,均可提昇機關內部或機關之間的行政效率。在
網路發達的社會,多數民眾均有資訊設備,政府網站提供更多資
訊,使人民了解政府政策,許多民眾申辦業務,例如報稅、交通監
理、購票、掛號、變更身分證明、申請執照等,均可在家中利用網

路申辦。建立跨機關整合服務，提供電子單一窗口、設置政府共通平台，均是強化便民措施。此外，網路民主也是電子化政府目標之一，人民透過網站向政府表達意見，或與政府官員雙向溝通，政府機關網站的民意交流、意見論壇、首長信箱、民意調查，均屬之。電子投票則是網路民主的可能成果之一，有助於直接民主。電子化政府的各種措施，除了行政機關內部網站的發展與知識管理有關之外，全球資訊網也與知識管理有關，行政機關可以輕易取得相關知識，並了解民眾的想法，有助公共政策的制定。

　　成為學習性組織，強化行政機關人力資源，提昇成員核心能力，除了設立正式知識社群，建置知識共通平台之外，塑造學習性文化，建立獎勵創新創意制度，提供在職訓練機會，形塑機關成員共同願景與價值觀，克服階層、成員過度保障等不利學習組織因素，累積機關內部個人知識、組織知識以及外部顧客知識，也是公部門知識管理的方法。公部門有的設有專責的研發機關，各機關也有內部研發或企劃單位，它們在公部門知識管理擔負重要責任，除了自行研發成果應用到公部門之外，也扮演吸納外部知識普及到公部門之內的角色。

　　綜上所言，公部門知識管理的目標包括：透過電子化政府實行知識管理，增進公部門競爭力，分享最佳實務與標竿學習，提供領導及決策支援，保留人力資本培養團體默契，強化策略性政策規劃方法，強化民眾及公務員對政府信心。公部門知識管理仍須有績效衡量，透過同仁評估、執行報告、成功個案、各種評分卡、相關政策民眾滿意度與機關願景、策略、價值體系配合評估、成員核心能力評估、機關的規劃及執行力等。公部門的知識管理以達成知識型政府為目標，知識型政府以傾聽民眾聲音，積極學習，有系統地、制度化持續創新；運用及擴大政府外部知識、創意、智慧資本，不斷創新政府組織、管理政策及服務，建立友善知識及創意社會文化，提昇整體策略能力，有效創造公共價值，增進民眾信任。至於知識型政府的具體做法，包括：1.重視研發創新累積智慧資本，2.促

進組織知識學習分享文化，3.盤點政府智慧資產，充分發揮知識運用價值，4.增進行政組織分享機制，全面提昇行政效率，5.發揮組織與個人專長潛能，永續經營學習性組織，6.改進行政組織內部學習文化，7.結合分享外部資料、增進政府施政品質，8.形塑快速反應組織，簡化流程，9.扁平化組織，10.配合資訊與通訊科技應用於組織設計，11.建立知識管理資訊系統平台。

參、台灣的經驗

　　台灣面積不大，又缺乏天然資源，人力資源相形重要，數十年的經濟成長，以及近二十年的民主改革，均受到矚目。台灣資訊科技發達，人民教育普及，處在全球競爭的知識經濟時代，政府特別提出知識經濟發展方案，民間企業於1990年代，開始實施知識管理制度，國營企業及政府設立的財團法人研究機構，也陸續推動知識管理。政府行政機關則於2000年由負責政府政策研究發展與考核的行政院研究發展考核委員會（以下簡稱研考會）首先實施知識管理制度，並於2004年全面推廣到行政院所屬各機關。作者於2000年5月就任研考會主任委員，該會主要任務除了負責政策研究、政府改造、電子化政府規劃、政府各機關政策績效考核、政府出版物及檔案管理之外，對於行政院所屬各部會四年中程計畫、每年施政計畫，有事前審核權。因此為了加強同仁的核心能力，積極推動知識管理，成立知識管理推動委員會，作者親自擔任知識長，設立五個知識社群：國家安全社群、公共建設社群、國家財經社群、社會福利社群、教育文化社群。由於行政院所屬各部會負責業務，約可分類為國家安全、公共建設、國家財經、社會福利及教育文化。研考會負責審核各部會中程計畫、每年施政計畫，並考核各部會政策績效，因此同仁有必要提高相關知識。2000年到2002年，五個知識社群均設定議題，定期討論，提出研究成果，並在研考會建立知識管理平台，連接相關國內外網站，經過審核的知識物件均可上網，並且舉行知識社群競賽，獎勵優良知識社群及個人。研考會推動知識

管理有其優勢，例如電子化政府的基礎，擁有跨機關協調的能力，負責政府機關創新能力，提昇公共政策決策品質的責任。在公部門實施知識管理，除了高階首長展現決心之外，必須強化同仁知識管理觀念的建立，內部知識盤點建構知識管理系統，加強分享知識的聯繫網絡。經過兩年的實施，同仁已習慣知識管理制度，但是卻遭遇若干困擾，五個知識社群包含整個國家重要政策，同仁以前的訓練，在部分領域顯然不足，即使全力以赴，有關國家安全、國家財經兩部分，業務接觸有限，無法勝任。2002年之後，重新調整知識社群，改以研考會核心任務為主，區分政府改造、電子化政府、政府績效評估、區域發展、政府資訊五個知識社群。同時，擴大同仁參與層級，強化知識管理認知教育，增強激勵誘因機制，增進團隊分享機制，辦理知識社群成果發表會，鼓勵同仁外部參與及發表成果，加強行政支援。強化資訊系統部分，建置政策知識管理系統，撰寫政策知識管理系統操作手冊，辦理系統使用說明會，建立線上討論機制。研考會確認知識管理執行主要願景及共識包括：成為國家發展的智庫，行政現代化的推手，政策創新中心，建構知識型政府。知識管理的執行策略，以建立全機關知識分享的組織文化，充分利用科技與業務密切整合，推動知識管理與業務結合，全面進行知識盤點。

　　研考會經過將近四年推動知識管理經驗，法定職權又有督導行政院所屬各機關研究發展的責任，特別在2004年4月，經行政院核定頒布「加強行政院所屬各機關研發創新實施要點」，要求行政院所屬二級、三級機關，均應推動知識管理。至於地方政府，由於具有高度自治權，行政院無法強制要求比照辦理，由研考會主動協助地方政府建置知識管理平台。研考會同時出版行政機關知識管理推動作業手冊，介紹各機關如何推動知識管理，並舉辦說明會，邀集相關人員加以訓練。依據2006年一份有關公部門實施知識管理調查報告，大多數行政機關均已設置知識管理平台，成立知識管理推動委員會，頒布知識管理推動方案。至於設立知識社群，定期研討機

關，比例較低。行政機關的員工對於推動知識管理，有正反意見，支持者認為知識管理的推動有助於個人處理業務、增進相關知識；反對者則認為平時工作忙碌，無暇參與知識討論，知識管理推動容易流於形式。行政機關的性質、職位的高低，所需知識涵養或有不同，因此需求有別，但是愈來愈多的公部門成員肯定行政機關推動知識管理。

2004年5月，作者轉任考選部部長，考選部負責包括中央政府與地方政府新進人員及升等考試，以及律師、醫師、建築師、會計師等超過一百類專門職業及技術人員執照考試。為了保持客觀中立，考選部獨立於行政院之外，非屬行政院管轄。行政院所推動的知識管理並不約束考選部，但是作者推動公部門知識管理多年，要求考選部立即實施知識管理制度。考選部多數同仁開始對知識管理觀念，以及如何推動知識管理，十分陌生，作者除了自兼知識長，並將研考會推動模式移植，成立推動委員會，指定執行秘書，依考選部核心業務及同仁所需核心能力，設立六個知識社群：國際事務社群、政府改造社群、行銷及顧客服務社群、e化社群、試務改革社群、試題分析建檔社群。國際事務社群研討國外相關公務人員、專技人員考試制度，以及涉外能力的提昇；政府改造社群研討各種類別考試制度、法規，例如應考資格、應考科目等。行銷及顧客服務社群集中研議如何服務考生，考選部每年大約有八十種考試，五十萬考生，回答考生疑義，主動告知考生各種相關考試資料。e化社群研討電腦化報名、電腦化測驗、電腦化題庫、網路安全等課題。試務改革社群全面檢討考生報名、資格審核、命題委員遴聘、閱卷、公布答案、試題疑義處理程序、試場規則、入闈作業程序等流程。試題分析建檔社群負責評估試題的信度效度、題庫的建立、命題的技術等。經過兩年半的推動，考選部同仁對知識管理認知，業務的推動，均有明顯的成效。每年舉辦知識管理成果發表會，不少政府機關與民間企業並派人觀摩，所累積的知識物件也廣泛為同仁所利用，知識管理平台的使用率甚高。

　　以上僅就台灣公部門推動知識管理的狀況扼要說明，並以作者的實際經驗加以補充，雖然無法代表台灣公部門推動知識管理的全貌，但已反映台灣公部門推動知識管理的縮影。

參考書目

1. 《知識型政府》，行政院研考會出版，2004
2. 林東清，《知識管理》，智勝出版社，2003
3. I. Nonaka & H. Takeuchi，The Knowledge-Creating Company，1995
4. T. H. Davenport & L. Prusak，Working Knowledge，1998
5. P. M. Senge，The Fifth Discipline，1994

【文章發表】
‧本文原載於《警大月刊》第 119 期，2007 年。
‧英文稿曾發表於 32nd International Symposium on Public Personnel Management, 2007, Cape Town, South Africa

第五篇　政府的考選制度

考選制度的檢討與設計

本文將討論我國考選制度近一年來的改革措施，未來施政重點，以及考選制度面臨外在環境的挑戰，如何因應與設計新的模式。筆者自九十三年五月二十日奉調出任考選部部長，針對考選制度的創新與改革，參考國內外相關體制，並與部內同仁開誠佈公集思廣益，共同提出一系列改革計畫，由於任何改革措施不可能一蹴可幾，必須分階段實施。經過一年的詳實規劃及有效執行，已稍有成效。未來秉持四年中程計畫方案，逐次完成具體改革項目。此外，面對快速變遷的外在環境，以及因應我國第二階段憲政改革，考選制度如何設計，已是刻不容緩。

壹、近一年考選改革措施

考選部負責國家考試政策的規劃以及考選行政事務，與國家其他公部門相似，必須衡量外在環境，以及組織內有形與無形資源，提出考選部的願景與使命，並依據願景使命，規劃具體執行策略以及中程計畫。考選部自民國九十四年，即依照筆者在行政院研考會主委任內所推動行政院各部會四年中程計畫的規範模式，撰寫四年中程計畫，具體列出考選部願景、策略、各項施政指標。考選部願景以開展新視野、新思維及新作法，選拔國家優秀公務人力與專業人才，扮演國家競爭力之推手。執行策略包括：一、建構與國際接軌之考選法制；二、開創具信度效度之考選技術；三、建置質量俱優之e化題庫；四、提昇顧客導向之服務效能；五、精進零缺點目標之試務品質。中程計畫採取滾動式績效評估機制，第一年施政計畫執行結果，除了依中程計畫、第一年執行計畫加以績效評估之外，並依執行結果局部修正第二年執行計畫。

　　為了貫徹執行施政計畫,除了各單位依其法定職權行使之外,特別成立若干任務編組輔助執行,這些任務編組包括:1.外事小組;2.民意調查小組;3.國家考試宣導小組;4.知識管理小組;5.e化小組;6.統計小組。小組由政務次長或常務次長擔任召集人,參事或研究委員擔任執行秘書,筆者則親自帶領e化小組及知識管理小組。上述任務編組由各單位同仁組成,實施成效甚佳,與正式單位相輔相成,僅就各任務小組的工作成果略做說明:

　　一、外事小組:負責蒐集與分析國外相關考選制度,著手辦公室、網站、文件英語化,提昇同仁英文能力及涉外能力,接待外賓,參加國際組織及國際會議等。近一年完成所有辦公室設備,同仁識別證、若干文件及網站內容的標示英語化,依同仁外語能力開設四班英語及一班日語,參加國際公共事務管理協會及醫學考試組織,接待外賓人數增加,並每年派員參加APEC建築師、技師年會。考選部負責國家公務人員及專技人員考試,國際接軌十分必要,提昇同仁外事能力,列為重點。

　　二、民意調查小組:任何政府部門施政規劃及評估,均需考量相關民意的反應。除了設有網站意見交流、部長信箱、電話及傳真服務,發行電子報及考選周刊,提供相關資訊及接受考生意見外,每年考試種類超過一百種以上,考生四十萬人次,爰成立民意調查小組,負責調查考生對考試規則、科目、所需服務等意見。此外,國家考試政策制度之改變攸關重大,故一般民眾、用人機關等意見,也是民調小組蒐集的範圍。參與國家考試的典試委員、命題委員、審查委員、閱卷委員等實務經驗及意見,民調小組也固定了解他們的意見,以作為試務改革的參考。

　　三、國家考試宣導小組:主動參加大學、研究所及行政院勞委會辦理之就業博覽會,介紹國家考試,並赴各大學說明國家考試概況,直接聽取學生的建言。

　　四、知識管理小組:知識經濟時代,政府成為知識密集服務業,政府公務員均是知識工作者。組織知識與個人知識密不可分,知識的創造、認定、分享、累積、儲存、傳播等,有賴知識管理制

度的健全化，爰依組織任務，將知識社群分成六分組：國際事務分組、政府改造分組、試務改革分組、試題分析建檔分組、e化分組、行銷及顧客服務分組。由專員以上同仁全部參加，其他同仁自由參加，經由各分組成員的知識交換、分享，以及有計畫建立知識物件、知識倉儲，對於同仁業務及相關知識的演進，助益匪淺。

五、e化小組：考選部設有資訊管理處及題庫管理處，成立e化小組，主要目的係強化全體同仁e化能力，並設定目標，預計2006年1月開始推動實施網路報名，目前已有航海人員考試採行電腦化測驗，未來會逐步擴大項目。題庫e化也是重要工作，除了設立包括國文、英文、醫學、牙醫、藥學、中醫、護理、憲法等科常設題庫小組，並將現有題庫儘量e化，俾利未來電腦化測驗，並可縮短試務流程。網路安全的重要性不言可喻，強化e化作業，務必同時提昇網路安全，若干網路作業必須獲得BS7799認證，也列為要件。

六、統計小組：考選部統計室除負責法定工作外，由於各項考試，報名、錄取者不少資料頗值分析，錄取者後續的流動也是珍貴的研究題材，在尊重個人隱私權前提之下，如何將基本統計資料做知識加值，是統計小組的職責。

考選部原有的組織架構加上新設的六個任務小組，在中程計畫及九十四年度執行計畫引導之下，整體績效有若干提昇。考選部負責試政規劃及試務執行，試政部分由考試院以合議制方式做最後決定，可是前端規劃仍十分重要。試務方面，例如題庫的增加、試題疑義的減少、行政爭訟的降低、試務流程簡化及時間的縮短、每次考試動用人力與經費的降低、試題信度與效度的提高、考生滿意度的提高、閱卷委員對各項服務的滿意度昇高、各種考試期間危機能力的強化、從報名、考生資格審查、考試期間臨時狀況的處理、閱卷的一致性、試題疑義的處理、典試委員會的幕僚作業、闈場內部的安全機制，到正式放榜作業，所有過程邁向零缺點。至於試政方面，雖然最後決定權是考試院院會，可是考選部負責規劃工作，責無旁貸，一方面詳實規劃；另一方面向考試委員說明溝通。以近一

年考試院數項重大決定為例，廢考普通科目之本國史地、研議廢止監試法、高普考試由二試改為一試，均由考選部審慎研議後，再提交考試院會討論並做成決議。取消列考本國史地案，雖有九十四年公務人員初等考試本國史地爭議因素，但是考選部近十年強調專業科目占分比例提高、普通科目比例下降，逐步取消列考四等、五等考試本國史地概要或大意。高普考由二試改為一試，經檢討考生人數降低、不少類科考生人數未超過三百人、錄取比例甚低、二試所提高信度與效度微乎其微，卻增加考生負擔、拉長用人機關等待考試及格人員分發任用時間等，因此建議考試院回復一試。另第四屆監委無法如期產生，依監試法規定，各項國家考試應由監委監試，但為了維護考生權益，經考選部分析利弊得失，經提報考試院會並獲得支持，各項國家考試仍如期舉行，由典試委員會推派典試委員監督各項應由監委監視之事項，並全程錄影存證；另為正本清源，考選部對監試法存廢加以分析並提出修正典試法建議，將監試制度中具實質意義事項予以納入，以取代監試法。以上諸多提案均能獲得考試院會多數意見支持，所以各項考選制度改進遂得以逐步實施。

貳、考選制度未來改革走向

考選制度與措施唯有不斷虛心檢討才能精益求精，尤其考試制度涉及個人主張見仁見智，更需彼此溝通方能取得共識，憲法設置合議制考試院，應與此有關。考選部部長，並非試政政策的唯一決策者，但是負責試政規劃及辦理試務，除了前述的做法之外，特別針對下列五大措施進行改革：1.教、考、訓、用合一；2.維護考試基本人權；3.政策制度與國際接軌；4.從核心能力角度設計考試；5.檢討專技人員考試範圍。

一、教、考、訓、用合一制度

教考訓用合一是一種理想的組合，考選部負責考試，以往與教育部、各用人機關、人事主管機關、專技人員職業主管機關、專技

人員公會學會、大專院校等，均有密切互動。教育部為全國最高教育主管機關，雖然目前各大學自主性甚高，可是外國與中國大陸學歷認定，仍由教育部主司其事，考選部負責的考試不少涉及國外學歷的認定，必須與教育部充分合作。教育部對於大學醫學、工程科系設有評鑑委員會，考選部負責醫事人員及技師考試，與上述委員會互動頻繁，對於應考科目、資格等，隨時交換意見。各大學院校科系名稱、必修課程因應時代需求，更新迅速，必須直接與教育部、各大學院校聯繫。其次不少國家考試典試委員、命題委員、閱卷委員由大學院校教授擔任，隨時瞭解大學教授工作動態、參與典試意願，才能找到最佳的典試、命題及閱卷委員。為了公平性，典試、命題、閱卷委員，必然考慮均衡原則，尤其是校際均衡，有時也得兼顧地區及性別均衡。考試影響教學或教學左右考試，不能一概而論，不可諱言，補習班林立，考生依賴補習班密集補習，絕非正常現象，教考充分配合，也是消除依賴補習班的途徑之一。考選部辦理之考試，其考試及格人員之訓練，除了引水人、中醫師、消防設備人員由職業主管機關或委託學校、訓練機構辦理外，其他均由公務人員保障暨訓練委員會或特考用人機關、負責訓練工作，上述機關在訓練期間甚少採取淘汰制度，使得國家考試相形重要。雖然國家考試之法定考試方式共有七種，但目前仍以筆試為主，訓練機關如能加強把關，應可更深入了解錄取者未來是否能夠勝任工作。國家公務人員考試，考選部對口機關是行政院人事行政局與銓敘部；此外，與特考機關也積極互動，才能考出用人機關最需要的人才。至於專技人員考試，職業主管機關在前置立法以及後端訓練、任用，扮演主導角色，考選部現階段做法，則是秉持政府一體原則，與主管機關溝通，並與公會學會、相關大學院校攜手合作。

二、維護考試基本人權

人權立國是我國政府的基本原則，人權也是普世價值，文明國家的象徵。國家考試超然獨立，不涉及任何意識型態，但是以往若

干規定，必須重新檢視，加以調整。除了對於原住民族、身心障礙者，政府特別立法保障其工作權，並特別舉辦原住民族特考及身心障礙人員特考。考選部與行政院人事行政局協調，希望各政府機關以身作則，提供更多職缺，俾能每年舉辦此兩項特考。另科技發達，許多輔助工具，例如無障礙網頁等，均使身心障礙者，可以跟一般人同樣工作，國外盲人法官、律師不少，我國去年才產生第一位盲人律師。考選部特別強調無障礙考試，提供各種設備，俾利身心障礙者順利參加國家考試。至於原住民族特考，在原住民族基本法、原住民族工作權保障法等，明文規定平地鄉及山地鄉原住民族公務員比例，因此原住民族特考每年舉辦，不成問題。而兩性平等是全球性議題，我國兩性工作平等法已經立法，雖然公務人員考試法也規定授權考試機關必要時可以規定性別名額。目前兩性教育平等，女性參加國家考試人數激增，不少考試女性錄取比例已高於男性。除了六類特種考試，其錄取名額，男女性比例仍有差距之外，其他考試均沒有太大差異。這六類人員包括警察、海巡、調查、國安、法警、監所管理員等，上述用人機關均列出理由說明為何男女錄用名額不同，可是婦女團體及兩性工作主管機關仍有異議。考選部秉持兩性工作平等原則，成立諮詢委員會，凡是兩性錄取比例差距太多者，必須詳細說明理由，如未具說服力，要求用人機關重新調整。兩性工作平等原則，用人機關泰半可以接受，但是先入為主的觀念，認為有些工作女性不宜擔任，例如危險性、較需體力等，其實不少工作兩性均可從事，一些情治機關，部分工作可以優先由女性擔任。考選部於九十四年全面檢討考試程序體格檢查問題，發現公務人員任用法僅限制精神疾病者不得任用為公務人員，但公務人員考試法卻規定視類科需要實施體格檢查。傳染病防治法明文規定不得歧視不具法定傳染病者的工作權，過去不少用人機關以身高、體重、儀容、非法定傳染病等，限制他人工作權，考選部除依用人機關性質，酌為規定體格標準，並儘量從寬，以不實施體檢為原則外，對於實有必要限制者，用人機關必須說明理由，並主動與用人機關協調放寬標準。例如調查人員考試，男性身高由165公分降

為155公分，女性由160公分降為150公分，患非傳染性B型肝炎者仍可報考。總之，提供身心障礙者更多參加國家考試機會，取消或降低體格標準，也展現政府具體人權政策。專技人員考試，有些職業法，例如律師法、醫師法，均規定若干體格限制，由於考試及格到實際領取執照，仍有一段時間落差，考選部爰主張專技人員考試階段，全面取消不必要之體格檢查。

三、政策制度與國際接軌

公務人員考試部分，與國際接軌方式與機會，其實不少。例如各國公務人員考試方式，彼此可以交換心得，我國行政機關之外的獨立考試機關，世界罕見，全部公務人員均由特定機關負責辦理考試，也相當特殊。雖然如此，外國人對我國特別的公務人員考試制度十分好奇，外賓到我國訪問或是我國派遣人員出國訪問或出席國際研討會，均成為焦點。公務部門人力資源已是全球討論議題，包括人力的晉用、陞遷、給付、績效評估、退休等，均是政府改造重要議題，透過國際交流，截長補短，並且提高我國能見度。考選部負責將近一百種專技人員的考試，提供更佳與國際接軌機會，此種國際接軌包括有更多機會與國際接觸，以及建立國際專技人員共同技術標準，達成雙邊或多邊的相互認證。我國參加WTO前，對於外國人應專技人員考試的資格採納，已放寬不少，WTO於2004年通過7月套案，初步解決爭議多年的農業問題之後，對於會員體進一步開放服務業，已列為重點。其中攸關專技人員相互認證的所謂自然人流動問題，遲早搬上檯面。考選部雖非專技人員唯一主管機關，但是負責專技人員考試或免試審議，必然涉入其中，教育機關、主管機關及考選部多次開會討論，由於職業主管機關只負責既定專技人員，考選部所涉範圍最為廣泛，因此責無旁貸，舉辦多次研討會，邀請專技人員公會學會、主管機關、教育部門共同會商對策。APEC建築師、工程師國際標準化也頗有進展，參加國共同建立標準，凡是達此標準的技師可以在參加會員國執業，我國積極申請加入，除

了教育、訓練、經驗之外，我國建築師、技師考試如果與上述標準接軌，對於通過國家建築師、技師考試者，應是一項利多。

四、從核心能力角度設計考試方式與應試科目

企業管理十分強調組織的核心能耐以及成員的核心能力，因為企業能基業常青，在市場占有一席之地，保持競爭優勢，與組織核心能耐有關，個人的核心能力除了確保個人在組織之內的優勢地位之外，也構成組織核心能耐的重要因素。政府部門與企業部門稍有差異，但是政府部門應具有獨特核心能耐，政府公務人員應具有個人核心能力，已是眾所皆知的常識。公務人員初等考試、普通考試、高考三級考試，皆採統包式，依用人機關需求數決定錄取人數。即使如此，細分類科仍可規劃各類科所需核心能力，當然基層公務人員核心能力不是完全由考試審定，未來的在職訓練與職務歷練也十分重要。高考二級、一級，應考人須具備碩士或博士學位，錄取者以薦任七職等或九職等任用，核心能力的測驗比較可行，也十分必要。升官等考試，薦任升官等或簡任升官等，均是在職公務人員，及格者取得中、高階公務人員資格，考試時更宜注重核心能力的測量。核心能力以機關、職位高低、職位所需具備等為主。特種考試，採特考特用原則，分發以後至少任職六年以上，警察、法官、外交人員，可能全部公務生涯均在此行業，因此初任考試時，核心能力考量的重要性不言可喻。專技人員既然稱為專門職業或具有特殊技術，核心能力更為彰顯，如何因應時代變化，以比較客觀方式界定各種考試類別所需核心能力，採用那些考試方法及應試科目，始能測出真正具備核心能力者，並為政府用人機關以及社會各行各業所用，列為核心課題。

五、檢討專技人員考試範圍

憲法第八十六條第二款與專門職業及技術人員考試法所指的專門職業及技術人員，以其具備經由現代教育或訓練之培養過程獲得特殊學識或技能，而所從事之業務，與公共利益或人民之生命、身

體、財產等權利密切關係者。考選部目前負責將近一百種專技人員考試，其中所謂醫師、律師、建築師、會計師等四大師，明顯均需接受現代教育或訓練，從事之業務，與公共利益或人民之生命、身體、財產等權利有密切關係。其他包括各種技師、牙醫師、中醫師、藥師、護理師、心理師等，也均符合上述要件。其他，例如引水人、消防設備人員、不動產經紀人、保險代理人、社會工作師、航海人員、不動產估價師等，法律明文規定須經國家考試及格始能執業，這些人員是否符合上述專技人員要件，頗值得探討。現代專業社會，證照考試相當普遍，有些由職業訓練機構負責技能檢定，有些由職業主管機關委託同業公會辦理測驗，到底那些證照必須經過國家考試，那些證照由職訓機構或職業主管機關委託辦理即可，有必要加以釐清。以領隊及導遊人員為例，以往由職業主管機關交通部觀光局辦理考試，現在改為國家考試，由考選部辦理。殯葬禮儀師一度曾規劃為國家考試，經與主管機關內政部多次協調後才改為由勞委會職業訓練局辦理技能檢定。二十一世紀，除了生物科技之外，電子產業及金融相關服務業最為發達，目前國家專技人員考試，與電子產業有關者，除了電子工程技師與資訊技師之外，沒有相關類科。國際間有關電子、資訊的證照不少，例如微軟、IBM、JAVA等著名公司證照，國家考試是否應該隨著時代進步適時增列，值得省思。金融服務業的相關證照，國家考試目前只有保險從業人員，包括代理人、經紀人、公證人，其他付之闕如。但包括信託業、期貨業、證券業、銀行業等，有不少證照考試，例如保險精算人員、風險管理師、期貨交易分析員、證券投資分析人員、外匯人員、授信人員等，這些測驗分別由台灣金融研訓院辦理或相關公會自辦。考選部基本立場，凡是民間可做，政府儘量委託；職業主管機關可做，考選部儘量委外，可是憲法明定專技人員須經國家考試，隨著產業結構改變以及時代變化，專技人員的內涵有必要檢討。

參、考選制度的新模式

國家公務人員考試與專門職業及技術人員考試統一由考選部統籌辦理，係十分特殊的設計，各種制度實施一段時日，如果利多於弊，似乎沒有必要就制度面做全盤調整。可是因應政府改造、憲政改革，以及專技人員內涵的調整，目前的考選制度仍有極大的變革空間。

一、公務人員的考選模式

配合政府改造，未來中央政府結構將大幅改變，尤其行政院所屬機關，二級機關由目前三十六部會減為十七個部會及五個獨立機關；三級機關總數由超過三百個縮減成五十個。機關數目大幅降低，可預期的未來幾年新進人員數目不多，加上若干機關調整為行政法人，新進人員不必經過公務人員考試及格，推動公法契約用人制度，約聘僱人員比例酌增，也會降低正式通過國家考試的公務人員數目。由於目前各種公務人員考試錄取比例已經偏低，未來競爭情況可能更為激烈，可能影響應考人報考意願。

在不同國家中，公務人員考試制度有所差異，大致上分類，低階人員由用人機關自行考試，中高階人員則由獨立文官委員會主持考試或監督用人機關考試。當然也有其他類型，例如日本文官考試，先由人事院辦理依需用人數加倍錄取，並列入候用名冊，用人機關需進用考試及格人員時提出申請，人事院依請求人數加倍開單送用人機關面談後進用。我國憲政改革，未來如果仍維持五權架構，考試權維持獨立，現行制度或許不變，所有公務人員仍由考選機關負責考試，也可能參照多數國家模式，考選機關縮編，而由用人機關自行考試取才，考選機關祇負責考選政策法制規劃及扮演監督者角色。如果改採三權架構，設置文官委員會或類似日本人事院，尤其採取後者模式的可能性甚高，亦即用人機關自行選拔人才，文官委員會或人事院負責制定考選法令規章。

　　三權架構之下的文官委員會或人事院不僅負責考選作業，現行行政院人事行政局、銓敘部、公務人員保障暨培訓委員會的工作全部或局部納入，公務人員的訓練、任用、陞遷、銓敘、保障、退休、撫卹等，那些項目由文官委員會或人事院負責，均待進一步研討。文官委員會或人事院維持超然獨立，類似中央行政機關組織基準法所規定的獨立機關，應可確定。至於直屬總統府或行政院，則視未來憲改結果，中央政府體制是總統制或內閣制而定。另考選部還負責專技人員考試，除非專技人員考試全部改由職業主管機關負責，否則文官委員會或人事院兼辦專技人員考試，不但名不正言不順，也將成為世界創舉。故而，未來專技人員考試何去何從，在憲改如果成為三權體制後，必須面對的重要課題，未來即使單獨設立文官委員會或人事院，全部問題未必能夠迎刃而解。

二、專技人員考選模式

　　雖然廣義的專技人員包羅萬象，種類不勝枚舉，目前也非全部經由國家考試取得資格。但我國目前將近一百種專技人員由單一政府部門負責證照考試，先進國家也未有。包括律師、會計師、醫師、建築師等證照考試，各國制度不同，大致歸類如下：1.由學校負責考試；2.由學校與專業同業公會聯合舉辦考試；3.主管部門，例如州政府或中央主管機關制定考試規則，再委託同業公會或專業團體負責考試試務；4.主管部門負責考試，但僅侷限主管有關的專技人員。

　　我國狀況迥然不同，前述金融人員部分由金融主管機關委託台灣金融研訓院或同業公會代辦資格測驗，部分如保險代理人經紀人公證人，則納入國家考試。現行典試法規定，對於性質特殊或低於普通考試之考試，得經考選部報請考試院核定後委託有關機關、團體辦理。但是根據過去洽商各職業主管機關之結果，幾乎沒有任何機關願意接受委託辦理專技人員證照考試。所以考選部負責的專技人員考試總數，隨著新的職業法完成立法程序仍在持續攀升中，這

些考試未來是否修法改由職業主管機關自行辦理？或是逐漸委託同業公會或學校聯合組織辦理考試？國人是否接受如此安排？上述機關或團體的意願與能力，辦理考試的社會公信力是否足夠？這些都是值得探究的問題。

三、考選制度的可能模式

綜上而言，未來憲政體制如果維持現狀，考選制度可完全不變，或是部分公務人員考試及專技人員考試委託用人機關及職業主管機關辦理。如果改為三權體制，將考試院、考選部、銓敘部、保訓會、人事行政局合併為文官及考選委員會，理由如下：1.專技人員考試短期之內不可能全部交由職業主管機關負責，僅用文官委員會名稱，甚難含括專技人員考試；2.公務人員考試除非立即決定重大變革，否則仍由此委員會負責，冠上此名稱有別於多數國家文官委員會的職權。至於文官及考選委員會的組織架構與職權，例如委員人數多少、下設那些單位，有待進一步的討論。本文僅就考選部分加以略述，文官及考選委員會仍負責公務人員及專技人員考試決策規劃，至試務的執行，由該委員會下設專責機關或單位負責，不少試務工作隨著e化及部分業務委外，工作負擔降低，應有助於試政規劃業務之強化。

肆、結語

近年來，考選業務有許多具體的改革成果。惟時代不斷進步，應與時俱進適當調整。尤其面對政府改造及國際競爭趨勢，考選部將繼續以宏觀、創新的思維，配合國家發展進行各項改革，提昇整體人力素質，善盡國家競爭力推進者的職責。

【文章發表】
‧本文原載於《國家菁英》第 1 卷第 3 期，2005 年 9 月。

政治體制轉型與國家文官考試

壹、前言

　　一般討論威權體制轉型，通常強調人民權利的保障，以及政治體制的民主化，以我國為例，解除戒嚴，開放黨禁、報禁，中央民代全面改選，總統直選，中止動員戡亂時期等均是重要措施。文官考試制度與政治體制轉型，也有關聯性，本文嘗試以下列實例，分析政治體制轉型與國家文官考試。

　　1949年國民政府撤退到台灣，國家制度整體建構上仍然維持著五權分立制度，為了顯示政權穩定性，國家考試賡續辦理。此時政治上採取以黨領政領軍，中央政府所代表的主權為全中國，軍人地位高度重要，連帶的退伍安置也成了重要政策，執政的中國國民黨一黨獨大採取威權統治模式；這些政治現象，維持了逾三十年時間，反映在文官考試制度上的，就是考銓機關配合辦理分區定額擇優錄取制度、透過甲等特考延攬高級人才、退除役軍人轉任公務人員特考及社會工作人員特考之舉辦、華僑加分優待實施、國家考試列考國父遺教或三民主義等做法。1987年7月政府宣告台灣地區解除戒嚴，到1996年3月總統直選，短短十年間國家及社會發生許多重大變化，展現在考試制度上也有分區定額制度走入歷史、軍轉文職管道限縮範圍、甲等特考、社工特考及銓定資格考試停辦、華僑加分優待取消、國家考試國父遺教科目廢考等。再到最近十年的民主鞏固時期，除了影響社會公平正義的考試逐一停辦而外，為了彰顯人權理念，國家考試對社會弱勢族群多所關懷照顧，如推動兩性平權取消性別設限、體格檢查程序廢除或放寬標準、身心障礙人員及原住民族特考舉辦等，皆是具體實例。所以倘從歷史的角度回顧過去

五十餘年來文官考試制度之變革，可以清楚看出政治社會變遷與文官考試制度改革間的互動關係。

貳、分區定額擇優錄取制度停止適用

　　考試中按省區分配名額，有其歷史背景。遠在宋朝州縣之解試，依國子監、開封府及各路（如河北、河東、陝西等路），採分路取人方式，將其名額做政治上的分配[1]。元朝鄉試依十一中書行省、二宣慰司及直隸省部四處所在地，為鄉試場所，共錄取三百人，其中蒙古、色目、漢人、南人各錄取七十五人，此七十五人之名額又分配在各鄉試地區。明朝仁宗以後就全國區域劃分為南、北、中卷，分訂取士名額，其中江浙、湖廣為南卷，順天、山東、山西、河南為北卷，四川、廣西、雲貴為中卷。清代原亦採南、北、中卷，但因各省錄取人數不一，邊區省分時有遺漏，康熙51年以後，改為分省錄取，按應試人數多寡，臨期奏請欽定錄取名額（楊樹藩，1976）。

　　國民政府成立以後，根據中山先生五權分立之遺教，設立獨立之考試院。在考試之基本法律考試法中，並無因省籍不同而給予優待規定。至1934年考試院舉行全國考銓會議時曾有提案：在首都或考試院指定地區舉行高等考試，或在首都舉行普通考試時，對於受教育人數較少省分及應考人，另訂從寬錄取辦法。1935年8月20日考試院公布高等考試首都普通考試邊區應考人從寬錄取暫行辦法，其中規定甘肅、察哈爾、綏遠、熱河、青海、新疆、寧夏、西康、蒙古、西藏為受高等及中等教育人數較少之邊遠地區。各該省區應考人參加考試，其到考人數在五人以上，而無一人及格者，得於總成績審查時，擇優從寬錄取一人；前項從寬錄取分數，須在四十分以上（考試院施政編年錄中冊，pp.102-103）。1936年5月5日公布之五五憲法草案，考試一章中並無分區定額規定；抗戰勝利以後，政治

---

[1]　宋朝的司馬光與鄭洵力主分路取人，歐陽修與劉敞則主張憑才取人，雙方多次論爭。

協商會議完成政協憲草，並由國民政府向制憲國大提出，其第九十條規定「公務人員之選拔，應實行公開競爭之考試制度，非經考試及格不得任用，必要時得分區定額。」但討論過程中審查會最後將「必要時得……」彈性條件，改為「應……」強制規定，大會遂照審查意見通過，此即現行憲法第八十五條規定之由來（國民大會實錄，1946，pp.796-798）。對於分區定額制度入憲，我國憲法學者顯然有著不同的意見討論[2]。1948年7月21日總統修正公布之考試法第二十一條第二項，將其適用範圍縮小為「全國性之公務人員高等考試普通考試，應分省區或聯合數省區舉行，並應按省區分定錄取名額，由考試院於考期前三個月公告之。其定額標準為省區人口在三百萬以下者五人，人口超過三百萬者，每滿一百萬人，增加一人。」此所謂按省區分定錄取名額，係由考試院在1948年依據當時內政部人口局所公布各省區人口數目為計算標準，訂出全國性公務人員考試各省區錄取定額比例標準表（參見表1），就當時全國人口總數與各省人口數相比，此一定額比例數大體還算公平。

但是中央政府暫遷台灣以後，各省人民隨同政府來台者人口數不一，而按省區分別規定名額，卻仍依照1940年內政部人口局所統計各省區人口數而訂之比例標準表，未免失之不公，其中尤以佔報考人數最多之台灣省籍應考人權益影響最大。為因應此一額滿見遺之困難，台灣地區從1950年起至1968年止，依考試法第二十一條第一項規定，辦理台灣省公務人員高等暨普通考試（應考人以台灣省籍為限，且不受定額比例限制），和全國性公務人員高普考試同時合併舉行，以增加台灣省籍應考人之錄取機會；另從1952年起，全國性公務人員高普考試按各省區錄取定額比例標準一律加倍錄取，以減低對台灣省籍應考人之不利（王雲五，1967，p.691）。

---

[2]　持贊成立場者，如羅孟浩先生《中國憲法的理論體系》（第二冊），1953年，p.90；持反對立場者包括薩孟武先生《中華民國憲法概要》，1962年，p.238；洪應灶先生《中華民國憲法新論》，1974，p211；林紀東先生《中華民國憲法逐條釋義》（第三冊），1975，p158。

表 1　全國性公務人員考試各省區錄取定額比例標準表

省區	定額比例數	省區	定額比例數	省區	定額比例數	省區	定額比例數
江蘇（南京、上海）	44	廣東（廣州）	28	綏遠	5	合江	5
浙江	22	廣西	17	察哈爾	5	興安	5
安徽	24	雲南	11	熱河	8	海南島	5
江西	15	貴州	12	遼寧（瀋陽、大連）	14	新疆	6
湖北（漢口）	24	河北（北平、天津）	34	安東	5	青海	5
湖南	28	山東（青島）	42	遼北	7	寧夏	5
四川（重慶）	50	河南	32	吉林	8	蒙古	8
西康	5	山西	17	松江（哈爾濱）	5	西藏	5
福建	13	陝西（西安）	13	黑龍江	5	華僑	26
台灣（台北）	22	甘肅	9	嫩江	5		

1. 院轄市依其所在省分合併計算。
2. 台灣省區錄取定額原為 8 人，其後因人口逐年增加，逐比例遞增為 22 人。

　　為謀根本之解決，1962年8月29日考試法修正時，第二十一條第二項增列「但仍得依考試成績按定額標準比例增減錄取之。對於無人達到錄取標準之省區降低錄取標準，擇優錄取一人，但降低錄取標準十分仍無人可資錄取時，任其缺額。」但書規定。程序上每年全國性公務人員高普考試第二次典試委員會，在決定各類科錄取標

準後，會做成決議：各省區按比例增加若干倍數錄取，其應增加之倍數，於開拆及格人員彌封姓名冊後，查明省籍，在典試委員長及監試委員監督下，參照往例覈實決定。即按各類科台灣省籍應考人達到錄取標準總人數，除以台灣區法定定額錄取比例數，所得之結果，據以對各省區之錄取定額增加若干倍數錄取，以使台灣省籍應考人凡成績達到最低錄取標準者皆能錄取，其他省市區籍應考人即使定額比例數增加，但因未達錄取標準，也不可能因此而多錄取。此制實施以後，高普考試始終維持著台灣省籍應考人錄取者居多，其他省市區籍錄取者較少，且與台灣地區人口籍貫分佈情形相近。所以分區定額之不公，已經藉著法律修正加以適度紓解。

　　但對於「無人達到錄取標準之省區降低錄取標準，擇優錄取一人，但降低錄取標準十分仍無人可資錄取時，任其缺額」之擇優錄取制度，則對偏遠省區之應考人形成相當優惠。在執行上以各該省區到考類科錄取標準最低者為基準，降低十分後，不受類科限制，擇優錄取一人。但應錄取人某科之成績未達其應考類科中特殊科目成績設限規定時，不得錄取，另就其他類科中擇優錄取。如有二人以上成績相同者，就專業科目成績較優者錄取之。從考選部統計資料來看，如1987年高考及格1,243人，其中因降低標準擇優錄取者有8人，所佔比例為0.64%；1988年及格1,677人，其中擇優錄取8人，佔0.48%；1989年及格2,979人，其中擇優錄取5人，佔0.17%。所以降低標準擇優錄取每年人數雖然有限，但畢竟使得偏遠地區省分應考人受到降低標準之實質優惠，所以外界仍有許多批評（姚嘉文，1978，pp.22-37）。1989年12月發生某君申請改註其公務人員高考及格證書姓名及籍貫案（該員原籍台灣省彰化縣，後由西康省籍榮民收養，改從養父姓並變更本籍，1987年參加高考普通行政人員行政組，原始成績未達錄取標準，但因分區定額擇優錄取規定而降低標準錄取；俟其訓練期滿核定及格，取得考試及格證書後，即終止收養關係，並向戶政機關申請恢復本來姓氏及籍貫，並據以向考選部申請及格證書改註回復原姓名籍貫。）考選部報請考試院撤銷其考試

及格資格並吊銷及格證書，並建議公務人員考試法第十三條未修正前，對於「無人達到錄取標準之省區降低錄取標準，擇優錄取一人」之規定，暫不予降低標準擇優錄取。經考試院第七屆第255次會議決議：申請改註考試及格證書部分，考試及格資格撤銷，並吊銷其考試及格證書；至於動員戡亂時期暫不降低標準擇優錄取部分，暫予緩議。惟社會上要求考試公平之呼聲越來越高[3]，1990年4月27日考選部以選高普字第2337號函，報考試院建議全國性公務人員高普考試，擬自1990年起，暫停適用公務人員考試法第十三條末段之規定；經第七屆第273次會議決議：本年舉辦之全國性公務人員高等暨普通考試，對於無人達到錄取標準之省區，不降低錄取標準擇優錄取。

　　1992年5月28日總統公布之中華民國憲法增修條文第十四條第三項明定，憲法第八十五條有關按省區分別規定名額，分區舉行考試之規定，停止適用。1996年1月17日總統修正公布之公務人員考試法修正條文，原第十三條分區定額擇優錄取規定，配合前述憲法增修條文修正而予以刪除，至此法制上有關分區定額之法源，因時勢變遷而完全走入歷史。

參、甲等特考廢除

　　美國第三十一屆總統胡佛（Herbert C.Hoover），在卸任後曾應美國政府之請組織一個委員會，就政府組織職掌、員額膨脹等問題加以檢討，該委員會委員由民主、共和兩黨各占一半，委員並推舉胡佛擔任主席，即後來通稱之胡佛委員會。胡佛委員會前後二度運作集會，每一次集會前後近二年，並分別提出報告，第二次胡佛委

---

[3]　1989 年及 1990 年，計有王金平、吳海源、劉松藩、吳淑珍、黃書瑋、黃明和、余政憲等多位立法委員提出質詢，建議取消分區定額擇優錄取制度；台灣省議員蘇洪月嬌、高雄市議員陳武勳，亦有相同建議。立法院在審議八十年度中央政府總預算時，就考試院主管預算部分做成注意辦理事項「全國性公務人員高普考試，依考試法及其施行細則之規定，有分省區定額錄取並在有缺額時降低分數錄取之優待，造成考試不公並加深省籍隔閡。要求在法令未修改前，暫時凍結此項條文之適用，完全以分數高低作為錄取與否之依據。」

員會提出建議中有一項為「建立高級文官體系」案，以從政府機構現有才能卓越成績優異官員中，甄拔部分人選，以應高級職位需要，此種人選由機關首長提名，由獨立之高級文官委員會根據個別情形加以任用（張夢楷，1959；朱武，1972）。此種改革構想，在1978年卡特政府時代所提出之文官改革法案中（Civil Service Reform Act），透過高級主管職位（Senior Executive Service）制度之實施，而獲得實現；SES職位並無職等，其俸給與地位之保有，憑藉的是能負起完成方案之能力與責任（許濱松，1982，p.44）。

　　舊考試法第七條有「特種考試高於高等考試者，其考試法另定之」規定，1954年考試院亦曾就此進行討論，惟因意見不一而擱置。1957年9月王雲五先生以考試院副院長身分奉派赴美國出席聯合國第十二屆大會，並奉先總統蔣介石指示順道調查美國胡佛委員會報告建議及其執行情形，以為我國借鏡。返國後就其蒐集閱覽之資料及參訪機構心得，撰寫報告呈核；蔣介石對此極為重視，指示在總統府內成立研究行政改革事宜之臨時機構，並限期完成工作，總統府行政改革委員會於焉成立。1958年3月6日行政改革委員會成立，由王雲五先生擔任主任委員，分設行政、國防、經濟、司法、考銓等10組分別進行研究；委員會以半年時間完成八十八個方案研究與審議，其中「建立高於高等考試之考試制度」案為總報告之第七十九案，方案中建議利用考試法中高於高等考試之考試，使優秀之中級公務員及各界專才，均經由此種考試而擢升至簡任地位，並建議典試委員會組織與變通考試方法，以利推行（王雲五，1964，p.225；徐有守，2003）。該案最後交由考試院研辦，考試院並在1959年11月27日通過公務人員最高考試條例草案，函請立法院審議，並報總統鑒核；該草案重點包括：本考試按任用需要舉行之；考試資格列有博士學位三年經驗、碩士學位五年經驗、副教授滿三年、大學畢業並任副總工程師三年或管理師工程師六年相當薦任最高級；考試方式為筆試、口試、實地考試、審查著作發明及服務成績；本考試及格人員以簡任職任用等。1960年5月6日立法院函覆考

試院略以：本案經第二十五會期第十八次會議決議：「本案俟修正考試法時予以通盤考慮」，該項考試另立條例案因而擱置（考試院施政編年錄，1960，p.383）。從前述發展可知，美國胡佛委員會、總統府行政改革委員會，與我國甲等特考之建制，確有其關係脈絡。

　　1962年8月考試法修正，特種考試分為甲、乙、丙、丁四等，並在該法中明定甲等特考應考資格，及格者取得簡任級公務人員任用資格。1968年3月28日考試院發布冠年度之特種考試公務人員甲等考試規則、甲等考試口試辦法、應考人著作發明審查規則等，首次舉辦之甲等特考，設有普通行政人員、人事行政人員、外交領事人員、土木工程科、機械工程科等二十二個類科，合計報名人數一百人，考試方式為第一試著作發明審查（佔60%），通過六十三人，第二試口試（佔40%），合併計算成績後依需用名額擇優錄取三十九人（考選部第一司，1968）。本考試及格人員由行政院人事行政局立即辦理分發，全部以簡任職任用。在甲等特考歷年辦理應考資格中，除原有博士學位、碩士學位、教授副教授三款以外，1973年增列高等考試及格服務滿六年成績特優者，1980年增列專科以上學校畢業並曾任民選縣市長滿六年成績優良有專門著作者，1986年再增列獨立學院以上學校畢業或高考及格曾任公營事業機構董事長或總經理三年以上或副總經理六年以上。至於考試方式，1968年至1980年均採著作發明審查及口試，1986年在著作發明審查及口試之前再增加筆試專業科目一科。1990年4月考選部公告甲等特考類科及應試科目表，以防止用人機關因人設置類科；將筆試專業科目從一科增加至二科，考試程序由二試改為三試，分別為筆試、著作發明審查、口試，前一試不及格不得應下一試，口試不及格且不錄取；筆試試卷評閱改為平行二閱；博碩士論文不得送審著作審查，送審著作與應考類科如不相關則不予評分等（王作榮，1992，pp.5-13）。茲以統計數字說明1968年至1988年（即民國57年至77年）辦理十次甲等特考報考、到考與及格人數情形（參見表2）。

表2　歷年甲等特考報考、到考與錄取人數統計表

年別	報考人數	到考人數	錄取人數	到考率%	錄取率%
總計	1,946	1,929	503	99.13	26.08
57	100	100	39	100.00	39.00
60	109	108	32	99.08	29.63
62	50	50	8	100.00	16.00
65	100	100	21	100.00	21.00
67	71	71	19	100.00	26.76
68	124	124	46	100.00	37.10
70	313	313	92	100.00	29.39
75	577	570	139	98.79	24.39
76	96	95	12	98.96	12.63
77	406	398	95	98.03	23.87

說明：本表民國76年數字為研考人員特考中之甲等考試資料。

　　考試院第八屆第六十七次會議決議，函請行政院人事行政局就甲等特考之需求提供有關資料，其後考試院秘書處將「行政院暨所屬機關民國82年度請辦甲等特考提出預估需求職缺表」交考選部研提意見。考選部認為文官甄補宜內升外補並重，以激勵現職人員士氣，表列缺額宜請用人機關檢討先行內升；歷年甲等特考及格人員尚有部分尚未分發或用人機關未接受者，應先行調查並繼續辦理分發；行政院公共工程委員會組織條例草案尚在立法院審議中，猶未完成立法，即先行提報二十七名職缺，不符即考即用原則應予刪除。王作榮部長更公開表示，甲等特考在制度面違反文官培訓原則、阻礙正常文官升遷管道、與文官永業化原則不符、博碩士學位屬學術位階與行政層級無關、喪失外補功能破壞行政倫理；在技術面有類科設置偏頗、著作審查及口試評分難公平客觀、著作是否與應考類科相關難認定、著作是否抄襲或他人捉刀難查證、大量增額錄取有失公信力、考試方式較高考簡易難顯考試效度等缺失；其中技術面缺失或可改進，制度面缺失則嚴重損害文官制度，因此建議

取消甲等特考，另行建立引入高級人才進入政府體系之管道。但考試院第八屆第九十四次院會作成決議，1993年仍舉辦公務人員甲等特考，但宜從嚴辦理。與此同時，代表民意之立法院法制委員會在1992年6月3日曾決議：現行考試法有關甲等特考之規定，有違考試公平，破壞文官制度，且歷屆甲等特考之舉辦，其公平性迭遭社會各界詬病，於相關法令修改前，應暫停舉辦甲等特考，行政院各機關所需人才，應由現職合格公務人員任用。同年12月，立法院通過1993年度中央政府總預算案附帶決議及注意事項中，明確規定非必要時考選部不得動用第二預備金舉辦甲等特考。1993年4月7日，立法院法制委員會邀請考選部王作榮部長專案報告歷年甲等特考辦理情形並備詢問，法制委員會再度作成決議：一、甲等特考應予廢止，在相關法令修正前甲等特考應停止辦理。二、考試院應儘速於本會期內將公務人員考試法修正草案送本院審議（王作榮，1993，pp.3-9）。1994年12月29日立法院第二屆第四會期第三十一次會議三讀通過立法委員盧修一、謝長廷等七十三人擬具之「公務人員考試法第三條及第十七條條文修正草案」、立法委員盧修一、謝長廷等二十六人擬具之「公務人員任用法第十三條及第十六條條文修正草案」，一舉刪除公務人員考試法中舉辦甲等特考之法源，包括考試等級與應考資格等，以及公務人員任用法中甲等特考及格人員相關任用規定。甲等特考至此完全廢除。

肆、現職人員銓定資格考試停辦

銓定資格考試係指未具考試及格資格或銓敘合格資格之現職公務人員，在限制一般應考人參與競爭情況下，參加特定屬性之考試以取得任用資格之謂；早期多在特別任用條例中明定辦理之法源依據，並以銓定任用資格名之，故稱銓定資格考試，後期則在機關組織法中明定其辦理依據，並僅稱以考試定其資格，故改稱任用資格考試。如舊公務人員任用法第五條規定：本法施行前，未具法定任用資格之現職人員，由考試院以考試方法，限期銓定其任用資格。

考試院在1954年5月22日並訂定發布現職人員銓定資格考試規則乙種，至1961年6月共辦理九次，爾後即停辦，計報考518人，及格347人，及格率為66.99%。其次派用人員派用條例第八條規定：本條例施行前……原任人員並予轉任，其未具法定任用資格者，由考試院以考試方法，限期銓定其任用資格。考試院在1969年10月9日並訂定發布現職派用人員銓定資格考試辦法乙種，至1970年共辦理四次，爾後即停辦，計報考7,794人，及格6,373人，及格率為81.77%。再其次舊交通事業人員任用條例第五條規定：交通事業現職人員，在交通事業人員任用條例施行後，本項考試規則公布前未經銓定其任用資格者，由考試院以考試方式限期銓定其任用資格。考試院會同行政院在1962年10月9日訂定發布交通事業現職人員銓定資位考試規則乙種，至1980年為止共辦理十次，爾後即停辦，計報考22,620人，及格22,365人，及格率為98.87%（考選部，1985，pp.47-48）。另戰地公務人員管理條例第八條規定：依本條例選派人員，於該管地區恢復常態時，除具有法定資格者照選派等級予以晉敘外，其餘未具法定資格者，得就原任職務及服務成績，由考試院從優銓定其任用資格。考試院在1967年5月17日並訂定發布金馬地區現職公務人員銓定資格考試規則乙種，至1994年共辦理十次，爾後即停辦，計報考2,275人，及格1,436人，及格率為63.12%。最後為大陸來台義士義胞現任公職人員任用資格考試，本考試緣起於中國大陸災胞救濟總會以歷年投奔自由來歸經專案安置政府機關就業之反共義士義胞，有百餘人尚未取得公務人員任用資格，其中且有安置就業已逾二十餘年者，長久以來未能享有考績、升遷等權益，因此影響工作情緒甚鉅，各安置單位亦感困擾，該會爰建議專案為該等人員辦理考試，以解決其任用資格問題。考選部遂邀集銓敘部、人事行政局、各安置就業機關代表會商，多數機關認為義士義胞皆係響應政府「三大自由六大保證」政治號召而來歸，而安置義士義胞就業更係國家既定政策，因此保障其權益，解決其任用資格問題，確有必要；考試院爰於1986年7月訂定發布大陸來台義士義胞現任公職人員任用資格

考試規則，其重點包括：應考資格以大陸來台義士義胞持有中國大陸災胞救濟總會核發之身分證明且經安置政府機關、公立學校或公營事業機構占編制內職缺且未具法定任用資格者為限；考試等別分為簡任、薦任、中級委任、初級委任；考試方式以筆試、口試及服務成績審查方式為之；簡任筆試考普通科目一科、專業科目二科，其餘各等級筆試科目均為普通科目一科、專業科目一科；未通過考試者，得繼續任原職至其離職為止。本考試有131人報考、129人到考、123人錄取，錄取率為95.35%（考選部，1990，pp.134-135）。1991年5月1日總統宣告終止動員戡亂時期，考選部通盤檢討相關法規適用性與時效性，對大陸來台義士義胞現任公職人員任用資格考試規則，因情勢變遷，已無繼續辦理必要及依據，爰報請廢止該考試規則，案經第八屆第三十八次院會照案通過。

　　至於單一機關制定組織法草案中納入未具任用資格現職人員考試法源，此情形多為派用機關改制為任用機關。首開其端者為1984年7月20日總統公布之行政院農業委員會組織條例第二十一條：本條例施行前，行政院農業發展委員會原以臨時機關性質依派用人員派用條例審定准予登記有案之現職人員，未具公務人員任用資格者，由考試院以考試方法限期銓定其任用資格。1985年1月7日總統公布之行政院經濟建設委員會組織條例第十八條，其文字體例和行政院農委會完全相同；其後辦理之農委會與經建會現職人員銓定資格考試，錄取率為95.65%，採計考績成績，考不及格且有降等錄取之規定。1990年1月24日總統公布中央研究院組織法第二十九條規定：本法修正前，已遴用之現任行政人員，除已取得任用資格者外，比照教育人員任用條例第二十一條規定，由考試院辦理考試，以定其資格，未通過考試者，得繼續任原職至其離職為止；本考試錄取率為90.24%。1991年2月1日總統公布關務人員人事條例第十一條規定：本條例施行前，已進用之關稅總局暨所屬機關編制現職人員，……未具法定任用資格者，由考試院限期辦理考試，以定其資格；未經考試及格者，得繼續任原列職務稱階至離職為止；本考試錄取率為96.57%。1993年12月3日總統公布交通部電信總局組織條例第十八條

之一規定：本局及所屬機構之業務服務員及建（技）教員佐，於民國51年（1962年）1月1日以後及本條增修前進用現仍在職且未具交通事業人員任用條例所定任用資格者，由考試院限期辦理考試，以定其資位；未經考試及格者，得繼續任原職至離職為止；本考試錄取率為70.87%。由於此種封閉性考試屢為外界所詬病，考選部在1994年10月12日訂定「辦理公務機關未具任用資格人員考試處理要點」，規定是類考試類科設置、科目訂定、科目數、命題閱卷標準等，均比照公務人員高普考試規定辦理，總成績並以滿六十分為及格，專業科目有一科為零分，或專業科目平均成績不滿五十分者，均不予錄取。所以1995年舉辦之行政院勞工委員會職業訓練局職業訓練中心現職人員任用資格考試、國立台灣藝術教育館現職人員任用資格考試，其及格率分別下降為11.11%、25%（考選部，1996a，pp.95-97）。為期根本解決，考選部在1996年1月17日修正公布公務人員考試法第二條第一項，明定公務人員之考試，以公開競爭方式行之……其他法律與本法規定不同時適用本法。此一凌越條款完成立法程序以後，即使在機關組織法中加入舉辦未具任用資格人員考試之法源，考選部亦可據此拒絕辦理任何任用資格考試（考選部，1996b，pp.461-462）。其後台灣省政府精省階段，省屬機關約聘僱人員要求在台灣省政府功能業務與組織調整暫行條例草案中納入辦理任用資格考試法源，考選部援引本條文將其阻卻。另行政院海岸巡防署在研訂海岸巡防人員人事條例草案時，亦曾希望訂入「未具公務人員任用資格者，由考試院限期辦理考試，以定其資格，不受公務人員考試法第二條之限制；其考試辦法，由考試院定之。」考選部亦要求刪除相關規定。

伍、社工特考之停辦與黨職併公職年資廢止

政府遷台以後，中國國民黨一黨獨大且以黨領政，因此專職黨務人員眾多，為替該等黨務人員轉任行政機關打通管道，爰由內政

部於1965年4月7日行文考選部，略以：政府為推行民生主義現階段
社會政策，頃正分別訂頒實施計畫，擴展社會福利措施，為配合此
項新政策之推行，並使有關人員取得任用資格，擬請於本年在台
北、高雄二地同時舉行社會工作人員特考，以資儲備人才。同年5月
6日考試院據以修正發布特種考試社會工作人員考試規則[4]，考試等
級改為乙、丙、丁三等，應考資格除法定之學歷或低一等級考試及
格之外，特別增列曾任社會工作三年以上經歷條件，此社會工作之
認定標準，以政府或經政府核准有案之社會福利機構或團體，並對
國家有直接貢獻之專職服務工作為範圍。其中民眾服務總社、台灣
省及台北市民眾服務社、青年救國團、大陸災胞救濟總會等團體工
作年資均予採認，專職幹部以外之調任、兼任及義務職人員則不予
採認。由於社工特考成績計算方式採各科平均計算，且無專業科目
成績未滿五十分不予錄取之限制，加上與高普考試社會行政人員類
科相較明顯應試科目數較少[5]，且選試科目範圍極大，因此優待意味
濃厚。本考試在1965年、1968年、1975年、1979年共辦理四次，合
計報考人數為7,495人，錄取1,861人，錄取率為27.73%。

　　本考試及格者，僅賦予任用資格，而不分發工作，由中國國民
黨運用黨政交流政策，適時轉任政府機關。據國民黨說法，本考試
對部分黨務幹部取得任用資格確有裨益，惟查先後舉辦四次考試，
僅57年（1968年）黨務幹部參加考試人數及錄取比率較高，其餘各
次均較社會青年為低[6]。不過外界對於本考試之舉辦，仍然多所質
疑，最後考慮國民黨黨團專職幹部，多數均具有大專以上學歷，循
正途參與公開競爭之考試並不困難，因此1980年以後本考試停辦，
至於考試規則則在1990年4月18日廢止。與此有牽連關係者，為1971
年12月7日考試院訂定發布之中華民國民眾服務總社專職人員暨公務

---

[4]　社會工作人員特考規則係國民政府 1945 年 1 月 8 日訂頒，考試院曾在 1954
　　年 12 月 20 日修正發布。原考試規則等級分甲級、乙級，應考資格只要符合
　　條件即得報考，考試程序分為初試、再試。
[5]　高考 9 科、普考 7 科，但社工特考乙等僅考 7 科、丙等考 6 科。
[6]　中國國民黨中央委員會 1979 年 9 月 3 日組字第 398 號函。

人員服務年資互相採計要點，至1985年監察院對此提出調查報告，認為民眾服務社之人員，可將其年資計入一般公務人員年資，惟其他黨派或人民團體卻不能援用，爰促請銓敘部全面檢討修正。1987年間，鑑於政治環境變遷，並配合新制人事制度之推行，考試院第7屆第153次會議決議：採計要點自1987年12月3日廢止。第185次會議復決議：採計要點廢止前，已任公務人員者，依法令不溯既往暨基於保障既得權益之觀點，於退休撫卹時仍得併計黨務年資，但採計要點廢止後始轉任公務人員者，即不得併計黨務年資[7]。

陸、華僑應考試加分取消

　　由於華僑在國外接受教育，與國內之國民不同，為鼓勵華僑青年回國服務，早在1940年7月13日公布之高等考試財政金融人員考試華僑應考人保送免試辦法，即規定僑居美洲及南洋群島華僑應考人，國內外大學經濟財政科畢業，通曉祖國語文者，得申請保送，保送核准者，免除初試之筆試（考試院施政編年錄下冊，pp.190-191）。1948年考試法修正以後，全國性公務人員高普考試採按省區分區定額方式錄取，原為三十六個省區，政府遷台後增加蒙古、海南島及華僑，分為三十九個省區；其中華僑之定額比例數，並隨著華僑人口逐年增加，而從十五人調整為二十六人。另考試院1955年8月20日訂定發布之僑居國外國民回國應考獎勵辦法，對具有應考資格之僑民，於應考時回國或於應考前一年內回國，自回國之日起逆算，連續居留國外七年以上者，回國應高普特考時，得受本辦法之優待。優待內容包括：僑民應全國性公務人員高、普考試之錄取名額，依僑民一千三百萬人口比例標準，各訂為十五名，其中，港澳僑民高考及普考各三名；應考人應以本國文字作答，如認為答案內容不能達意時，得以外國文字補充說明（以韓、日、泰、越、緬

---

[7]　銓敘部 2005 年 11 月 16 日報考試院函，有關民主進步黨立法院黨團提出檢舉函之研處情形。

甸、馬來、印度、英、法、德、意、西、荷文字之一）；各種考試
錄取標準酌予放寬，由典（主）試委員會定之。

　　1987年8月19日考試院根據公務人員考試法施行細則第二十二條
「僑居國外之中華民國國民，具有應考資格，回國應各種公務人員
考試者，得予獎勵。前項獎勵辦法另定之。」授權，訂定發布僑居
國外國民回國應公務人員考試獎勵辦法，其中對華僑之定義界定為
「於應考時具有中華民國僑民身分，在國外連續居留五年以上者，
其已回國設籍者，並以未滿五年為限」。華僑應公務人員考試，給
予下列優待：應考資格依一般考試法規之規定，但經當地駐外使領
館或外交部指定機關（構）證明曾在國外相當高中畢業者，得應普
考或丙等特考，相當初中畢業者，得應丁等特考；筆試除別有規定
外，應以本國文字作答，但得以外國文字補充說明；華僑應公務人
員考試，其考試成績得酌予加分，但以不超過總成績十分為限，其
標準由典試委員會定之[8]；華僑應全國性公務人員高普考試擇優錄取
優待之名額，其降低錄取標準者，以未加分之成績為準。此一華僑
應全國性高普考試降低標準擇優錄取制度，隨著1990年分區定額擇
優錄取暫停適用，一併遭到凍結。至於加分部分，因有公務人員考
試法施行細則第二十二條之依據，仍繼續沿用，至1996年1月17日公
務人員考試法修正，其第二條明定公務人員考試，……成績之計
算，不得因身分而有特別規定。爰華僑應公務人員考試之加分，在
施行細則研修時予以刪除，獎勵辦法亦廢止（考選部，1996b，
p.545）。另1987年8月19日考試院訂定發布之華僑應專門職業及技
術人員考試辦法，其中第八條原規定華僑應專技人員考試，其普通
科目平均成績得酌予加分，但以不超過二十分為限，其標準由典試
委員會定之。至2000年12月2日該辦法修正，配合新制專技人員考試
制度施行，華僑應專技人員考試加分優待予以刪除。

---

[8]　如1989年典試委員會決議加十分，1990年、1991年決議各加五分。

柒、軍轉文職優惠政策緊縮

　　軍人（或退伍軍人）優待政策的施行，有其特殊的歷史背景，包括國家領導人的出身及其對軍人的高度期待，軍人地位重要的必然結果，軍人功成身退應該給予酬庸的價值等，所以國家政策性透過考銓制度運作將實施分階限齡退伍之軍人適時轉任行政機關，以維持軍中人力精壯。在法制上並訂有軍人及其家屬優待條例（包括轉任公職年資合併計算，轉任公職考試與比敘優待等）、國軍退除役官兵輔導條例（輔導會得洽請有關主管機關舉辦各種考試使退除役官兵取得擔任公職或執業資格，退除役官兵參加各種任用資格考試或就業考試時應酌予優待）、後備軍人轉任公職考試比敘條例（後備軍人參加公務人員考試時成績得酌予加分、年齡得酌予放寬、體檢得寬定標準、應繳規費得酌予減少，上校以上外職停役轉任公務人員尚未取得任用資格者其考試得以檢覈行之）等相關法律加以規範。其中涉及高階軍官轉任文官者，首推上校以上軍官外職停役轉任公務人員檢覈制度，1968年5月15日考試院訂定發布國軍上校以上軍官外職停役轉任公務人員檢覈規則；其中規定：國軍上校以上軍官，經國防部核准外職停役，轉任之外職係簡任或中級以上薦任職務，轉任之外職與其曾任之軍職經歷或專長性質相近，轉任之外職係正副主管或重要職務等，即得申請檢覈（以審查證件方式行之，必要時得舉行面試）。考選部並設檢覈委員會審議該等檢覈案件，檢覈及格者，取得公務人員任用資格，由考選部報請考試院發給考試及格證書，並將名冊函請銓敘部查照。1988年8月15日檢覈規則修正，除審查證件外，尚須經筆試、口試或實地考試及格後，始可取得檢覈及格資格。1991年6月14日檢覈規則再修正，包括上校以上軍官轉任一般機關職務者，筆試四科；將級軍官轉任兵役行政、交通行政或交通技術職系簡任十職等以上職務，筆試專業科目二科；上校以上軍官轉任國防部、退輔會職務者，除口試外，兼予

筆試一科或審查知能有關學歷經歷證明及論文；轉任人員自轉任起十年內，不得轉調其他中央或地方機關任職。1995年12月30日檢覈規則又修正，增列1996年1月1日以後始外職停役轉任現職者於考選部連續辦理二次考試後，尚未取得擬任職務任用資格者，應由用人機關停止其派代（考選部，2005，p.83）。1996年1月17日公務人員考試法修正公布，其第二十三條規定：該法修正施行後，上校以上軍官外職停役轉任公務人員檢覈仍依現行規定辦理，並自中華民國88年（1999年）起，上校以上軍官外職停役轉任公務人員檢覈及格者，僅得轉任國防部、行政院國軍退除役官兵輔導委員會、中央及省（市）政府役政、軍訓單位。2002年1月30日修正公布之後備軍人轉任公職考試比敘條例，廢除外職停役檢覈制度回歸考試，並將上校以上軍官轉任公職程序，由先用後考改為先考後用，以落實公開競爭考試之憲政精神；另對隨同業務移撥行政院海岸巡防署及其所屬機關之上校以上軍官，尚未取得公務人員任用資格者，有三年過渡期限仍得依原檢覈規則辦理（考選部考選規劃司，2002，pp.70-76）。

對於中低階軍士官轉任公職，則有國防部行政及技術人員特考、退除役軍人轉任公務人員特考二項考試。前者國防特考之舉辦緣起，係為使優秀軍官及軍中聘僱人員取得公務人員任用資格，並拔擢社會青年從事國防工作而來[9]；自1965年起，每三年定期舉辦一次。國防特考之應考人，以受畢軍官或士官教育，經服軍官或士官現役滿五年，而年齡在現役限齡以內者為限，因為報考者皆為現役軍人，故不得享有後備軍人轉任公職考試比敘條例之相關優待。本考試在應考須知上明定為任用資格儲備考試，國防部、人事行政局均不負分發之責。1986年1月24日總統制定公布之公務人員考試法第二條規定：「公務人員之考試，應本為事擇人、考用合一之旨，以公開競爭方式行之。前項考試，應配合任用計畫辦理之。」因此以取得任用資格為目的之國防特考，與前開條文規定顯有扞格；為此考選部以事關考政決策為由，報請考試院做政策決定。經第七屆第

---

[9] 見國防部1964年頒預字第506、507號函。

九十五次院會決議：為兼顧民國75年（1986年）1月24日公布之公務人員考試法公布施行前，國防部於軍校招生時之先期公告；本項特考於民國76（1987年）、78年（1989年）再各舉辦一次後，即予停辦。為使現役軍士官有較多之報考機會，以參加最後一次考試，第七屆第102次院會決議：於78年（1989年）特考時修正本考試規則，將軍士官服現役年限改為三年，以資配合。1965年至1989年（即民國54年至78年）共辦理十二次國防部行政及技術人員特考，計有73,515人報名，57,592人到考，14,695人錄取，錄取率為25.52%。歷年國防特考報考、到考與錄取人數統計（見表3）。

表 3　歷年國防部行政及技術人員特考報考、到考與錄取人數統計表

年別	報考人數	到考人數	錄取人數	到考率%	錄取率%
總計	73,515	57,592	14,695	78.34	25.52
54 年	3,020	2,367	509	78.38	21.50
56 年	5,356	3,681	1,068	68.73	29.01
58 年	4,427	2,951	1,119	66.66	37.92
60 年	6,197	5,149	1,955	83.09	37.97
62 年	8,501	6,314	1,829	74.27	28.97
64 年	4,112	3,265	1,779	79.40	54.49
66 年	7,377	5,906	1,688	80.06	28.58
68 年	4,842	3,561	978	73.54	27.46
70 年	4,544	3,314	1,259	72.93	37.99
72 年	5,159	4,104	825	79.55	20.10
76 年	7,606	5,631	367	74.03	6.52
78 年	12,374	11,349	1,319	91.72	11.62

　　至於後者退除役軍人轉任公務人員特考舉辦緣起，則係國軍退除役官兵就業輔導委員會為解決退除役軍人就業問題而來，以使退除役軍人得以取得合法任用資格[10]。俟1964年5月15日國軍退除役官

---

[10]　國軍退除役官兵就業輔導委員會 1958 年 6 月 2 日輔人字第 2170 號函。

兵輔導條例制定公布，請辦本考試之法源依據遂更加堅實。本考試辦理初期，考試及格人員多未能分發任用；至1983年考選部邀集行政院人事行政局、退輔會等相關機關會商，經決議嗣後辦理是項考試其錄取人數應確實依照考試法之規定，並配合任用計畫辦理；其錄取人數並應與預定安置錄取人數相當。同時增列凡業經退輔會安置就業或已自行就任公職者，錄取後其升遷仍應遵守現職單位有關人事升遷規定，不得以考試及格為由，請求重新分發或請現職單位予以調整較高職位。

　　1990年2月配合輔導條例施行細則修正退除役身分有所調整，再增列服役滿十年以上，持有退伍（役）、除役榮民等有關令證者始得報考本考試。但本考試試場秩序甚差、應考人一體適用加分優待、錄取人數及錄取率與其他公開競爭初任考試失衡等情形，仍引起各界許多討論[11]。考試院1990年度工作檢討會議時，考選部提案建議將退除役轉任特考限期停辦（五年內再辦三次），爾後其錄取名額併入公務人員高普考試或其他特考類科，對具退除役身分之應考人，依據比敘條例規定酌予加分優待。本案大會決議：原則同意，惟事涉政策性措施及有關法律，應先協調行政院後再報院會核議。考試院並函請行政院惠示卓見，1990年10月行政院函覆略以：為貫徹政府輔導退除役官兵就業政策暨配合國防建軍需要，是項特考仍宜繼續辦理，惟考試方式及標準可研究改進。考試院第七屆第285次院會照案通過。經考選部審慎研究，擬具甲、乙、丙三案，報請考試院擇一採行。甲案，於民國80、82、84年（即1991、1993、1995年）再辦理三次，即予停辦；停辦後，退除役軍人參加高普特考時，依比敘條例施行細則規定，酌予加分優待。乙案，維持目前單獨舉辦方式，但對於考試方式及標準予以改進。丙案，本考試試務由考選部收回自辦，完全比照公務人員高普考試方式辦理。應考資格刪除以

11　見馬漢寶〈考選工作的辛酸〉，中國論壇 12 卷 4 期，1981；李華民《中國現行人事行政制度》，1974，p.485；廖秋林〈如何改進公務人員考試及分發辦法之研究〉，研究發展得獎作品選輯第 11 輯，1982，p428。

軍階報考之規定，並不分退伍軍階等級，一律酌加五分[12]。經考試院第八屆第30次院會決議：一、本項考試繼續舉辦，惟試務由考選部收回自辦；二、本項考試之辦理方式及錄取標準等，由考選部研究改進報院核議。1991年8月本考試規則考試院修正通過，除試務收回自辦外，類科設置、應試科目、成績計算、體格檢查與錄取人員訓練等，均完全比照公務人員高普考試辦理。王作榮先生主持考選部部務時，曾透過公務人員考試法之研修，以第二條「考試成績之計算，不得因身分而有特別規定。其他法律與本法規定不同時，適用本法。」排除後備軍人應公務人員考試之加分優待，並經考試院第八屆第131次院會支持通過。在立法院法制委員會審議本案時，亦照案通過。但在立法院院會二讀之前的國民黨黨政協調會中，因軍系立委杯葛反對，使得全案受挫。經考選部提報考試院第八屆第210次院會並授權該部與退輔會、國防部及相關立委協調，雙方折衝再三並各退一步，另增列第二十三條，規定自民國88年（1999年）起，限制退除役軍人轉任公務人員特考、上校以上軍官外職停役轉任公務人員檢覈及格者之任用機關，並對後備軍人參加公務人員考試之加分優待範圍酌予限制，遂終能完成立法程序（考選部，1996b）。

捌、國父遺教取消列考

中央政府於大陸時期，由軍政而訓政，各級學校均開設中國國民黨黨義課程，所有入學考試及國家考試均需考黨義一科；1931年由考試院首次辦理文官高等考試，1934年首次辦理文官普通考試，第一試普通科目即列考國文、「黨義」等。至1947年實施憲政，原應放棄一黨專政及以黨治國做法，實行政黨政治，但是動員戡亂時期接踵而至，各種國家考試中之黨義，視其考試等級，分別改為國父遺教或三民主義，如此又施行三十餘年。至1983年，考試院將專

---

[12] 考選部1991年2月22日選特字第0840號函。

門職業及技術人員高等考試之國父遺教與憲法二科合併為一科，1988年專技人員普通考試加考憲法概要，但與三民主義合併為「三民主義及憲法概要」，因此就本二項考試而言，國父遺教或三民主義實已廢考一半，這也是順應時代潮流及應考人要求之必然趨勢。

　　民國1990年考試院在審議考選部所提公務人員考試類科及應試科目表時，有考試委員提議廢考國父遺教，即不以一政黨之黨義採考試手段強迫所有應考人研讀接受，以符合民主法治潮流，落實政黨政治，此議獲得部分委員贊同。惟亦有部分委員主張仍應保留國父遺教一科。最後折衷比照專技人員考試，將國父遺教或三民主義與憲法合併為一科，於是國父遺教或三民主義自1990年高普考試起亦廢考一半，其他考試則比照辦理。由於社會各界廢考呼聲不斷，考選部在1993年全面研修專技人員應試科目時，參採學者專家及職業公會建議，全面廢考所有普通科目，此案經考試院部分同意，專技人員高普特考爾後即不再列考國父遺教及三民主義。隨後考選部將公務人員高考二級（相當現行之高考三級）及普考類科及應試科目表修正草案提報考試院，對於是否列考國父遺教或三民主義，歷經十次全院審查會，三次表決，終於決定不再列考，其他各種公務人員考試均比照辦理。

　　考選部對外發布之說帖中，強調不再列考國父遺教或三民主義之理由如下（王作榮，1995）：一、國父遺教或三民主義係過去國民黨一黨專政時之黨義，1947年政府實施憲政時本應停止該科目考試，但其後名稱更易仍繼續列考，現在國家已進入多黨政治之民主時代，不宜以一黨之黨義採考試方式強迫應考人接受，如此反有損國父遺教之尊嚴與地位。二、我國憲法第一條雖明定「中華民國基於三民主義，為民有、民治、民享之民主共和國。」但並非意味各種國家考試就應該要考三民主義；其次憲法所規定之國民大會、五院、中央與地方權限、國民經濟等章，均係採取三民主義精神，因此考憲法即等於考三民主義，不必單獨列為一科。三、國父遺教課程在各大學已逐漸調整轉型為「中華民國憲法與立國精神」領域，在此一領域下，各校所開課程名稱不一，學生修習其一即可。如台

灣大學有孫中山與中國現代化、當代資本主義批判、民生主義與台灣經濟等二十八個科目，清華大學有民主理論與實際、中國政府與政治等十三個科目，東吳大學有中華民國政治制度、民族主義和建國運動等十二個科目；所以國父遺教課程在各大學實質上已經不存在，國家考試科目命題係根據各大學所授課程內容而來，面對轉型為通識課程，課程名稱及內容差距甚大、各校幾無固定教材趨勢下，實已無法命題。四、最重要的理由，是國家考試應考人經常投書媒體或致函考選部，強烈反對列考國父遺教或三民主義，非國民黨籍人士更對此反彈抗議，考試院爰體察社會各界意見，多次通過陸續不予列考。

玖、文官甄補並非以公平效率為唯一標準——代結語

　　由以上分析可知，威權體制之下，國家文官考試受到若干影響，例如，由於黨政不分，軍文混淆不清，威權體制的意識型態，威權體制的特定支持者，均受到較佳的優惠，上述文官考試共同特徵：錄取率高、封閉型考試，均隨著國內民主化而逐次取消。此外，國家主權與治權的不一致，產生分區定額錄取的不公平以及對華僑的特別待遇，也隨著動員戡亂時期的中止而結束。

　　我國的考試制度，有其悠久傳統歷史，為因應幅員廣大、各地文化水準不一的差異，所以歷史上有分路（分省）取人之規定；此一制度在行憲後納入憲法，但旋因中央政府撤退來台，對台灣省籍應考人不公而引發爭議，最後憲法增修條文予以凍結而取消適用。所以社會上長久以來普遍接受的公平正義觀念，反映在國家考試上就是公開競爭擇優錄取，不得因應考人身分不同而給予優惠措施，既稱擇優錄取，就一切唯才適用。但歐美各國近些年來，在文官甄補政策中提出代表性文官的主張（其意涵包括：文官來源應反映不同族群、性別、社經地位、教育背景等，以回應人民變動多元之需求；進用文官應實現分配正義與社會平等，使弱勢團體能夠得到比

較公道的待遇；多元價值之文官，研擬政策可避免本位主義；考慮代表性，所以甄補管道要更開放更彈性等），以免考試及格進入公務系統之文官呈現中產階級化、高學歷化之單一集中現象。考選部近些年來，大力推動身心障礙人員特考、原住民族特考，即具有此一意義；換言之，代表性之考慮應超過擇優錄取價值，所以文官甄補並非以公平效率作為唯一標準，仍應有政治安定或社會和諧之全方位考量。

參考書目

1. 王雲五（1967）：《岫廬八十自述》。台北市：台灣商務印書館。
2. 王雲五（1964）：《總統府臨時行政改革委員會總報告導言》。台北市：法令月刊社。
3. 王作榮（1992）：《特種考試公務人員甲等考試有關問題專案報告》。台北市：立法院法制委員會。
4. 王作榮（1993）：《特種考試公務人員甲等考試緣起、爭議與替代方案》。台北市：考試院。
5. 王作榮（1995）：《國家考試不列考國父遺教之經過及理由》。台北市：考選部。
6. 朱武（1972）：《美國胡佛委員會報告之研究》。台北市：嘉新文化基金會。
7. 李華民（1974）：《中國現行人事行政制度》。台北市：台灣中華書局。
8. 考選部（1985）：《中華民國考選行政概況》。台北市：考選部。
9. 考選部（1990）：《中華民國考選行政概況》。台北市：考選部。
10. 考選部（1996a）：《中華民國考選行政概況》。台北市：考選部。
11. 考選部（1996b）：《公務人員考試法修正案專輯》。台北市：考選部。
12. 考選部（2005）：《中華民國考選行政概況。台北市：考選部。
13. 考選部第一司（1968）：《辦理特種考試公務人員甲等考試概況》。台北市：考選部。
14. 考選部考選規劃司（2002）：《後備軍人轉任公職考試比敘條例修正案專輯》。台北市：考選部。
15. 姚嘉文（1978）：《護法與變法》。台北市：長橋出版社。
16. 馬漢寶（1981）：《考選工作的辛酸》，中國論壇第 12 卷第 4 期。台北市。
17. 陳天錫（1968a）：《考試院施政編年錄》（中華民國二十四年至二十八年）（中冊）。台北市：考試院考銓研究發展委員會影印。
18. 陳天錫（1968b）：《考試院施政編年錄》（中華民國二十九年至三十年）（下冊）。台北市：考試院考銓研究發展委員會影印。
19. 徐有守（2003）：《王雲五與行政改革》。台北市：台灣商務印書館。
20. 國民大會秘書處（1946）：《國民大會實錄》。

21. 張夢楷譯（1959）：《美國之行政改革（1953-1955）——第二次胡佛委員會報告》。台北市：世界書局。

22. 許濱松（1982）：《美國聯邦文官改革法案評述》，中國行政第 34 期。台北市。

23. 楊樹藩（1976）：《中國文官制度史》。台北市：三民書局有限公司。

24. 廖秋林（1982）：《如何改進公務人員考試及分發辦法之研究》，研究發展得獎作品選輯第 11 輯，台北市：行政院人事行政局。

【文章發表】

‧本文原載於《國家菁英》第 2 卷第 1 期，2006 年 3 月。

臺灣經濟發展、教育制度與專技人員考試

壹、前言

專門職業及技術人力資本向來是臺灣經濟成長與產業發展之重要動能。臺灣為發展經濟，從1960年代開始積極推動技職教育，1990年以後，配合經濟體制的轉型，逐步將專科學校改制為技術學院，大學及高等技職校院蓬勃發展，2004學年度的專科及大學等高等教育畢業生多達三十三萬餘人。

另一方面，臺灣在整個社會轉型的過程中，學習了歐美、日本的專門職業及技術人員（以下簡稱專技人員）制度，從1950年開始每年定期舉辦專技人員考試，包括律師、會計師、醫師、護士、技師等，其後，歷經1970年代以後所締造的經濟奇蹟，到了1990年展開教育改革以後，新興的專技人員種類大量出現，考試報名與及格人數逐年增加，2005年分別高達十七萬、四萬餘人；同時，在1990年以後，專技人員公會組織紛紛出現，職業管理制度日趨健全，逐漸轉型成為公民社會。隨著臺灣在2002年加入WTO，開放多種專技人員考試可由外國人報考，並鼓勵各個專門職業公會組織積極加入國際專業組織，提昇專業技術水準，並對國際社會有所回饋及貢獻。

專技人員，所從事之業務，與公共利益或人民之生命、身體、財產等權利有密切關係，為了確保其專業技能，必須搭配以技職教育的正規養成教育作為新進人力來源的基礎。同樣的，專技人員的考試及管理制度，也會影響教育制度的運作。

為了探討臺灣專技人員制度的發展歷程，本文將先檢視歷年經濟發展、專技人員考試種類、公會組織以及各類專技人員考試及格人數的演變情形，進一步檢討專技人員考試與教育養成、職業管理

制度的關係，最後則檢討臺灣專技人員國際化的現況，作為未來繼續改進的基礎。

貳、經濟發展與專技人員考試

歐美各國專門職業（professions）制度可謂為1860年至1960年間專門職業化運動（professionalizaion）的產物，許多後起的職業，如技師、社會工作師等，以專業分工所產生的市場誘因以及大學教育制度為基礎，透過同業集體的力量，以既有的醫師、律師等專門職業為倣效對象，紛紛建立新進人員的專業養成、資格衡鑑、職業管理制度，以提昇其職業地位及執業水準。相對應於工會組織的式微，在1960年至1980年間，美國專門職業人員人數倍增，代表各種專門職業人員的利益團體數量，則呈現三倍的成長（Brint, 1994）。

在臺灣，專技人員考試種類及全國性職業公會增長情形與臺灣經濟發展之程度息息相關。而臺灣之經濟發展進程依年代可概分如下：（一）1950年代為勞力密集輕工業進口替代時期，政府開始實施四年經建計畫，採取工農並重政策；（二）1960年代為出口擴張時期，政府改採出口導向策略，致力於投資環境之改善，吸引外資來台設廠，臺灣產品開始打入國際市場；（三）1970年代為中間財工業進口替代時期，政府推動十項及十二項建設，增加公共建設投資，以緩和兩次能源危機，臺灣產業由勞力密集逐步轉為技術密集及資本密集工業；（四）1980年代為自由化、國際化階段，勞力密集產業受國內工資上漲、國外其他開發中國家競爭、各國貿易保護主義抬頭影響喪失優勢，轉向技術密集及資本密集、高附加價值工業發展 ；（五）1990年代為全面轉型，促進產業升級階段，政府致力於改善投資環境、革新調整政府組織及職能、強化政府行政效能；（六）2000年代為數位臺灣，發展知識經濟，利用資訊與通訊科技，推動電子化，提昇產業競爭力。各時期之經濟成長率及平均國民所得如圖1、圖2所示。

　　在臺灣由開發中國家邁向已開發國家的過程中，學習日本以及歐美各國的制度，從1950年開始每年定期舉行專技人員考試。1960及1970臺灣經濟起飛年代分別增加了七個及五個專技人員考試種類，1980年代僅增加一個，隨著臺灣在1990年代社會多元化以後，專技人員考試種類大量增加，考試及格人數也呈現逐年遞增的趨勢（如圖3、圖5）。

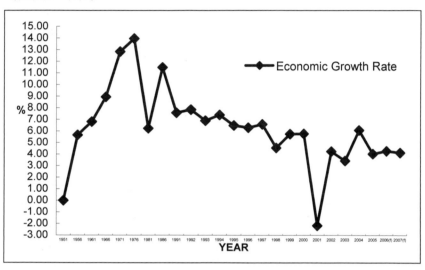

圖 1　臺灣 1951-2007（f）年經濟成長率

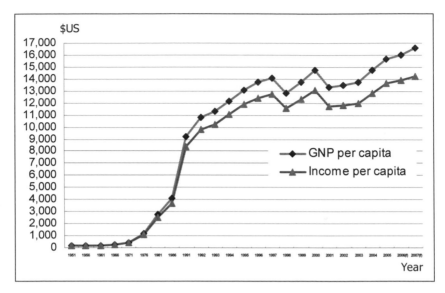

圖 2　臺灣 1951-2007(f)年平均國民所得

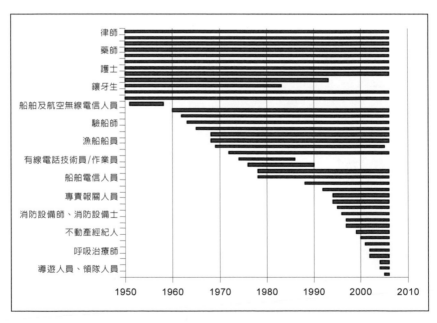

圖 3　臺灣專技人員考試種類增加情形

　　1950年，臺灣最初設置之專技考試種類共計十二種，可分為四類：1.一般性專門職業人員（general professionals）：律師、會計師；2.醫事人員之專門職業人員（medical professionals）：醫師、藥師、牙醫師、中醫師、護士、助產士、藥劑生、鑲牙生；3.技師（professional engineers）；4.航運及通信類之專技人員（technicians of navigation and communication）：當時僅設河海航行人員（1985年改稱航海人員）一種。這些專技人員，除了鑲牙生、藥劑生後來因為臺灣醫學教育水準提高，分別於1983、1993年停辦外，其他種類的考試目前均持續辦理中。

　　臺灣自1990年社會多元化，對於民間社會、依法統治、官僚體系與經濟社會等領域，均造成深遠的影響，呈現在專技人員制度的現象，則是最近十五年內，大幅增加了十五種的專技人員考試：1.一般性專門職業人員，包括：地政士、專責報關人員、保險從業人員、消防設備人員、社會工作師、不動產經紀人、民間之公證人、不動產估價師、導遊人員及領隊人員、記帳士。2.醫事人員之專門職業人員，包括：物理治療師及物理治療生、職能治療師及職能治療生、呼吸治療師、心理師、助產師。

　　除了目前已經建立考試制度的專技人員之外，最近幾年職業主管機關、專業團體也透過立法程序推動建立許多新的專技人員，包括：法醫師、專利師、牙體技術師、驗光師、聽力師及語言治療師，其中法醫師法已於2005年12月28日制定公布，定於公布一年後施行[13]。

　　伴隨民主化而來的，是公民社會（civil society）的逐漸形成；健全發展的公民社會，是民主安定與經濟制度有效運作的重要關鍵（Narozhna, 2004）。專門職業公會組織是公民社會的重要組織之一，根據內政部社會司（2006）《全國性及區級職業團體名冊》，

---

[13]　其他較缺乏共識的專技人員管理法案，包括翻譯師、景觀師、商標師、脊醫師、公共衛生師、醫務管理師等。

目前共有三十二個全國性自由職業團體，其中二十個是在1990年以後成立，占62.50%（如圖4）。

對照臺灣現行專技人員考試種類，大多數都成立專屬的公會組織，其中又以醫事人員之各類專門職業人員公會組織最為齊全，航運及通訊類之專技人員則無歐美傳統的公會組織；至於在一般性專門職業人員及技師部分，分別有三分之二的考試類科已成立公會組織，但新增的民間之公證人、專責報關人員、保險從業人員、導遊人員、領隊人員，以及少數工業類技師（電子工程技師、資訊技師、工業工程技師、紡織工程技師）、礦業類技師（冶金工程技師），最特別的是所有農業技師（農藝技師、園藝技師、林業技師、水產養殖技師、畜牧技師、食品技師、漁撈技師），均尚無公會組織。

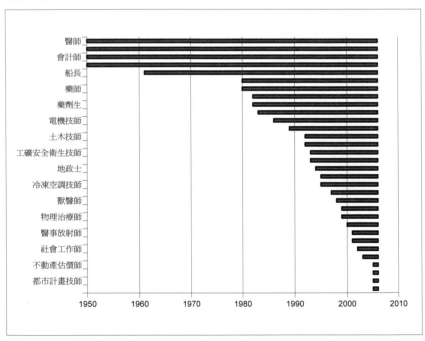

圖4　臺灣各類專技人員成立全國性公會情形

參、各類專技人員逐年擴增

　　臺灣專技人員經過考試及格的人數，呈現逐年增加的趨勢。雖然2001、2002兩年在制度轉型過程中，醫事人員考試次數，由一年至少三次（檢覈筆試二次、高普考試一次），突然縮減至一年僅舉辦一次高等考試（檢覈筆試不再受理新案），造成整體及格人數大幅滑落，2003年以後改為一年舉辦二次高等考試，考試及格人數已經再度朝逐年增加發展（如圖5）。至2005年，共計有40,268人經過專門職業人員考試進入職場服務，其中98.03%（39,473人）是經由筆試、口試、實地考試等程序考試及格，以全部科目免試取得執業資格者，僅1.97%（795人）。

　　在2005年全部考試及格人數40,268人之中，各類專技人員考試及格人數差異甚大，最多的是醫事人員之專門職業人員，及格人員合計為27,103人，占67.31%；其次為一般性專門職業人員，合計11,648人，占28.93%；至於航運及通訊類之專門職業人員及技師，分別占2.27%（915人）、1.49%（602人），兩者合計不到4%。（如圖6）

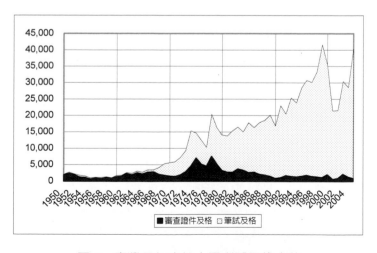

圖5　臺灣歷年專技人員考試及格人數

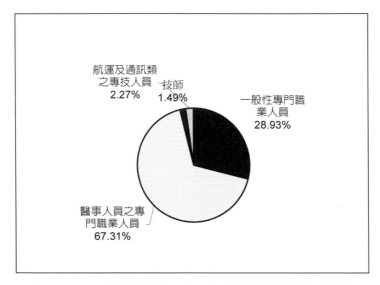

圖6　2005年臺灣各類專技人員考試及格人員分布情形

肆、教育制度與專技人員考試

　　臺灣的技職教育，早年係為配合經濟建設發展而設置，以培育實用性技術人力為目標，學習內容為技能訓練導向，所培育的人才，直接投入就業市場。到1990年以後，逐步將專科學校改制為技術學院，技術學院則改制為科技大學，高等技職校院因此蓬勃發展至2005年達一百六十二所，其中科技大學由1996年二十四所增加到2005年八十九所，成為臺灣未來高等技職教育的主流（如圖7，教育部技職司，2006）。

　　由於臺灣技職教育蓬勃發展，專科以上學校學生人數逐年上升，至2005年度，已達129萬餘人，而且其中111萬人為大學以上學生（如圖8），同樣的，職業訓練的人數亦大幅增加，2005年受訓人數達109萬人次，其中政府部門訓練機構結訓人數為43萬人，民間部門訓練單位為66萬人（行政院勞工委員會職業訓練局，2005）。

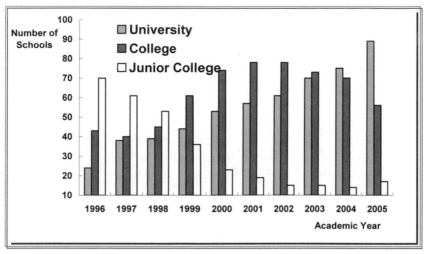

	1996	1997	1998	1999	2000	2001	2002	2003	2004	2005
University	24	38	39	44	53	57	61	70	75	89
College	43	40	45	61	74	78	78	73	70	56
Junior College	70	61	53	36	23	19	15	15	14	17

圖7 過去十年臺灣大專院校數消長情形

　　臺灣過去技職教育種類，以醫護、工業、商業為主，其他則包括海事、警察、戲曲、觀光經營管理等。近年來，技職教育的內涵大幅擴充，凡是具有職業生涯準備的學習活動，均為技職教育的範圍。因此，在專技人員種類逐年擴增的發展趨勢下，除了醫護類技職教育畢業生長久以來即以參加國家考試取得執業資格為主要求學目標外，愈來愈多專科及大學科系都有專屬的專技人員考試及管理制度；不可諱言的是，近年來臺灣新增及研議增設中的專技人員，主要的推動力量是來自大學的教授及學生。

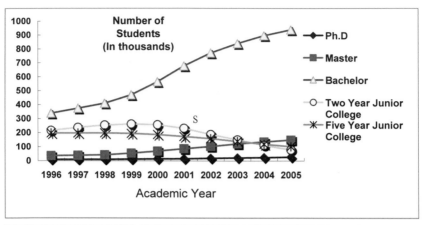

	1996	1997	1998	1999	2000	2001	2002	2003	2004	2005
University	24	38	39	44	53	57	61	70	75	89
College	43	40	45	61	74	78	78	73	70	56
Junior College	70	61	53	36	23	19	15	15	14	17

圖8　過去十年臺灣大專院校學生人數消長情形

　　各種專技人員，對於正規養成教育的要求程度不一。在臺灣，根據各種專技人員考試應考資格的規範，約可分成下列幾種情況：

1. 畢業系科須經認證：例如，航海人員考試規定應考人畢業系科必須獲交通部認可之國際認證機構認證通過，如係國外學歷，亦須符合1978年航海人員訓練、發證及當值標準國際公約1995年修正案（International Convention on Standards of Training, Certification and Watchkeeping for Seafarers, 1978, as amended in 1995，簡稱STCW95公約）之規範。

2. 本科系畢業並經實習期滿始得應考：醫事類之各種專門職業人員及獸醫人員等考試均屬之[14]。此外，驗船師考試要求在本

---

[14] 目前中醫師考試分高等考試、特種考試兩種，特種考試應考人須經中醫師檢定考試及格，始取得應考資格，未經正規養成教育，惟筆試及格者須再經十八個月訓練，成績合格者，始完成考試程序，發給及格證書。該項檢定考試

科系畢業或經相關專門職業人員考試及格後，再經服務一定
年限後，始得應考；引水人考試要求先取得航海人員執業資
格後，再經服務一定年限後，始得應考；船舶電信人員主要
以領有一等或二等航行員考試及格證書，並經交通部核准之
普通（通用）值機員訓練班結業後，以全部科目免試方式取
得執業資格；漁船船員主要也以全部科目免試方式取得資
格，其資格條件除學歷外，並須經漁業主管機關訓練合格，
以及因類科之不同，可能須兼具服務經驗始得報考。

3. 專科以上學校本科系畢業，或相關科系修習一定專業課程經
審查認可者：如律師、會計師、建築師、不動產估價師、消
防設備師、社會工作師、民間之公證人、各科技師等考試。

4. 高中職畢業：如地政士、專責報關人員、保險從業人員、不
動產經紀人、消防設備士、導遊人員、領隊人員、記帳士等
考試。

臺灣近年來技職教育水準提高、大學院校畢業人數逐年增加，
配合這種養成教育的變化，專技人員考試制度也已經著手檢討改
進，諸如：

1. 醫護類及獸醫之技職教育，在高職部分已經逐漸停止招生，
改以專科甚至科技大學或大學專業科系作為主要的教育養成
機構，因此，除了過去已經停辦的鑲牙生、藥劑生、醫用放
射線技術士等考試，以及舉辦至2005年的醫事檢驗生外，目
前初步決定助產士、職能治療生、獸醫佐將再舉辦三年至2008
年，物理治療生將再舉辦五年至2010年，其後即予停辦。

2. 為增進國內高等教育與經濟發展及國際趨勢之結合，在政府
推動下，臺灣數十位大學校院長與資深教授於2003年6月成立
了「中華工程教育學會」，推動我國工程及科技教育認證之
工作，透過產官學各界眾多資深學者專家的積極參與，完成

已於 2006 年停止受理新案，舊案補考將辦理至 2008 年，2009 年起停辦，特
種考試則將舉辦至 2010 年。

了與國際主流認證標準實質相當的「工程及科技教育認證規範」與各項認證作業法規，也培訓了數位國內資深教授以及產業專家成為認證委員，並於2004年10月展開首次的認證工作。俟未來教育認證制度逐漸發展成熟，專技人員考試也將配合從嚴規範技師等考試的應考資格。

3. 為改革法律專業人力養成制度，臺灣已於2005年展開跨部會研討未來引進學士後專業法律學院制度的可行性，並研究未來僅限於專業法律學院畢業者才可參加司法官、律師考試。

至於在健全專技人員管理制度方面，臺灣在1990年以後也有多方面的發展，包括：建立職前訓練制度，持續專業教育、定期換照，強化專業倫理、建立專業責任保險制度。

伍、邁向與國際接軌的專技人員制度

臺灣的經濟、社會、政治發展，與國內教育的不斷普及與提昇有密切的關聯，同時臺灣出國留學人數眾多，1979年以後，每年有5,000位以上的學生出國留學，回國後將歐美、日本等國家的各種學科最新理論與知識，包括民主法治觀念，透過教育體系、國家考試、輿論等管道，傳播給學生及社會各界。在專門職業人員部分，留學生返國後，除了對較具歷史傳統的律師、會計師、建築師、醫師、牙醫師、各科技師等學科不斷灌輸新知外，其他在1990年代以後新興的各種專門職業人員，也大多是參考國外的制度，先在大學中設置相關科系，招收學生，再逐步推動職業管理法律的立法程序，建立考試制度。

2002年1月1日，臺灣正式成為WTO會員。根據臺灣入會申請時，最後在1999年10月5日提出的正式「服務業特定承諾表及最惠國豁免待遇表」。由於臺灣專技人員早已有國際化的背景，故在國內規章的規範上，實際開放外國人報考的專技人員考試種類，遠超過臺灣加入WTO時提出特定承諾的範圍（如表1）。

表 1　臺灣各類專技人員開放外國人報考情形

類別	依 WTO 特定承諾表開放之考試類科	依國內規章自行開放之考試類科	尚未開放之考試類科
一般性專門職業人員	律師 會計師 建築師 獸醫師 獸醫佐	地政士 保險從業人員 不動產經紀人 不動產估價師 導遊人員 領隊人員 記帳士	專責報關人員 消防設備師 消防設備士 社會工作師 民間之公證人
醫事人員之專門職業人員		醫師 牙醫師 中醫師 藥師 護理師 醫事檢驗師 護士 助產士 心理師 呼吸治療師 助產師	醫事放射師 營養師 物理治療師 職能治療師 物理治療生 職能治療生
技師	各科技師		
航運及通信類之專門職業人員			航海人員 驗船師 引水人 漁船船員 船舶電信人員

　　根據專門職業及技術人員考試法施行細則第二條規定，除了律師、會計師、建築師、技師、獸醫師（佐）等專門職業人員外，新

興的一般性專技人員亦以開放外國人報考為原則，包括地政士、保險從業人員、不動產經紀人、不動產估價師、導遊人員、領隊人員、記帳士等；至於醫事人員之專門職業人員，雖然並非臺灣在WTO特定承諾表上開放的項目，但醫師、牙醫師、中醫師、藥師、護理師、醫事檢驗師、護士、助產士等類科，過去依外國人應專門職業及技術人員考試條例即已開放外國人應考，故在加入WTO之後仍舊繼續開放；此外，新增的心理師、呼吸治療師、助產師等，亦納入開放外國人報考的範圍（林宜男，2005；林嘉誠等，2005）。

服務貿易總協定（General Agreement on Trade in Services，簡稱GATS）第七條（認許）規定WTO會員得簽署相互認許協定（Mutual Recognition Agreements, MRA），對在特定國家取得之學位、經歷、資格、執照或證書予以認許。為了推動臺灣與各國專門職業人員的資格相互認許，自2003年起，臺灣即積極加入亞太工程師組織（APEC Engineer），並協助推動亞太建築師計畫（APEC Architect Project），2004年起負責亞太建築師計畫的秘書處業務。至2005年6月，亞太建築師中央議會正式成立，臺灣成為創始會員會；同時，在技師方面，也由準會員身分正式成為亞太工程師國際組織的一員，並申請成為推動工程教育認證組織「華盛頓協定」的會員。

陸、結語

臺灣在1970年代以後締造了經濟奇蹟，1990年代以後在全球民主化的潮流中，也創造了政治奇蹟。在整個社會轉型的過程中，臺灣學習了歐美、日本的專門職業人員教育、考試、管理制度，以不斷充實的技職教育為基礎，逐步建立健全的專門職業人員體系，為民眾提供專業的服務，全面提昇人民生活品質。

長期以來，技職教育及職業訓練是支撐臺灣經濟發展的重要人力基礎，技職教育與職業訓練各項政策的成功關鍵，在於提供學生及受訓者就業的誘因。隨著臺灣經濟體制的改變，技職教育已經從量的擴增，朝向質的提昇邁進，改以發展科技大學為重點。

　　健全的專技人員體系，可以讓具備執業資格的專技人員在勞動市場上獲得獨立地位，在服務市場上獲得競爭優勢（Freidson, 2001）；在臺灣，畢業後可以報考醫師、律師的醫學系、法律系，多年來均為最優秀的高中畢業生選擇就讀大學科系的第一選擇。因此，除了既有的各種專技人員必須以技職教育為新進人力的來源外，臺灣的技職教育也愈來愈重視專門職業證照的取得。另一方面，隨著專門職業人員體系的日益發展，近年來臺灣成立的專門職業人員公會組織數量不斷增加，對於教育、考試、管理制度均積極參與，進而影響各項立法及政府政策。

　　作為國際社會的一員，臺灣開放外國人報考多種專技人員考試，並配合WTO的服務貿易總協定，鼓勵國內的專技人員加入國際組織，協助建立國際專門職業通用準則。透過與國際接軌的努力，將有助於臺灣專技人員制度的進一步調整改進，以及專業服務品質的提昇。

參考書目

一、中文部分

1. 內政部社會司（2006）：〈全國性及區級職業團體名冊〉，《人民團體》，http://sowf.moi.gov.tw/11/new11.htm, accessed 2006/4/28。

2. 行政院公共工程委員會（2006）：技師及工程顧問公司、http://www.pcc.gov.tw/content/techengconsult.htm，行政院公共工程委員會委託辦理各科技師訓練積分審查及登記作業單位一覽表，http://www.pcc.gov.tw/PCCWeb2//upload/files/34/c3h11006.pdf, accessed 2006/5/4。

3. 行政院勞工委員會（2005）：《94 年版勞動統計年報》，http://statdb.cla.gov. tw/html/year/rptmenuyear.htm, accessed 2006/5/4。

4. 考選部（1990）：《中華民國考選行政概況（七十九年度）》，臺北：考選部編印。

5. 考選部（2000）：《專門職業及技術人員考試法修正案專輯》，臺北：考選部編印。

6. 林宜男（2005）：〈我國加入 WTO 後專技人員考試制度之認證措施〉，國家菁英季刊，第 1 卷第 1 期：117-136。

7. 林嘉誠・曾慧敏・黃慶章（2005）：《WTO、瑞士、英國考選機關及組織參訪報告》，臺北：考選部編印。

8. 教育部（2006）：我國留學生人數統計總表，http://www.edu.tw/EDU_WEB/EDU_MGT/BICER/EDU7954001/c91-1.htm TYPE=1&UNITID=150&CATEGORYID=140&FILEID=65741, accessed 2006/5/4。

9. 教育部技職司（2006）：技職教育發展與演進，http://www.tve.edu.tw/new/history.htm，accessed 2006/5/4。

10. 教育部統計處（2006）：歷年校數、教師、職員、班級、學生及畢業生數，http://www.edu.tw/EDU_WEB/EDU_MGT/STATISTICS/EDU7220001/data/serial/seriesdata.xls?open, accessed 2006/5/4。

二、英文部分

1. Brint, S. (1994). *In an Age of Experts: the Changing Role of Professionals in Politics and Public Life*. N.J.: Princeton University Press.

2. Freidson, E. (2001). *Professionalism: the Third Logic*. Chicago: The University of Chicago Press.

3. Narozhna, T. (2004). "Civil Society in the Post-Communist Context: Linking Theoretical Concept and Social Transformation", *Demokratizatsiya*, http://www.gradewinner.com/p/articles/mi_qa3996/is_200404/ai_n9376554?pi =gdw, accessed 2006/5/4.

4. WTO. (2003). "Communication from the Separate Customs Territory of Taiwan, Penghu, Kinmen and Matsu: Disciplines on Domestic Regulation for Professional Services, Results of Consultations with Professional Sectors", *S/WPDR/W/21*, January 24.

【文章發表】

· 本文原載於《國家菁英》第 3 卷第 1 期，2007 年 3 月。
· 英文稿曾發表於 The Fourth Saudi Technical Conference and Exhibition, 2006, Riyadh, Saudi Arabia

第六篇　菁英流動型態

政府改造、菁英流動及其影響

壹、前言

　　面對全球化的衝擊，為提昇國家競爭力，提供人民高品質的服務，並減輕納稅人的負擔，世界各先進國家無不積極進行「政府改造」工程，並已成為一股世界性的行政革新運動。我國行政院於民國91年依總統府「政府改造委員會」的決議，先後完成「中央政府機關基準法草案」、「行政院組織法修正草案」、「行政院功能業務與組織調整暫行條例草案」及「中央政府機關總員額法草案」，稱為組織改造四法。其中「中央政府機關基準法草案」業經完成立法並修正為「中央行政機關組織基準法」，並於93年6月23日總統公布施行，其餘組織改造三法均尚在立法院審議中。

　　組織改造四法主要目的是促進行政院組織的精簡及扁平化，由現行三十六個一級機關減至二十二個，並將現行機關層級由五級減為四級，一級機關的司不得超過一百零四個，三級機關的數目不得超過五十個。此外，政府改造的四化，即「去任務化」、「法人化」、「地方化」及「委外化」將使為數不少的公務人員隨業務移轉，另為鼓勵公務人員配合政府改造而給予優惠退離，此將加速促進政府菁英的流動。我們所擔憂的是政府菁英的大量流動，許多機關珍貴的個人知識將隨著個人的離開而消失，造成組織整體記憶的流失或產生知識斷層的現象，這也是本文關注的焦點。

　　二十一世紀是知識經濟的時代，知識已成為組織最重要的資產，是影響組織存續及發展的關鍵。西方學者非常重視組織內部知識斷層所帶來的危機，並認為是二十一世紀企業的新威脅，亦是最棘手的問題，二十世紀的管理傳承問題已經變成二十一世紀的知識傳承

問題[1]。芬蘭政府為解決此問題,就將政府改造與知識管理結合[2]。本文針對政府改造,造成政府菁英大量流動,以及符合優退條件的資深公務人員形成退休潮的問題加以研究,也就是探究人力資本的變動對組織智慧資本的影響,以及個人離開將知識帶走對組織知識的衝擊,希望政府在積極推動再造時刻,亦能深切了解此問題的嚴重性,並加以重視,俾使危機減至最低程度。

貳、因應變局之政府改造

一、政府改造之緣起

自1980年代以後,政府改造已成為世界各國行政革新的主要課題,例如英國的「續階改革運動」及美國的「新政府運動」,嗣後由於資訊科技快捷發展及全球化衝擊,使得二十一世紀進入知識經濟時代,政府改造運動更成為世界性之潮流,各國都大幅度變更政府的角色及功能,並大規模的調整政府組織和職能分工[3],由「大有為政府」調整為「小而能政府」,以提昇國家競爭力。

我國於89年政黨輪替後,政府面臨全球不景氣所帶來的經濟負成長與高失業率,因而提出一連串振興經濟方案,並召開「經濟發展諮詢委員會」,該會建議由總統邀集各界人士組成「推動政府改造委員會」,加速政府改造工程,以提昇國家整體競爭力。陳總統隨即邀集學界、企業界及政府機關代表,組成「政府改造委員會」,並於90年10月25日舉行第一次會議。

---

[1] 王德玲譯(2003),《延續管理:留住員工的腦袋》。台北市:天下雜誌,頁 296。

[2] 行政院研究發展委員會(2004),《知識型政府》。台北市:行政院研究發展考核委員會,頁 484。

[3] 廖麗娟、黃子華(2001),《政府改造與我國中央行政體制之變遷》。台北市:行政院研究發展考核委員會,頁 1-5。

　　總統府「政府改造委員會」在91年4月21日委員會議通過「行政院組織調整方案」，嗣後行政院於同年5月29日訂定「行政院組織改造推動委員會設置要點」，並依該要點成立「行政院組織改造推動委員會」（簡稱「行政院組改會」）。

　　「行政院組改會」的組織架構為設置委員十一至十五人，除行政院長、副院長分別擔任主任委員及副主任委員外，其餘委員由行政院政務委員二至三人、主計長、行政院人事行政局長、行政院研究發展考核委員會主任委員，以及機關代表或學者專家四至七人擔任。並設六個工作小組，分為「功能調整」及「配套機制」兩類。「功能調整」類包括組改會工作核心之「中央行政機關功能調整小組」、「中央地方夥伴小組」及「政府民間夥伴小組」等三個小組，分由研考會主任委員、內政部長及人事行政局長擔任各組召集人。「配套機制」包括為了達成前述三個層面的功能調整工作，成立之「經費小組」、「人事小組」及「法制小組」作為配套機制。亦即由於政府改造工程的內容牽涉組織、人力、服務及法規的調整，因此必須經由各部門跨功能整合才能達成，基於這樣的原則，設立「中央行政機關功能調整小組」、「中央地方夥伴小組」及「政府民間夥伴小組」，分別由研考會、內政部、人事行政局主導各組的改造工作，並由主計處、法規會提供各階段改造所需的支援。

二、行政院組織之改造

　　政府改造之願景為建立具全球競爭力的活力政府，因此首要工作必須進行政府組織改造，精簡政府職能與組織，建立「小而能」的政府，以提昇行政效能及效率，並減輕政府負擔。改造策略首先就現行國家任務進行全面檢討，嗣後再進一步調整組織。業務檢討係以四化方式作為依據，將不宜繼續辦理者「去任務化」，即機關民營化；可借重民間效能者「委外化」，即民間可以做的，政府不做；宜由地方自治團體辦理者「地方化」，即地方能做的，中央不

做；不宜以行政機關方式實施者「行政法人化」，即創設行政法人制度。

行政院研究發展考核委員會擔任「中央行政機關功能調整小組」主辦機關，負責研議、規劃未來調整後新部會及所屬機關之職能、組織架構及業務職掌劃分。該委員會於91年完成「中央政府機關基準法草案」、「行政院組織法修正草案」及「行政院功能業務與組織調整暫行條例草案」組織改造三法，加上行政院人事行政局所完成「中央政府機關總員額法草案」，稱為組織改造四法。目前「中央政府機關基準法草案」業經立法院三讀通過並修正為「中央行政機關組織基準法」，並於93年6月23日總統公布施行。其餘組織改造三法均尚在立法院審議中。

「中央行政機關組織基準法」的重要內容如下：

(一) 機關規模：明定行政院部之總數以十三個為限，委員會之總數以四個為限，獨立機關之總數以五個為限，署、局之總數除地方分支機關外，以五十個為限。機關層級由現行五級改為四級：一級機關為院，二級機關為部、委員會，三級機關為署、局，四級機關為分署、分局。

(二) 建置標準：明定部之業務單位以六至八司為原則，各司設四至八科為原則，以一百零四個司為限；委員會之業務單位以四至六處為原則，各處設三至六科為原則；獨立機關之業務單位以四至六處為原則，各處設三至六科為原則；署、局之業務單位以四至六組為原則，各組設三至六科為原則。

(三) 內部單位：明定分為業務單位及輔助單位。業務單位為執行本機關職掌事項之單位；輔助單位係指秘書、總務、人事、主計、研考、資訊、法制及公關等支援服務事項之單位；一至三級機關得設調查、審議及訴願等單位。行政院及各級機關輔助單位不得超過六個處、室，每單位以三至六科為原則。

(四) 組織改造法案送審期限：本法公布後三個月內檢討調整行政院組織法及行政院功能業務與組織調整暫行條例函送立法院審議。各機關組織法律或其他相關法律，與本法規定不符者　由

行政院限期修正，並於行政院組織法修正公布後一年內函送立法院審議。

三、未來行政院組織之架構及員額

（一）組織架構

行政院研究發展考核委員會依「中央行政機關組織基準法」的規定，再研修「行政院組織法修正草案」及「行政院功能業務與組織調整暫行條例草案」，並於93年9月15日重新函送立法院審議。「中央政府機關總員額法草案」未涉及重新函送立法院審議問題，現正由立法院繼續審議中。

「行政院組織法」於36年3月31日國民政府制定公布，設十四部三會，38年3月21日修正為八部二會，嗣後雖經41年及69年兩次修正，但對「八部二會」之基本架構沿用至今，但事實上，行政院為應推動政務所需，依該法第六條：「行政院經行政院會議及立法院之決議，得增設、裁併各部、各委員會或其他所屬機關」之規定，陸續增設近二十個委員會。現行政院共有八部（內政、外交、國防、財政、教育、法務、經濟、交通）、二會（蒙藏、僑務）、一行（中央銀行）、二局（人事行政、新聞）、三署（衛生、環保、海巡）、一院（故宮）、十八個委員會（大陸、經建、退輔、青輔、原能、國科、研考、農業、文建、勞工、公平、中選、消保、工程、原民、客家、體育、金管）等三十五個所屬一級機關。

依「中央行政機關組織基準法」規定，行政院得最多設置十三個部、四個委員會及五個相當二級獨立機關，行政院乃重新研修「行政院組織法修正草案」，其修正要點說明如次：

1. 增強「傳統八部」核心職能：設內政及國土安全部、外交及僑務部、國防及退伍軍人部、財政部、教育及體育部、法務部、經濟貿易部、交通及建設部。

2. 因應新興業務需求，新增五部：設勞動及人力資源部、農業部、衛生及社會安全部、環境資源部、文化及觀光部。

3. 強化「四會」政策協調統合能力：設行政院國家發展及科技委員會、行政院大陸事務委員會、行政院原住民族委員會、行政院客家委員會。

4. 提昇「行政院院本部」政策規劃量能，重新檢討「行政院院本部」組織設計：設不管部之政務委員九至十一人；副秘書長二人，其中一人職務比照簡任十四職等；另置發言人一人，職務比照簡任十四職等；政務顧問七至九人，職務比照簡任十三職等；主計長、人事長、法制長及資訊長各一人，由政務委員或其他相當政務委員職務人員兼任；副主計長及副人事長各一人，職務比照簡任十四職等。

有關現行及未來之行政院組織及業務內容之比較，請詳見表1及2。

表 1　組織調整規劃分組分工表（行政院本部、部、委員會）

項次	新機關名稱	區塊業務內容建議	原機關
1	內政及國土安全部	民政、戶政、役政、入出國及移民、警政、消防、海巡、空中勤務	內政部、海巡署、文建會、交通部、青輔會
2	外交及僑務部	外交、條約、國際組織、外賓接待、國際新聞傳播、僑社及僑民服務	外交部、僑委會、新聞局
3	國防及退伍軍人部	國防政策、軍政、國防教育及退伍軍人輔導、救助、權益照護	國防部、退輔會
4	財政部	國庫、賦稅、國有財產、新生地管理、國家資產、金融政策、促進民間參與公共建設、政府採購	財政部、內政部、工程會
5	教育及體育部	各級和各類教育、學術審議、社會教育、國際教育事務、全民運動及競技運動	教育部、體委會、青輔會
6	法務部	法律研修、檢察行政、犯罪矯正、更生保護、政風業務、行政執行	法務部

7	經濟貿易部	工業、商業、貿易、投資、智慧財產權、標準及檢驗、能源、中小企業、科學工業園區及青年創業輔導	經濟部、青輔會、國科會
8	交通及建設部	各類交通政策和產業、營建產業、公共工程技術規範、基礎建設	交通部、內政部、工程會
9	勞動及人力資源部	勞資關係、勞動條件、勞工福利、勞工保險、勞工安全衛生、勞工檢查、青年就業及職業訓練	勞委會、青輔會
10	農業部	農業、漁業、畜牧、農業推廣、農業金融、農業生物科技	農委會
11	衛生及社會安全部	醫療健康資源及服務、全民健康保險、疾病防治、藥物食品、中醫藥發展、社會扶助、家庭及婦幼、國民年金、老人照護、社會保險	衛生署、內政部
12	環境資源部	空氣品質、水質保護、噪音管制、廢棄物、環境衛生與毒物、環境監測、水利、礦業、地質、地政、國土規劃、國家公園、國家風景區、氣象、林務、水土保持、生物保育及核能管制	環保署、內政部、經濟部、交通部、農委會、原能會
13	文化及觀光部	文化資產、文化設施、國際文化交流、藝術創作、文化機構、出版、電影管理、觀光、蒙藏文化	文建會、交通部、蒙藏會、內政部、教育部、新聞局
14	行政院國家發展及科技委員會	科技發展、經濟發展、社會建設與性別平等等政策之規劃、協調、資源分配與績效評估	研考會、經建會、國科會、工程會
15	行政院原住民族委員會	原住民族教育文化、衛生福利、經濟及公共建設、土地管理等政策之規劃、推動及協調	原民會
16	行政院客家委員會	客家語言、文化、教育之保存與推廣、客家傳播媒體之推動、海外客家事務合作及交流等政策之規劃、推動及協調	客委會
17	行政院大陸事務委員會	大陸政策	陸委會

| 18 | 行政院院本部 | 院長事務、國土安全、國際參與、府際合作、預算及會計管理、公務人力及組織管理、資訊管理、法制事務、政府發言 | 研考會、行政院秘書處、主計處、人事局、新聞局 |

註：國立故宮博物院改隸總統府。

表 2　組織調整規劃分組分工表（獨立機關）

項次	新機關名稱	原機關
1	中央銀行	中央銀行
2	國家金融監督管理委員會	金融監督管理委員會
3	中央選舉委員會	中央選舉委員會
4	國家公平交易及消費者保護委員會	公平交易委員會、消費者保護委員會
5	國家通訊傳播委員會	交通部、新聞局

（二）員額

　　二十一世紀已進入知識經濟時代，政府典範已由「大有為的萬能政府」轉型為「小而能的活力政府」，不再強調政府的規模，重視政府的素質、行動力及創造產出價值的能力。行政院人事行政局參考韓國、日本等鄰近國家的經驗，研擬「中央政府機關總員額法草案」，已送請立法院審議。「員額」代表組織人力的數量，「中央政府機關總員額法草案」是以政府人力數量相關事項為規範內涵的基礎法律。

　　行政院人事行政局為提高政府應變的效率，總員額法設計採「總量管理」及「彈性調整」兩種機制。簡單的說，就是規定政府機關各類人員的總數，再授權給主管機關隨時根據需要進行調整。

　　該草案有關員額設置主要內容有二：

　　第一為適用機關：包括五院等中央一級機關及其所屬中央各機關。

　　第二為配合機關不同業務性質，區別各類員額配置：分成六大類，第一類包括政務人員、及定有職稱、官等之文職人員、醫事人

員及聘任人員；第二類包括約聘僱人員、駐衛警及工友（含技工、駕駛）；第三類包括司法院人員；第四類包括法務部所屬檢察機關人員；第五類包括警察、消防及海岸巡防機關人員；第六類包括國立高中職教職員。未來中央政府機關各類員額上限分別為第一類人員員額最高為八萬五千人，第二類人員員額最高為四萬七千人，第三類人員員額最高為一萬一千五百人，第四類人員員額最高為六千人，第五類人員員額最高為兩萬六千人，第六類人員員額最高為兩萬五千人，六類總計二十萬五百人。

參、政府改造與菁英之流動

　　組織改造四法若全部完成立法程序，現行行政院三十五個所屬一級機關將減為二十二個，三百多個三級機關將減為五十個，中央政府機關員額亦將在未來五年內配合政府改造，即隨機關的精簡、整併、改隸、改制或裁撤而大幅減少。直接衝擊到的是政府菁英的流失或出走，這些政府寶貴的人力資產，是否會隨著政府的改造而消失造成組織記憶空洞化，以及冗員充斥的反淘汰現象，致使機關士氣低落、競爭力下滑，將是政府改造面臨的另一項嚴肅課題，必須予以正視，惟國人尚未針對此問題作深入探討及提出解決方案。為了解本問題癥結，首先須先探究政府改造後，政府菁英可能之流動型態。

一、行政院組織調整原則

　　依93年10月20日行政院組改會第七次委員會通過之「行政院及所屬各級機關調整作業原則」規定，各級機關以及依據新設部會所組成之組織調整規劃分組，均應再次參照「去任務化」、「法人化」、「地方化」及「委外化」等業務職能檢討結果以及優先推動個案辦理情形，積極檢討現行業務內容是否可朝四化辦理後，再確認所餘業務必須由各該部、委員會負責者，即屬「機關保留」，始進行下階段之組織設計作業。準此，目前行政院組織調整原則是將

機關業務作區塊檢討，分成「去任務化」、「法人化」、「地方化」、「委外化」及「機關保留」五種。目前行政院已完成第一階段四化業務聯席審查，將各機關業務可「去任務化」、「法人化」、「地方化」及「委外化」之業務區塊劃出。另九大行政院組織改造工作圈（內政法務工作圈、國家安全工作圈、財主人事工作圈、文化教育工作圈、經濟貿易工作圈、通訊運輸工作圈、厚生勞動工作圈、國土資源工作圈及綜合企劃工作圈）均已完成各級機關業務檢討。

二、政府菁英流動面向

　　由於本次政府改造幅度相當大，政府機關辦理業務涉及公權力如國防、外交等涉及國家主權作用，以及對人民之自由權利有所限制或剝奪之干預行政業務，屬於這些業務的政府菁英流動幅度較小外，其他如涉及民眾服務設施，民間及地方政府輔導，及研究訓練出版等給付行政部分，因非屬公權力本質業務，屬於這些業務的政府菁英流動幅度可能很大，亦即將面臨機關精簡、整併、改隸、改制或裁撤的情境。

　　理論上，政府菁英流動有三個面向，第一種為目前屬於各機關四化業務範圍者，將面臨公務人員身分轉變或喪失，或離開中央行政機關至地方政府的情境；第二種為業務屬於「機關保留」雖保留公務人員身分，但可能面臨機關精簡、整併、改隸、改制或裁撤的情境；第三種為符合「行政院功能業務與組織調整暫行條例草案」第十一條所規定優惠退離的中高階及資深公務人員，俟該草案立法通過後，立即辦理優退、離開公職或至民間服務或擔任教職。茲分別說明如下：

（一）第一種面向

　　「中央政府機關總員額法草案」第八條：「機關組織改制為法人型態、業務移交地方政府、或原有業務採取委外或民營化時，現

職人員應隨同業務移轉，不得拒絕，但得依相關規定辦理退休資遣。」也就是說該法案若立法通過，各機關業務若被列為「四化」範圍而有改變，其相關人員流向相當明確，即應隨同業務移轉，不得拒絕，但得依相關規定辦理退休資遣。

1. 「去任務化」指此項業務應自國家任務中予以排除。屬於這項業務者可能面臨公務員身分轉變或喪失情境。即現有人員將由主管部會移撥安置至其他所屬機關，或辦理優惠退休（職）或資遣。

2. 「法人化」指將仍屬國家任務而無自任實施必要之業務，設立公法人性質之行政法人。屬於這項業務者可能面臨公務員身分轉變或喪失情境。即現有人員應隨同業務移撥。基本上，行政法人化被視為民營化的過渡階段。

3. 「地方化」即業務下放，指將中央機關辦理之業務，改由地方辦理。屬於這項業務者可能面臨公務員身分轉變情境。即現有人員應隨同業務移撥地方政府。

4. 「委外化」指將業務委託民間辦理，並可分為「機關委外」及「業務項目委外」。「機關委外」指「公辦民營」或「部分公營、部分民營」。「業務項目委外」指有關涉及內部事務或服務、行政檢查事務、輔助行政等均得委託民間辦理，屬於這項業務者可能面臨公務員身分轉變或喪失情境。即現有人員將由主管部會移撥安置至其他所屬機關，或辦理優惠退休（職）或資遣，這區塊業務是目前四化中釋出最多公務人力部分。

（二）第二種面向

　　行政院所屬各機關業務職能經檢討後，不適宜四化辦理，歸類為「機關保留部分」，雖保留中央機關公務人員身分，但可能面臨機關精簡、整併、改隸、改制或裁撤的情境。現行行政院所屬各機

關之調整，係依「原部會維持」、「整合性質相近業務，單獨成立部會」、「業務併入其他部會」及「業務併入成為行政院內部單位」四種模式整合，詳見表1。

1. 「原部會維持」：如法務部、農業部（農委會）、原民會、客委會、中央銀行、金融監督管理委員會及中央選舉委員會。

2. 「整合性質相近業務，單獨成立部會」：係指由他機關移進業務，並移撥業務至他機關，整合單獨成立部會級的組織。如內政及國土安全部、外交及僑務部、國防及退伍軍人部、財政部、教育及體育部、經濟貿易部、交通及建設部、勞動及人力資源部、衛生及社會安全部、環境資源部、文化及觀光部、行政院國家發展及科技委員會、行政院大陸事務委員會、公平交易及消費者保護委員會及通訊傳播委員會。

3. 「業務併入其他部會」：指經裁撤機關將部分業務移撥至其他部會，如僑委會、海巡署、研考會、主計處、人事局、新聞局、文建會、青輔會、退輔會、工程會、體委會、國科會及蒙藏會。

4. 「業務併入成為行政院內部單位」：指經裁撤機關將部分業務移撥至行政院院本部，如行政秘書處、研考會、主計處、人事局及新聞局。

（三）第三種面向

「行政院功能業務與組織調整暫行條例草案」第十一條規定：「公務人員於中華民國九十四年一月一日起至九十四年十二月三十一日止之期間，符合下列規定之一者，得准其自願退休，不受公務人員退休法第四條第一項第二款規定之限制：一、任職滿二十年以上者。二、任職滿十年以上，年滿五十歲者。三、任本職最高職等年功俸最高級滿三年者。……」該條例草案第十一條規定，其於中華民國九十四年一月一日起之一個月內自願退休、資遣生效者，並一次加發七個月之俸給總額慰助金；延後自願退休、資遣者減發十

二分之七個月之俸給總額慰助金，遞減至一年期滿，不再發給。經統計中央各機關服務滿二十年以上約有九萬多人，年滿五十歲以上者約有六萬多人。屆時，若該條例立法通過，將會有一定比例符合優惠退離條件者，申請自願退休、資遣。

三、組織調整對菁英之衝擊

由於組織改造四法僅「中央行政機關組織基準法」立法通過，並於九十三年六月二十三日公布施行。其餘「行政院組織法修正草案」、「行政院功能業務與組織調整暫行條例草案」及「中央政府機關總員額法草案」組織改造三法，尚在立法院審議中。目前許多符合優退條件者仍在觀望，是否會形成一股退休潮，對政府運作造成重大衝擊，尚待觀察。惟若組織四法均立法通過，並自95年1月1日開始施行，對政府菁英之衝擊將是相當明顯。

依「中央政府機關總員額法草案」第四條規定，六類人員總額為二十萬五百人，這員額是最高限不得超過，雖然九十四年度預算員額是十九萬三千多人，但總員額不能規定太緊，必須預留彈性調整空間，以因應主客觀環境需要，例如有些機關如警政署、刑事警察局、消防署、海巡署、檢察機關都需要持續增員，以及為使行政機關有一定新陳代謝，讓優秀新血能加入行政團隊，必須預留經由考試管道進入政府單位的人數，否則將造成政府斷層現象。又如第一類人員（包括政務人員、及定有職稱、官等之文職人員、醫事人員及聘任人員）總員額最高限為八萬五千人，九十四年度預算員額為八萬四千多人，差距不大，並非如外傳必須大量裁員之情事。

政府改造，行政院組織調整後，公務人員員額並沒有顯著減少，必須立即大量裁員，而是採逐年精簡人數方式。問題癥結乃是在組織精簡、扁平化之後，許多中高階主管職位將被裁撤，因此這些中高級主管及資深公務人員將沒有適當職位安排；其次各部會行政人員人數限縮後，將大量接受第二專長訓練轉為業務人員；第三為行政院院本部規模將面臨膨脹的情況，茲分別說明如下：

(一) 首先是部會首長及政務次長受到衝擊將是最明顯。目前行政院所屬二級機關部會計有三十六個，政府改造後將減至二十二個，因此這些負責政府政策的菁英將因組織精簡而人數減少。

(二) 其次各機關文官長常務次長及主任秘書，可能面臨組織精簡，因無適當職位安排，或因年紀已屆退休年齡，而被迫提前申請退休。

(三) 依「中央行政機關組織基準法」，行政院所屬各部會之司數目最多不得超過一百零四個，目前行政院所屬各部會之司（處）數目至少超過兩百個，若再加上副司（處）長人數，政府改造後，這些行政經驗豐富的政府高級主管亦將面臨無法繼續擔任正副主管，轉任非主管職位或閒缺的困境。

(四) 行政院三級機關將由目前三百多個減為五十個，衝擊亦是相當大，將來機關整併後，許多政府中高級主管將面臨無適當職缺安排的困境，例如未來經濟貿易部組織架構是八個司、四局，現行的能源局及產業園區管理局等都將由局的規模調整為司的規模，屬部的幕僚單位，將有許多人力要被釋放出來。

(五) 政府改造，組織扁平化，許多中、低級主管如科長、股長職位將被裁撤，除這些科長、股長將轉為非主管以外，基層科員將因升遷無望而提前退休。例如財政部關稅總局最近調查四千多位關員意願，就有將近兩成，七百多位關員希望優退。

(六) 各部會行政人員人數將會大幅度減縮。組織改造後，行政人員配置比例將予明定，二級行政機關行政人員應不超過30%，三級機關應不超過20%，四級機關應不超過10%。亦即總務（秘書）單位人員、業務單位的行政人員（如收發）、會計及統計單位人員、人事及政風單位人員、資訊單位人員，在組織調整時將面臨「受過訓練的無能」的困境，因組織縮編，轉為辦理機關主要任務的業務人員，必須再去受專長訓練。最明顯的例子就是政府資訊單位任務將由現行例行性資訊業務轉型為資訊規劃、監督及管理單位，資訊單位人力配置宜以最低必要的專案管理及系統分析為核心，其他例行性業務，則以委外方式辦

理。也就是說，目前行政院所屬各機關的行政人員將有大部分人員，因組織精簡，必須接受第二專長訓練轉換跑道，或辦理優退。

(七) 行政院院本部將擴大至一、兩萬人規模。「業務併入成為行政院內部單位」是現行行政院組織調整模式之一，行政院秘書處、研考會、主計處、人事局及新聞局將來裁撤後，主要業務將併入行政院院本部，因此院本部除設政務委員九至十一人、秘書長一人外，將設副秘書長兩人，發言人、主計長、人事長、法制長、資訊長及副主計長、副人事長各一人，負責規劃、整合、推動及執行有關政策事宜。也就是說，將來會有許多政府菁英由各部會隨著業務轉移至行政院院本部。

肆、策略性智慧資本管理

一、知識型政府人力特質轉變

隨著知識經濟時代的來臨，全球各國政府無不思索如何經由研發創新與知識管理來提昇國家競爭力。建立國家創新系統，以及轉換政府職能為知識密集服務業。美國著名經濟學家Lester C. Thurow指出：「我們正處於第三次工業革命，此時的決勝關鍵不在於自然資源，而在於對知識的掌握[4]。」全球著名的管理學家Peter F. Drucker曾說：「二十世紀，企業最有價質的資產是它的生產設備。二十一世紀，最可貴的資產，會是它們的知識工作者、和知識工作者的生產力[5]。」政府菁英本質上都是知識工作者，因此如何留住這些菁英，不隨著組織之精簡而大量流失或出走，造成組織記憶的斷層或空洞化，並提昇他們創新的效率及效能，將是現階段我國政府

---

[4] 行政院研究發展考核委員會（2004），《知識型政府》。台北市：行政院研究發展考核委員會，頁1。

[5] 劉毓玲譯（2003），《21世紀的管理挑戰》。台北市：天下遠見，頁157。

締造與維持國家競爭力優勢的最核心工作，也是政府改造必須面對的重要課題。

　　Mark L.Lengnick-Hall & Cynthia A. Lengnick-Hall（2003）歸納出知識經濟時代的十一項特質，分別為數位化、去密集化、全球化、虛擬化、整合化、無須仲介、聚合性、個人化、價格動態化、即時性及顧客社群化等[6]。簡言之，隨著資訊科技（IT）的快捷發展，澈底改變組織的結構與運作，未來政府組織型態改變將趨向電子化政府，提供人民二十四小時便捷快速服務；注重流程管理，利用資訊科技重新設計業務的流程，以提昇效率及效能；組織虛擬化，將不注重組織階層管理，知識及資訊可以在任何時間被傳遞到任何需要的地方；介面圖形化，工作流程自動化，目前紙筆作業方式將轉變成數位影像文件、語音。

　　政府為宣示發展知識經濟的決心，將90年定為「知識經濟社會推動元年」，除推動各項重大方案以建構肆應知識經濟的新社會外，也致力將政府典範從「大有為政府」、「小而美政府」、「企業型政府」轉移為「知識型政府」。現行的政府改造工程就是逐步建構知識型政府的重要基礎，亦即為解決政府組織架構與運作上的問題，引進企業管理彈性、精簡及積極精神，將中央政府機關之層級數加以規範，由現行五級改為四級，以縮短決策與承辦間之距離，逐步朝向「扁平化」政府之方向調整。另配合資訊與通信科技組織的重新設計，將來部會的幕僚部門藉由資訊科技（IT）之協助，組織規模及員額均可大幅縮減，視需要將多餘人力調整至業務部門。

　　政府改造，組織大幅度的精簡，行政院所屬各部會經四化即「去任務化」、「法人化」、「地方化」及「委外化」，許多政府部門非核心業務區塊都轉移出去，雖說名義上人員隨業務移撥，但基於法定對公務人力的保障，除了自願退休的人員外，其餘剩下的

---

[6]　同註4，頁V-VIII。

公務人力將重新調整，此對組織人力資本的影響是相當深遠的，也就是政府人力將朝以下方向轉變：

(一) 政府人力資本將朝「質」的方向發展，而不是「量」的擴充。政府機關第一類人力，包括政務人員、及定有職稱、官等之文職人員、醫事人員及聘任人員，將隨組織精簡而減少。

(二) 政府機關第二類人力，包括約聘僱人員、駐衛警及工友（含技工、駕駛），將因政府職能的調整，人力委外而逐漸減縮，這是必然的趨勢。

(三) 政府資訊管理系統（MIS）的發展，即跨機關資訊管理系統的整合，將使一般例行性工作交由資訊處理，透過資訊科技加速知識的分享。

(四) 電子化政府高度發展的結果，將來機關部會可能發展為虛擬組織，尤其電子簽章認證制度的實施，人民可以二十四小時接觸政府的資訊及所提供的服務，公務人員與人民不必面對面接觸，就可以透過虛擬網路把事情辦妥。

(五) 未來中央部會政府將轉型成為知識密集的組織，提供各級地方政府、企業組織及人民各種知識的服務，因此公務人員將是知識工作者，必須能夠利用、分析資料轉成有用知識。

二、智慧資本管理的深化應用

人是知識的載體，二十一世紀人力是組織最寶貴的資產，也是無形的智慧資產，不是組織的成本。在知識經濟的時代中，真正會影響經營成敗的，往往是來自於無形的資產，這些無形的資產被統稱為「智慧資本」。對傳統會計而言，除了可客觀衡量的資產可能被入帳外，對於創造企業高價值之「智慧資本」是無法被列帳的。Robert S. Kaplan and David P. Norton指出組織的「人力資本」、「資訊資本」及「組織資本」構成組織的「智慧資本」。其中「人力資本」包括員工的技巧、能力及知識等；「資訊資本」包括組織資料

庫、資訊系統、網路及科技基礎架構等;「組織資本」包括組織文化、領導、員工整合、團隊及知識管理等[7]。

經研究這些無法由公司現有財務系統來衡量的無形資產,占公司市值的75%,而相對有形資產(帳面淨值減去負債)卻只占25%。另據統計美國企業在1989年至2000年間,有形資產與無形資產的比例,從1:1轉變成1:5,表示企業無形資產價值的重要性是知識經濟時代無可取代的。又Murray & Mayers的調查研究,人仍是知識管理的關鍵因素,這是因為企業的智慧資產在結構與非結構化的資料庫內分別占4%及16%,而剩下80%的資產都存在個人的腦袋裡[8]。

政府菁英都是屬於知識工作者範疇,他們與勞力工作者不同,勞力工作者沒有生產工具,他們常有許多可貴的經驗,但是這些經驗只有在他們工作的地方才有價值,他們是不能移轉的。但是知識工作者卻擁有生產工具,就是他們的頭腦,所有組織百分之八十的資產都存在他們的腦袋裡。是以任何組織想要永續經營,必須看它是否能留住最好的知識工作者。換言之,政府改造並不是要把裁減人員當成主要的目標,而是如何配合組織精簡留住菁英,否則若以優惠退離方式減少公務人員人數,其結果可能造成反淘汰,那些有知識能力的菁英提前退休轉至民間或擔任教職,那些冗員卻因有法律保障而不願退休,導致機關士氣低落的現象。

Robert S. Kaplan and David P. Norton在其所著《策略地圖》,明確指出策略的整合決定了組織無形資產的價值,而價值是由內部事務流程創造出來。他們用組織四個構面即財務構面、顧客構面、內部構面及學習與成長構面來說明組織如何創造價值。財務及顧客構面,主要在描述組織所希望達成的結果,其中包括經由營收成長和生產力的改善來增加股東價值;經由顧客的招納、滿意、維繫、忠誠及成長來增加顧客消費支出的占有率等。

---

[7] 陳正平等譯(2004),《策略地圖》。台北市:臉譜出版,頁40-45。
[8] 劉宜君(2004),《公部門知識管理之探討:理論與實務分析》。台北縣:韋伯文化國際出版有限公司,頁3。

　　組織內部及學習與成長構面主要在推動策略，它們所描述的便是組織如何將策略付諸實施。而有效彼此整合內部流程決定了價值如何被創造出來，如何又得以持續久遠。因此，公司應集中資源專注於可以生產具有差異性價值主張，以及可以強化生產力並維持組織營運權力的少數關鍵性內部流程之上[9]。

　　政府改造要成功，提昇國家競爭力，不是以精簡多少組織，裁減多少人力作為目標，而是要能創新組織核心的知識，創造組織附加價值，減少納稅人負擔，提供更高品質的服務。似宜深化應用智慧資本管理觀念，將人力資本、資訊資本與組織資本緊密結合，始能動員及支持組織的變革，政府改造才能成功，否則變革將會遭受相當大的抗拒與阻力，最後因達不到預期的效果而失敗，歷史上許多改革失敗的例子，殷鑑不遠。

　　將來機關部會一定要有明確的組織願景、使命、價值觀及策略，所有員工上下均能一致深切了解，並且分享知識，同心協力為組織目標而努力。組織重整後每位員工必須具備執行組織目標的技巧、能力及知識，而機關的資訊系統亦能使資訊與知識為員工及組織所用，創造組織的價值。

　　本次政府改造已明確揭櫫改造願景為建立「具全球競爭力的活力政府」，推動「顧客導向、彈性創新、夥伴關係、責任政治及廉能政府」五大理念，達成「彈性精簡的行政組織、專業績效的人事制度、分權合作的政府架構、順應民意的國會改造」的目標。政府改造願景、理念及目標非常明確，接著是要有達成改造目標的策略性措施，未來中央部會宜深化應用策略性智慧資本管理，轉型為知識型政府，創造利基，以因應全球化的挑戰。

---

[9]　陳正平等譯（2004），《策略地圖》。台北市：臉譜出版，頁51。

三、菁英流動造成組織知識流失之因應

（一）組織知識流失的嚴重性

　　Hamilton Beazley, Jeremiah Boenisch & David Harden三人合著的《延續管理》（Continuity Management）指出知識流失已成為21世紀最棘手的問題，亦是本世紀企業的新威脅。在美國知識流失的立即威脅來自即將退休的嬰兒潮世代，據美國勞動統計局估計，全美有19%的管理階層及行政人員將在2008年前退休。一百八十萬聯邦公務人員中，約有半數在2005年具有退休資格，其中絕大多數是經驗豐富的高級主管，50%是國防部的文官，有人將此種情形比喻為「即將爆炸的定時炸彈」[10]。

　　芬蘭政府推動知識管理的關鍵因素之一是為了因應公務人員大量離職所引發的知識斷層的挑戰。芬蘭政府當時估計在2001年至2002年之間，有接近一半以上的人員將離職，其中有85%管理階層亦將離職。

　　這種政府部門工作人員流動、離職他就的自然現象，不但對政府人力資源管理構成重大的挑戰，也對政府集體記憶及知識傳承應用帶來重大的挑戰。也就是說政府部門知識傳承已成為建立知識型政府的主要挑戰。

　　就我國而言，經統計中央各機關服務滿二十年以上約有九萬多人，年滿五十歲以上者約有六萬多人。屆時若「行政院功能業務與組織調整暫行條例草案」立法通過，配合政府改造將會有一定比例符合優惠退離條件者，申請自願退休、資遣，政府恐將面臨知識流失的危機。

---

[10]　王德玲譯（2003），《延續管理：留住員工的腦袋》。台北市：天下雜誌，頁 17-32。

（二）個人及組織知識的特性

有學者將知識區分為「個人知識」與「組織知識」，前者係指個人所擁有，存在於腦袋裡的知識；後者係指內隱於組織例規中的知識包括員工經驗等，組織成員經由分享形成，有效整合個人知識成為組織知識。

亦有學者將知識區分為「隱性知識」與「顯性知識」，前者指隱藏於個人大腦之中對待事情的方法、經驗、判斷、決策及創意等，由於平時並沒有外放出來，因此稱為「隱性知識」；若將這些存在於個人腦袋裡的知識符碼化，形於文字、聲音及影像等媒介，呈現為文件、技術論文、報告及標準作業手冊，並分享給大家，以供他人觀察及學習者，稱為「顯性知識」[11]。

（三）機關組織知識流失的因素

就政府而言，知識儲存可區分為「虛擬資料庫」與「實體資料庫」，前者指儲存於員工腦袋裡的記憶、經驗及創新理念等；後者指儲存於檔案室、資訊室及電腦中的資料。

如果機關組織未有一套健全知識管理制度，將「個人知識」轉變成「組織知識」，或有一套完善獎勵措施將「隱性知識」轉化成「顯性知識」，則存在於個人腦袋裡的「虛擬資料庫」將會隨著個人離職、退休而消失，造成組織記憶的斷層或整體失憶現象。政府改造，被整併或裁撤的機關組織的關鍵知識與核心技術若無法順利傳承至承接的機關，將使承接的機關付出很高代價或成本去重新發展或填補流失的知識，嚴重的話將使承辦人員花許

---

[11] 陳永隆、莊宜昌（2003），《知識價值鍊》，台北縣：中國生產力中心，頁70。

多時間重新摸索、尋找資料、了解作業流程，造成機關的空轉，行政效率的低落。

有關我國現行中央機關知識管理機制建立情形，行政院研究發展考核委員會曾作調查研究，發現：「大多數的組織推動知識管理，最容易達成提昇組織的透明度、工作效率、生產力及增進跨部會知識交流等預期目標，但促進終身學習、防止組織知識流失等目標則較難達成。其原因可能肇因於各組織對員工教育訓練的投資往往僅限於短期效益，而忽視長期投資的願景。此外，在進行知識盤點與取得的過程中，過度重視資料的累積而忽視員工隱性知識或工作經驗的儲存，容易造成知識隨人員移動而流失的情形[12]。」也就是說目前中央機關普遍缺乏一套挖掘員工隱性知識的機制，無法將「個人知識」經由分享或符碼化轉化成「組織知識」，這是政府改造最大的隱憂。

這些工作應與組織改造同時並行；而且愈快建立制度愈能充分的將員工內隱知識外顯為組織知識，並記錄下來。

歸納而言，此次政府改造，組織精簡幅度相當廣，可能造成機關組織知識流失的因素有下列二項：

1. 前已分析政府改造受影響最大的就是負責政策的部會首長、中高級主管及資深公務人員，他們都是政府菁英，屬於知識工作者，他們是屬於能夠提昇機關競爭力或擔任領航角色的關鍵少數，如果他們的隱性知識隨著組織調整離開而消失，未傳承至承接機關，將是國家競爭力一大損失。

2. 政府若未有一套機制防止符合優退條件的基層公務人員大量退離，將使機關組織知識產生斷層或組織記憶消失現象，經驗無法傳承，造成機關的空轉或服務品質的低落。

---

[12] 行政院研究發展考核委員會（2004），《知識管理在政府機關的應用》，台北市：行政院研究發展考核委員會，頁 27-28。

（四）知識管理可以保存、傳承並創新機關的知識

二十世紀的管理傳承問題已經轉變成二十一世紀的知識傳承問題。隨著政府改造，組織朝精簡及扁平化調整，個人與組織知識之保存變得愈來愈重要，可以確保組織調整後的新部會政府菁英可以快速獲取知識，進而利用資訊科技，創新業務的流程與知識，是政府面對全球化，提昇國家競爭力的新契機。

知識管理已被認為是政府機關因應人員退休、知識斷層的改善最妥善方法。機關組織建立知識管理制度將有利於組織知識的流通、轉換、創造與整合。至於如何建立知識管理系統，有以下五種方式：

1. 建立部會知識檔案：

首先是由行政院所屬各部會針對業已檢討過區塊業務依「去任務化」、「法人化」、「地方化」、「委外化」及「機關保留」予以區分。然後是由員工建立區塊業務的知識檔案，俾便將來組織調整的移出或整併，隨著員工帶到新的部會，或交給新進員工。知識檔案應包括標準化作業流程，所需主要技術，以及非正式的關係及經驗的詳細說明，讓其他員工可以快速、便利的取得、應用或創新該項知識。在建立知識檔案時，必須將業務的流程及資料予以電子化，以及由現任員工組成的專案小組加以審核，並且定期予以更新。亦可放在機關網路供同仁自由擷取、討論，再產生新的知識。

2. 建立部會人才資料庫：

行政院所屬各部會應建立跨部會人才資源資料庫，包括每位員工的資料、專長以及聯絡方式，如果員工遇到問題，可上人才資料庫尋找具有這方面知識、技術及經驗的員工洽詢解決途徑。

3. 成立部會知識社群：

　　　　所謂知識社群就是指一群專業人員的集合體，因為接觸到相似的問題，所以需要尋找共同的解決方法，而正式或非正式的凝聚在一起，並透過社交的互動及專業知識的分享，共同創造知識，進而解決問題[13]。目前行政院研究發展考核委員會於89年依科長以上同仁專長成立國家安全、政府再造、社會保障、產業經濟、國家建設及教育文化等六個社群。考選部亦於93年依同仁專長成立國際事務、政府改造、試題分析建檔、試務改革、行銷及顧客服務及e化等六個社群小組。

4. 建立部會知識管理平台：

　　　　機關可建立一跨部會知識管理平台，俾同仁可以藉此平台產生知識、整理知識、發展知識、散布知識及創新知識。知識應依區塊業務性質予以分類，以利員工上網搜尋，減少蒐集資料時間，將來部會重組後，員工承辦新業務可以很快上手，並縮短新進人員訓練時間。

　　　　全球知名的管理顧問公司，其公司分析師之所以能快速地幫全球各地客戶解決各式問題，其關鍵點在於公司強大的資料庫。讓員工面對各式的問題能快速地蒐尋到可用的資料，重新整合、運用。

5. 建立知識分享的獎勵制度：

　　　　機關如果沒有建立一套知識分享的獎勵制度，即時獎勵，員工將不會將其個人的知識、經驗及看法或處理事情的訣竅拿出來與同仁共享，以免被學會就有被取代的危機。將來部會宜將知識分享績效與考核結合在一起，或表現優秀者予以專案獎勵，亦即宜建立一套知識分享及創新機制。

---

[13] 蔡振昌（2003），《全球華人知識管理推動實務》，台北縣：中國生產力中心，頁420。

伍、結語

　　為因應資訊科技快捷發展，組織虛擬化，以及面臨全球化衝擊，知識經濟時代的來臨，政府必須改造，以提昇國家競爭力。但政府改造工程是一龐大且艱鉅的工程，例如我國行政院組織法修正歷經十七年，始完成修法工作，送立法院審議，由此可見一斑。現「中央行政機關組織基準法」已完成立法並公布施行，其餘「行政院組織法修正草案」、「行政院功能業務與組織調整暫行條例草案」及「中央政府機關總員額法草案」組織改造三法，現正由立法院審議中。

　　政府改造行政院所屬各部會將面臨組織精簡、扁平化，對政府菁英的衝擊是既深且廣，其未來流動頗值探究，是否將隨其離開，帶走個人寶貴知識，造成部會組織記憶的流失或知識斷層現象。另二十一世紀已進入知識經濟時代，「知識工作者」已取代「勞力工作者」，其擁有的生產工具「知識」，可使其自由移動，並為機關組織創造價值，是以機關菁英已被視為組織無形的智慧資本，而不是有形的成本。為因應此一政府菁英流動而帶來組織知識空洞化的危機，「知識管理」是最佳解決方案，在政府改造，中央機關面臨組織調整，人員大量流動時刻，如何保存及創新組織知識是政府必須面對的一項重要課題。

參考書目

一、中文部分

1. 行政院研究發展考核委員會編印（2004），《知識型政府》。台北：行政院研究發展考核委員會。

2. 行政院研究發展考核委員會編印（2004），《政府改造》。台北：行政院研究發展考核委員會。

3. 行政院研究發展考核委員會編印（2003），《知識管理在政府機關的應用》。台北：行政院研究發展考核委員會。

4. David P. Norton 等著，陳正平等譯（2004），《策略地圖》。台北：臉譜出版。

5. Peter F. Drucker 著，劉毓玲譯（2003），《21 世紀的管理挑戰》。台北市：天下遠見。

6. Hamilton Beazley 等著，王德玲譯（2003），《延續管理：留住員工的腦袋》。台北市：天下雜誌。

7. Thomas H. Davenport & Laurence Prusak 著，胡瑋珊譯（2004），《知識管理》。台北：中國生產力中心。

8. Etienne Wenger 等著，黃維譯（2003），《實踐社群》。台北市：天下遠見。

9. 蔡振昌主編（2003），《全球華人知識管理推動實務》。台北縣：中國生產力中心。

10. 劉宜君（2004），《公部門知識管理之探討：理論與實務分析》。台北縣：韋伯文化國際出版有限公司。

11. 陳永隆、莊宜昌（2003），《知識價值鍊》。台北縣：中國生產力中心。

12. 銓敘部，《中華民國九十二年銓敘統計年報（2004）》。台北：銓敘部編印。

13. 立法院第五屆第六會期法制委員會舉行「行政院組織法修正草案」及「行政院功能業務與組織調整暫行條例草案」公聽會紀錄。立法院公報第 93 卷第 47 期，民國 93 年 12 月 1 日，第 301 至 332 頁。

14. 立法院第五屆第六會期法制、預算及決算、內政及民族三委員會第一次聯席會議紀錄。立法院公報第 93 卷第 42 期，民國 93 年 10 月 25 日，第 303 至 333 頁。
15. 立法院第五屆第六會期法制、預算及決算、內政及民族三委員會第二次聯席會議紀錄。立法院公報第 93 卷第 43 期，民國 93 年 11 月 3 日，第 203 至 255 頁。

二、英文部分

1. Bache,Ian (2000) "Government within Government: Network Steering in Torkshire and the Humber",Public Administration.
2. Ballamy, Christin (1998) "Governing in the Information Age",Buckingham: Open University Press.
3. Castells, Manuel (1996) "The Rise of the Network Society:Economy Society and Culture", Massachusetts: Blackwell Publishers Ltd.
4. Dijk, Jan Van (1999) "The Network Society", London: Sage Publications,Inc.
5. Gore, Arran (2000) "Post-modernism as the Decadence of the Social Democratic State", Democracy & Natural,7 (1). Knight, Daniel J.(1999) "Performance Measures for Increasing Intellectual Capital", Strategy& Leadership, March/April.
6. IBM (2002) Institute for Business Value: Government, Knowledge based Government: Strategies for Success, and IBM View Point.
7. Jussilainen Maija, Knowledge Management at the Finnish Government,www. oecd.org.
8. Kelly, Gavin and Muers,Stephen,Creating Public Value: An Analytical Framework for Public Service Reform, Strategy Unit, Cabinet Office, UK,www.strategy.gov.tw.
9. Messner, Dirk (1997) "The Network Society :Economic Development and International Competitiveness as Problems of Social Governance",London: Frank Cass Publishers.
10. OECD (2003) The Learning Government: Introduction and Results of the Survey of Knowledge Management Practices in Ministries/ Department/ Agencies of Central Government, Jtoo141042, April 2003, www.oecd.org.
11. Peters, John (2000) "Debating Governance", New York: Oxford.

12. Sanchez, Ron (2001) "Knowledge Management and Organizational competence", New York: Oxford University Press.

13. Simons, Herbert W. & Billing, Michale (1994) "After Postmodernism Reconstructing Ideology Critique", London: Sage Publications Inc.

14. Timana, Anrit (2000) "Knowledge Management Toolkit", Upper Saddle River:Prentice-Hall,Inc.

15. Webster, Frank (1995) "Theories of the Information Society", New York: Rouledge.

16. Woodhouse, Diana (1997) "In Pursuit of Good Administration",Clarendon Press Oxford.

【文章發表】
‧本文原載於《國家菁英》第 1 卷第 1 期，2005 年 3 月。
‧英文稿發表於 IPMA-HR 30th International Symposium on Public Personnel Management, 2005，Budapest, Hungary

政務首長的流動分析2000.5-2007.5

壹、政治菁英流動的探討

　　社會學對於一般大眾的社會流動有深入研究，包括代間社會流動、代內社會流動、向下社會流動、向上社會流動、水平社會流動等。引用社會階層分級，包括主觀或客觀，極易判定社會流動型態。那些因素構成社會流動主因：教育程度、職業聲望、收入、職業類別。社會整體結構的變化、經濟發展、政治民主化等外在因素也均可能影響個人社會流動。家庭因素，例如父母教育程度、社經地位也可能影響子女的社會流動，開放社會或封閉社會，家庭因素的影響程度不同。政治菁英流動的探討與社會流動不完全相似，但有部分方法可參考社會流動的研究。

　　政治菁英一詞應視為中性名詞，並不指涉社會階層的高低，僅界定那些人握有較大政治影響力，並依正式職位評定政治影響力。例如常任文官十二職等以上、少將以上軍官、政務官、民選縣市長、省級以上民意代表、重要政黨的高級幹部。至於著名的政治評論家、重要政治團體高級幹部、大學法政教授，有時也列為政治菁英。政治菁英的流動研究，探討政治菁英的個人背景，例如性別、年齡、父母社經地位、教育程度、職業、黨籍、籍貫，取得政治菁英職位之前的流動情形，例如是否有政治性歷練、如何取得政治菁英職位、擔任政治菁英職位的類別與時間、水平或垂直之間流動、為何離開政治菁英的職位、離開之後的出處。上述的探討均可使用經驗性資料，經由這些研究發現，可以掌握政治菁英在職之前、在職期間、在職之後的情況。也可以了解不同類型政治菁英的個人背景，取得政治菁英的原因，以及政治菁英的動態。

　　政治菁英的研究或多或少反映當時的政治體制，民主體制或威權體制，政治菁英的產生方式必有差別，政治菁英的個人背景也可能顯著差異。即使是民主體制，內閣制與總統制，政治菁英取得及個人背景也不相同。

貳、政務首長流動整體分析

　　本文以民進黨執政之後的政務首長為研究對象，包括總統府秘書長、國安會秘書長、行政院正、副院長、秘書長、不管部會政務委員、所屬二級機關首長：考試院正、副院長、秘書長，以及所屬考選部、銓敘部、公務人員保障暨培訓委員會等首長。2000年5月，第一次政黨輪替，民進黨首次在中央政府執政，歷經長期威權統治及民主轉型，民進黨執政之後，如何晉用政務首長，歷經七年，以上述四十七個政務首長職位，略加分析，有其意義。此外總統府副秘書長、資政、國策顧問、國家安全會議副秘書長、諮詢委員、國家安全局局長、特任駐外大使、大型國營事業董事長、政府轉投資財團法人基金會負責人，以及獨立行使職權的司法院正副院長、大法官、考試委員、監察院正、副院長、監察委員，通常也有可能由政務首長轉任，民進黨中央黨部主席、正副秘書長，立法委員亦然，但不列入分析。

　　自 2000年5月到2007年5月，上述四十七個政務首長職位，計有162人曾經擔任，兩個職位一直由同一人出任。五位未曾離開政務首長職位，9位擔任三種政務首長職位，18位擔任兩種不同機關政務首長職位。四十七個政務首長職位，共計更換191人，其中四個職位，曾經同一人調職之後，又回到同一職位。162人之中，男性居多，女性18人，男性144人，18位女性政務首長，有2位擔任三種不同職位，2位擔任兩種不同職位。162人之中，有72人獲有博士學位，除了3位來自文官系統，3位曾任中央民代或縣市長，其他均來自學界，其中四分之一，擔任政務首長前，未曾在政府服務。由於我國政治體制非屬內閣制，政務首長不是由國會議員兼任，162人之中，有37人曾

經擔任民選公職人員，除了4位擔任省級民意代表，33位曾任立法委員，8位曾任縣市長。國防部部長及退輔會主委共計8人，由上將轉任，海巡署署長3人之中，2人由高級警官出任，其他由常任文官出任，共計29人，擔任政務首長之前，十之八九已歷任政務副首長，直接由常任文官轉任，屈指可數，祗有5位。由企業界、媒體界、社運人士、律師等自由業等出任者，計22人，其中11人未曾在政府任職。162人之中，所謂外省籍祗有17人，其中9位是上將，分別出任行政院院長、國安會秘書長、國防部部長、退輔會主委，其他8位，女性4位，男性4位。至於具有民進黨籍者65人，比例未超過半數。

　　民進黨首次執政，政務首長來源相對有限，162人之中，曾在國民黨政府擔任政務官者，祗有7位，顯示民進黨自行尋找政務首長，民進黨在執政之前，僅在台北市政府，培養若干政務官，加上陳總統曾任台北市市長，因此有17位原台北市政府首長擔任上述政務首長職位。中央民代及地方縣市長也是民進黨未在中央執政之前，較有機會參與中央事務及培養行政領導能力者，也成為政務首長主力。學界也是民進黨延聘擔任政務首長的來源，超過三分之一的政務首長，具有大學教授身分，他們多數先擔任政務副首長，或曾在台北市政府擔任首長。文官擔任政務首長者，祗有3位在國民黨時代已經陞任政務官，其他均在民進黨執政後，先陞任政務副首長，再擔任政務首長。企業界直接或間接轉任政務首長，以往十分罕見，民進黨執政之後曾經努力延聘企業界加入政府，但是人員依然有限，可是有21位來自律師或醫師等自由業、媒體界、社運人士、企業界，也反映政務首長的多元化。

　　四十七個政務首長職位，更替191人次，七年期間，平均每個職位更替4人，更替頻率不低。由於行政院院長更替六次，內閣必須總辭，加上總統就職、立法院改選，內閣也須總辭，因此加速更替次數。162人之中，在同一職位超過4年者，祗有15位，超過五年者祗剩下5位。一直留在四十七個政務首長職位者，祗有5位，其他157位，有的新任政務首長，有的離任後再重新加入，扣除目前在職的

52位，計有105位已離開上述政務首長職位，這些離任政務首長以前有的聘為總統府資政、國策顧問，有的轉任駐外大使或代表，有的出任國營事業董事長，或出任立法委員、大法官、考試委員、總統府副秘書長、國安局局長、國安會副秘書長，民進黨中央黨部主席、秘書長，仍位居要津。當然也有若干人重返校園教書，或自行另找工作。

參、政務首長流動的細部分析

　　上述就政務首長流動作整體分析，以下依機關性質、類型，對政務首長流動作細部分析，可以進一步了解，不同性質、類別機關政務首長的流動型態，可能有所差異。總統府秘書長係總統府機關首長，也是總統的幕僚長，七年期間，共計更換八次，其中2人擔任兩次，計6人曾經出任此職。6人之中，1位學者出身，4位曾任立委或縣市長，1位擔任民進黨秘書長。全部男性，2位擁有博士學位，卸任之後，3位曾任行政院院長，2位擔任國安會秘書長，顯示總統府秘書長一度成為行政院院長的備位人選。國安會秘書長共更換六次，其中1人擔任兩次，計5人曾經出任此職，前兩位係上將轉任，以後改由文人出任。全部男性，1位擁有博士學位，2位曾任立法委員，並有外交或國防歷練。

　　行政院院長共計5人出任，2人任期未達一年，最長者任期三年，全部男性，除了第一任由國民黨政府國防部部長出任，其他均曾任立法委員或縣市長，2位曾任民進黨主席，3位曾任總統府秘書長，1位擔任兩次。我國憲政體制，由於總統改由人民直選，行政院院長由總統任免，不需經立法院同意，因此總統與行政院院長關係十分密切。行政院院長領導內閣向立法院負責，任務重大，肩負政府施政良否大任。行政院副院長輔佐行政院院長，通常與行政院院長共進退，計有8位擔任此職，4位具有財經背景，2位女性，3位擁有博士學位，3位曾擔任立法委員或縣市長。8位之中，具財經背景者，泰半學者出身，擁有博士學位，非財經背景者，則有民選經驗，就任行政院副院長之前，均曾在政府服務，3位擔任過部會首

長。行政院秘書長係行政院院長的幕僚長,與行政院院長共進退,
更換九次,其中1人擔任兩次。8人之中,4位曾任立法委員,1位女
性,3位擁有博士學位,1位直接由行政院副秘書長出任,祇有1位有
部會首長經歷。行政院不管部會政務委員編制6人,曾有政務委員兼
任經建會主委、秘書長、勞委會主委,純擔任政務委員者共計22
人,學者出身14人,比例甚高,不少學者首次入閣,均擔任政務委
員,再轉任部會首長,擁有博士學位者達13人,祇有2位有民選公職
經歷,部會首長卸職轉任政務委員有5人。政務委員負責跨部會協
調、審查法案、擔任任務編組執行長,由資深閣員或新進閣員出
任,何者比較適合、仁智互見。

　　行政院所轄二級機關高達三十五個,五個獨任機關首長具任期
制,中央銀行總裁7年由同一人出任,公平交易委員會主委,計有3
位,女性1人,係國民黨政府時期所任命,民進黨政府,計有2位主
委,均男性,1位學者出身,另一位曾任立法委員。金融監督管理委
員會於2004年8月成立,主任委員雖有任期保障,但成立不到三年,
已更換3人,其中2人學者出身,1人金融界人士,全部男性。消保會
主委由行政院副院長兼任,不予分析,國家傳播通訊委員會主委任
命程序被司法院大法官會議解釋剝奪行政權,也不列入。

　　行政院最早設立八部二會,10位首長均具有政務委員身分,八
部的業務均十分龐大,加上所屬機關,員工數以萬計,二會相對規
模較小,當時設立時均具有政治意義,當前政治時空改變,重要性
相形下降。僑務委員會委員長自2000年迄今未更換,係唯一未有任
期保障卻歷經5位行政院院長的政務首長,女性,具博士學位。蒙藏
委員會委員長也祇2位,均學者出身,第2位擔任現職已超過五年,2
位均男性。內政部號稱首席部,更換4人,均有民選公職歷練,3位
曾任立法委員及縣市長,1位女性,3位男性,內政部負責內政事
務,包括地方自治事項,因此部長優先考慮具有地方首長歷練者。
外交部更換4位,1位職業外交官,3位具博士學位,係政治任命的非
職業外交官,兩位曾擔任立法委員。國防部部長前已述及均由上將

轉任，3位由參謀總長出任，1位由國防部副部長陞任。財政部負責稅賦、國庫、關政，金檢會未成立之前，還負責金融政策，財政部部長更換6人，4位學者出身，1位常任文官陞任，另一位民間金融人士。外交、國防、財政等三部部長均男性，民進黨執政之後，未有女性部長。教育部掌理教育政策，計有3位部長，均男性、學者出身，兩位具有博士學位，兩位擁有中央研究院院士頭銜。經濟部長更換6位，其中2位任期未超過六個月，2位女性，4位男性，一位具有博士學位，3位由文官系統陞任，2位由企業界轉任。交通部部長更換4人，2位女性，2位男性，3位由文官系統陞任，但擔任部長之前，已有政務官歷練，1位曾任立法委員。法務部部長更換2位，1位曾任立法委員及縣長，另一位由檢察系統陞任，均男性。由上述分析，八部部長，女性比例不高，交通與經濟兩部部長，由文官出身的比例較高。

　　行政院陸續設立不少二級機關，與科技或專技有關部會，例如國科會、工程會、衛生署、環保署、原子能委員會，幾乎均由學者出任政務首長，國科會負責國家科學發展政策，主任委員更換4人，均具有博士學位。原子能委員會主委更換4人，也均具有博士學位，2位學者出身，2位文官系統。衛生署一向由醫師擔任署長，更換4位，均有博士學位，1位不是醫師，3位醫師。環保署署長更換4位，也均具有博士學位，2位曾擔任立法委員或國民大會代表。工程會主委更換3人，1位博士，2人出身文官系統。上述五個機關，除了工程會曾有1位女性首長之外，其他首長均是男性。研究發展考核委員會、經濟建設發展委員會、大陸事務委員會，均是政策協調及綜合規劃機關，研考會主委更換3人，均有博士學位，全部男性。經建會主委更換4人，其中1位由行政院副院長兼任，兩位由政務委員兼任，以期發揮協調功能，4人之中，2人擁有博士學位，1位來自企業界，另一位出自文官系統。陸委會主委更換3人，均有博士學位，男性2人，女性1人。由此可知，與科技有關及政策統合機關的政務首長，來自學界的比例較高。

　　行政院為了照顧青年、勞工、農民、客家族群、原住民族，分別成立農業發展委員會、勞工委員會、青年輔導委員會、客家事務委員會及原住民族委員會。農委會主委更換4人，兩位具博士學位，分別來自學界及文官系統，另2位則曾任立法委員及縣長。青輔會主委更換2人，均是女性，一位具博士學位，就任主委時年齡均未超過四十歲。勞委會主委更換3人，1位具博士學位，2位均有社運背景，並擔任中央民意代表。客家事務委員會負責客家事務，主委更換4人，均是客家籍，2位曾任立委，另2位來自新聞業及自由業。原住民族委員會負責原住民族政策，主委更換4人，均為原住民，2位來自社運界，另2位曾任立法委員或縣長。除了青輔會之外，其他四個機關的政務首長，具有中央民代或縣長經歷的比例不低，客委會主委及勞委會主委均有一名女性。

　　行政院另設體育委員會、文化建設委員會、中央選舉委員會。體委會主委更換4人，3人具有博士學位，學界出身，另一位則文官直接出任，全部男性。文建會主委更換4人，3位學者出任，2位具博士學位，2位女性，2位男性。中央選委會採合議制，主委更換2人，均男性，一位曾任縣長，另一位律師背景。海巡署負責海防工作，署長更換3人，兩位是高級警官出任，另一位具有博士學位的法官，均是男性。退除役官兵輔導委員會負責退伍軍人業務，主委慣例由軍方將領轉任，更換4人，均男性。新聞局、人事行政局、主計處係行政院的輔助機關，分別負責新聞發布公關作業，人事業務及統計會計業務。新聞局局長也是行政院發言人，由行政院院長指定親近人選出任，共計更換7人，1位女性，6位男性，更換幅度不低，與行政院院長更換5人有關。人事行政局局長更換4人，1位有博士學位，均是男性，2位文官系統出任。主計長更換3人，1位有博士學位，其他2位文官系統出身。人事、主計採一條鞭體制，兩者法令甚多，因此首長由文官陞任比例較高。故宮博物院院長更換3人，均學者出身，2人具有博士學位，2位男性，1位女性。

　　考試院正、副院長由總統提名經立法院過半數委員同意，民進黨執政之後，2002年首次提名正、副院長，院長通過，副院長未通過，直到2004年6月再提名副院長，經立法院表決通過。考試院院長由民進黨資深大老出任，曾任立法委員、律師。副院長擁有博士學位，文官系統出身。考試院秘書長更換4人，2位具有博士學位，2位學者出身，2位出自文官系統，均曾擔任行政院人事行政局局長。考試院下轄考選部、銓敘部、公務人員保障及培訓委員會，三位首長自2000年5月到2004年5月均任滿四年，未曾更動。三位之中，兩位擁有博士學位，一位律師，兩位男性，一位女性。2004年5月之後二部一會首長陸續更換，目前3位均是男性，兩位擁有博士學位，一位曾任縣長。考試院負責公務人員及專技人員考試，以及公務人員陞遷、銓敘、退休、訓練、保障等事宜，與行政院比較，業務較為單純，除了考試院院長、副院長任期六年，二部一會首長，仍是政務首長，沒有任期保障，依例總統就任時，必須提出辭職，再由新任總統任命。

肆、結論

　　本文針對民進黨執政七年，政務首長的流動略加分析，並未包括所有特任官，也未包含政務副首長，往後有興趣者可以將這些人士列入研究。本文只分析省籍、性別、黨籍、教育程度，以及出身學術界、文官系統、民選公職人員或其他。各職位的更換次數，政務首長任期長短，轉任相關政務首長情形，至於擔任政務首長之前，有多少政治或非政治經歷，年齡、家庭背景等未加討論。本文亦未將有關變項，做相關分析，例如，出身背景與任期長短，性別與任期長短等。但是由總體及個別職位分析，仍可看出若干端倪，那些職位更換頻率較高，那些職位傾向由學者出任或由有民選經歷者擔任，例如總統府秘書長、行政院院長、內政部部長、勞委會主委、行政院秘書長，傾向由具有民選公職經歷者出任。教育部部長、國科會主委、研考會主委、陸委會主委、考選部部長、衛生署

署長、環保署署長等，傾向由學界人士出任。如果與國民黨執政時
比較，有哪些顯著差異，也值得分析。

【文章發表】
・本文原載於《國家菁英》第 3 卷第 4 期，2007 年 12 月。

新・座標 05　PF0073

新鋭文創
INDEPENDENT & UNIQUE

政府改造與考選創新

作　　者	林嘉誠
責任編輯	鄭伊庭
圖文排版	郭雅雯
封面設計	蔡瑋中

出版策劃	新鋭文創
發 行 人	宋政坤
法律顧問	毛國樑　律師
製作發行	秀威資訊科技股份有限公司
	114 台北市內湖區瑞光路 76 巷 65 號 1 樓
	電話：+886-2-2796-3638　傳真：+886-2-2796-1377
	服務信箱：service@showwe.com.tw
	http://www.showwe.com.tw
郵政劃撥	19563868　戶名：秀威資訊科技股份有限公司
展售門市	國家書店【松江門市】
	104 台北市中山區松江路 209 號 1 樓
	電話：+886-2-2518-0207　傳真：+886-2-2518-0778
網路訂購	秀威網路書店：http://www.bodbooks.com.tw
	國家網路書店：http://www.govbooks.com.tw

出版日期	2012 年 1 月　初版
定　　價	450 元

版權所有・翻印必究（本書如有缺頁、破損或裝訂錯誤，請寄回更換）
Copyright © 2012 by Showwe Information Co., Ltd.
All Rights Reserved

Printed in Taiwan

國家圖書館出版品預行編目

政府改造與考選創新 / 林嘉誠著. -- 一版. -- 臺
北市：新銳文創出版：秀威資訊科技發行，
2012.01
　面； 公分
BOD 版
ISBN 978-986-6094-38-5(平裝)

1.公共行政 2.政府再造 3.考試制度 4.文集

572.907　　　　　　　　　　100023291

讀者回函卡

感謝您購買本書，為提升服務品質，請填妥以下資料，將讀者回函卡直接寄
回或傳真本公司，收到您的寶貴意見後，我們會收藏記錄及檢討，謝謝！
如您需要了解本公司最新出版書目、購書優惠或企劃活動，歡迎您上網查詢
或下載相關資料：http:// www.showwe.com.tw

您購買的書名：＿＿＿＿＿＿＿＿＿＿＿＿＿＿＿＿＿＿＿＿＿＿

出生日期：＿＿＿＿＿年＿＿＿＿＿月＿＿＿＿＿日

學歷：□高中 (含) 以下　　□大專　　□研究所 (含) 以上

職業：□製造業　□金融業　□資訊業　□軍警　□傳播業　□自由業
　　　□服務業　□公務員　□教職　　□學生　□家管　　□其它＿＿＿

購書地點：□網路書店　□實體書店　□書展　□郵購　□贈閱　□其他

您從何得知本書的消息？

　□網路書店　□實體書店　□網路搜尋　□電子報　□書訊　□雜誌
　□傳播媒體　□親友推薦　□網站推薦　□部落格　□其他＿＿＿＿＿

您對本書的評價：（請填代號　1.非常滿意　2.滿意　3.尚可　4.再改進）

　封面設計＿＿＿　版面編排＿＿＿　內容＿＿＿　文／譯筆＿＿＿　價格＿＿＿

讀完書後您覺得：

　□很有收穫　□有收穫　□收穫不多　□沒收穫

對我們的建議：＿＿＿＿＿＿＿＿＿＿＿＿＿＿＿＿＿＿＿＿＿＿

＿＿＿＿＿＿＿＿＿＿＿＿＿＿＿＿＿＿＿＿＿＿＿＿＿＿＿＿＿＿

＿＿＿＿＿＿＿＿＿＿＿＿＿＿＿＿＿＿＿＿＿＿＿＿＿＿＿＿＿＿

請貼
郵票

11466
台北市內湖區瑞光路 76 巷 65 號 1 樓

秀威資訊科技股份有限公司　　　收

BOD 數位出版事業部

· ·

（請沿線對折寄回，謝謝！）

姓　　名：＿＿＿＿＿＿＿＿＿　年齡：＿＿＿＿　性別：□女　□男

郵遞區號：□□□□□

地　　址：＿＿＿＿＿＿＿＿＿＿＿＿＿＿＿＿＿＿＿＿

聯絡電話：(日) ＿＿＿＿＿＿＿＿＿＿　(夜) ＿＿＿＿＿＿＿＿＿＿

E-mail：＿＿＿＿＿＿＿＿＿＿＿＿＿＿＿＿＿＿＿＿